W0228570

Veronika Pavel

australien
kompakt

Veronika Pavel

australien
kompakt

Veronika Pavel

Australien kompakt

erschienen im
REISE KNOW-HOW Verlag

ISBN 978-3-89662-550-2

© Helmut Hermann

Untere Mühle
D - 71706 Markgröningen

1. Auflage 2013

Alle Rechte vorbehalten
– Printed in Germany –

www.reise-know-how.de
eMail-Adresse des Verlags:
verlag@rkh-reisefuehrer.de

Gestaltung und Herstellung
Umschlagkonzept: Carsten Blind
Inhalt: Carsten Blind
Lektorat: Malena Alderete, Helmut Hermann
Karten: Helmut Hermann, Carsten Blind
Druck: mediaprint, Paderborn
Fotos: siehe Anhang

Dieses Buch ist erhältlich in jeder Buchhandlung in
Deutschland, Österreich, Schweiz, Niederlande und Belgien.
Bitte informieren Sie Ihren Buchhändler über
folgende Bezugsadressen:

D: PROLIT GmbH, Postfach 9, 35461 Fernwald, www.prolit.de
        (sowie alle Barsortimente)
CH: AVA-Verlagsauslieferung AG, Postfach 27, 8910 Affoltern, www.ava.ch
A: Mohr Morawa Buchvertrieb GmbH,
        Sulzengasse 2, 1230 Wien, www.mohrmorawa.at
NL, B: Willems Adventure, www.willemsadventure.nl

Wer im Buchhandel trotzdem kein Glück hat, bekommt
unsere Bücher auch über unsere Büchershops im Internet (s.o.).

Vorwort

Liebe Australien-Reisende,

der riesige, in weiten Teilen unbewohnte Inselkontinent Australien begeistert sowohl mit einzigartigen Naturschönheiten als auch mit kosmopolitischen Städten. Selten reicht nur eine Reise, um die Vielseitigkeit des Landes zu ergründen!

Dieses Buch zeigt Ihnen Australiens schönste Schätze: Die Städte-Highlights Sydney, Melbourne und Adelaide, das riesige, fast menschenleere Westaustralien, die grüne Insel Tasmanien, das längste Riff der Erde Great Barrier Reef und den imposanten Sandsteinfelsen Ayers Rock im Zentrum Australiens. Nicht zuletzt möchte ich Ihnen Alltagssitten und Gebräuche der lebensfrohen und freundlichen Australier näherbringen.

Viel Spaß bei der Entdeckung des wunderschönen 5. Kontinents!

Veronika Pavel

„Gütiger Himmel, hat schon jemals ein Mensch ein derartiges Land gesehen!"

(Der Entdecker Charles Sturt in seinem Tagebuch, nach seinem fehlgeschlagenen Versuch, 1845 das geografische Zentrum von Australien zu erreichen)

Inhaltsverzeichnis

□ Exkurs

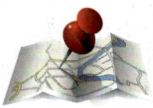

Bitte schreiben oder mailen Sie (verlag@rkh-reisefuehrer.de),
wenn sich in Australien Dinge verändert haben oder
Sie Neues wissen. Wir beantworten jede Zuschrift. Danke!

Australiens Highlights

Sydney S. 76

Die weltbekannte Küstenstadt schmiegt sich mit ihren markanten Bauwerken an die hügelige Landschaft rund um den Naturhafen. Quirrlige Stadtviertel, herrliche Strände, historische Gebäude und vielfältige Einkaufsmöglichkeiten sind nur einige der Merkmale der 4-Millionen-Metropole.

Oper Sydney

Fraser Island S. 119

Die größte Sandinsel der Welt mit azurblauen Binnenseen und schneeweißen Sandstränden ist ein großartiges Naturerlebnis. Einige Pisten auf der Insel sind selbst für Allradfahrzeuge eine Herausforderung.

Fraser Island

Great Barrier Reef S. 115f + 51

Das längste Riff der Erde lockt mit farbenfrohen und fischreichen Tauch- und Schnorchelspots, weißen Sandinseln mit schicken Resorts. Ob mit dem Schiff oder Flugzeug, der Ausflug ans Riff darf auf keiner Reise fehlen.

Great Barrier Reef

Kakadu National Park S. 147

Aboriginalkultur, Krokodile, Wasserfälle und tropische Sumpf- und Savannenlandschaft sind die Höhepunkte des größten Nationalparks Australiens.

Kakadu NP

Uluru Katja Tjuta National Park S. 161

Der Ayers Rock ist die bekannteste Sehenswürdigkeit Australiens. Aboriginal People vermitteln auf einer geführten Tour rund um den roten Felsen Einblicke in die Kultur der Ureinwohner.

Uluru Katja Tjuta NP

Kangaroo Island S. 177

Im Tierparadies Kangaroo Island südlich von Adelaide leben u.a. Koalas, Schnabeltiere, Seelöwen und Kängurus.

Kangaroo Island

Melbourne S. 182

Die Metropole des Bundesstaates Victoria beeindruckt mit kolonialer und moderner Architektur.

Melbourne

Great Ocean Road

Schroffe Steilküsten, vorgelagerte Felsnasen und einsame Sandstrände säumen diese berühmte Küstenstraße auf 280 Kilometern.

12 Apostels / Great Ocean Rd

Wilsons Promontory

An der Südspitze des Kontinents finden aktive Reisende im bekanntesten Nationalpark Victorias ein weites Wanderwegenetz sowie zahlreiche Tierarten.

Wombat im Wilsons Promontory

Hobart

Die Hauptstadt der Insel Tasmanien hat viel Flair, interessante Museen und eine wunderschöne Umgebung – hier scheinen die Uhren langsamer zu gehen.

Hobart

Perth

Die pulsierende Hauptstadt des Westens lockt mit herrlichen Stränden, einer modernen City und grünen Parks.

Perth Skyline

Pinnacles/Nambung NP

Die bizarren Formen der Kalksteinfelsen erfreuen Fotografen im Licht der untergehenden Sonne.

Pinnacles

Great Ocean Drive bei Esperance

Der schönste Küstenabschnitt im Südwesten mit paradiesischen Buchten und azurblauem Wasser.

Aussichtspunkt Great Ocean Dv

Ningaloo Reef

Das westaustralische Korallenriff ist direkt von der Küste zugänglich. Größte Attraktion ist das Schnorcheln mit Walhaien.

Kimberleys

Die Kimberley Region prägen wilde Schluchten und komfortable Safaricamps. Das Mitchell Plateau mit malerischem Wasserfall und faszinierenden Felszeichnungen belohnt für die raue Anfahrt.

Boab Tree, Kimberleys

Walhai am Ningaloo Reef

**Reise-ABC,
Land & Leute**

Praktisches Reise-ABC

Anreise

Ja, es ist ein langer Flug nach Australien. Die reine Flugzeit beträgt zwischen 17 und 20 Stunden, Zwischenstopps verlängern die Reisedauer entsprechend. Die kürzesten Flugverbindungen von Deutschland führen über Asien nach Perth oder Darwin (ca. 12,5 Std. plus 4,5 Std.), nach Sydney oder Melbourne dauert es etwas länger (ca. 12,5 Std. plus ca. 8 Std.). Sanfter formuliert: „Down Under liegt nur vier Mahlzeiten und drei Kinofilme entfernt!"

Flugrouten   Die Ostroute über Asien oder die Emirate ist die günstigste und schnellste Flugverbindung nach Australien (Qantas, Cathay Pacific, Singapore Airlines, Korean Airlines, Malaysia Airlines, Emirates, Qatar Airways, Etihad u.a.). Die Westroute über Nordamerika (USA oder Kanada) ist mit Air New Zeland, United Airlines und Air Canada möglich. Weiterhin werden Flüge über Südafrika (British Airways/ Qantas) und Chile (Lan Chile) angeboten.

Internat. Flughäfen   Australien hat sieben internationale Flughäfen: Adelaide, Brisbane, Cairns, Darwin, Melbourne, Perth und Sydney. Alle anderen Städte müssen mit einem Inlandsflug (s.S. 37) angeflogen werden.

Autofahren

Führer- schein   Zusätzlich zum gültigen nationalen Führerschein ist ein internatio- naler Führerschein oder eine beglaubigte englischsprachige Über- setzung des nationalen Führerscheins notwendig.

Verkehrs- regeln   In Australien herrscht **Linksverkehr!** Doch auch im Linksverkehr gilt an Kreuzungen **rechts vor links!** Bei den **Kreisverkehren** hat immer der „Kreis" Vorfahrt. Das **Tempolimit** innerhalb geschlossener Ort- schaften beträgt 50 km/h, auf Autobahnen und Landstraßen 100 oder 110 km/h. Nur im Northern Territory gibt es keine Geschwindig- keitsbeschränkung. Es gilt die 0,5-Promille-Grenze. **Achtung:** ist man mit **Mietfahrzeugen** unterwegs, gilt oftmals eine 0,0-Promille- Grenze! Alle Fahrzeuginsassen müssen **angeschnallt** sein, Kinder benötigen Kindersitze oder sog. Booster-Seats (Sitzerhöhungen). In Australien werden insbesondere in der Ferienzeit und vor Schulen Verkehrskontrollen durchgeführt. Bußgelder sind sehr hoch und wer- den über den Fahrzeugvermieter nachbelastet.

Straßen- zustände   Alle Hauptverbindungsstraßen sind asphaltiert. Im Outback und in den Nationalparks sowie abseits der Hauptrouten gelegenen Regio- nen findet man zahlreiche Schotter- und Sandpisten (*gravel roads,*

unsealed roads). Diese dürfen aus versicherungsrechtlichen Gründen nur mit Allradfahrzeugen befahren werden. Bei heftigen **Regengüssen** werden werden Straßenbeläge schnell rutschig, und häufig verursachen über die Ufer getretene Bäche und Flussläufe sogenannte **Floodways** .

Tanken   Diesel *(diesel),* bleifreies Benzin *(unleaded petrol)* und Autogas *(LPG/autogas)* sind preislich etwas günstiger als in Deutschland. Gleichwohl ist der Verbrauch aufgrund der großen Entfernungen sehr hoch. Das Tankstellennetz ist entlang der Ostküste dicht, im Outback und entlang der Westküste sind die Abstände der Tankstellen bisweilen recht groß. Daher empfiehlt es sich, möglichst regelmäßig den Spritvorrat aufzufüllen. Die aktuellen Benzinpreise sind unter www.carsguide.com.au unter „Tools & Advice" zu finden.

Botschaften

Deutschland, Österreich und die Schweiz haben Botschaften in Canberra und Konsulate in den wichtigsten Städten. Sie sind behilflich, wenn Dokumente oder Geldmittel verloren gehen oder rechtlicher Beistand erforderlich ist.

in   **Deutsche Botschaft,** 119 Empire Circuit, Yarralumla, Canberra,
Australien   Tel. 02-62701911, Fax 02-62701951, www.canberra.diplo.de

Österreichische Botschaft, 12 Talbot St, Forrest, Canberra,
Tel. 02-62951533, Fax 02-62396751, www.austriaemb.org.au

Schweizer Botschaft, 7 Melbourne Ave, Forrest, Canberra,
Tel. 02-61628400, Fax 02-62733428, www.eda.admin.ch

Australische **In Deutschland:** Wallstr. 76–79, 10179 Berlin, Tel. 030-8800880, Fax 030-
Botschaften   880088210, www.germany.embassy.gov.au

In Österreich: Mattiellistr. 2–4, 1040 Wien, Tel. 01-506740, Fax 01-5041178,
www.australian-embassy.at

In der Schweiz: Australian Immigration & Trade Service, Postfach 457, 3800 Interlaken, Tel. 033-8260026, Fax 033-8260027, www.aits-australia.ch. Visa-Anträge bekommt man über die Website der Botschaft in Berlin.

Einkaufen – Souvenirs

Neben Plüschkoalas, Verkehrs-schilder, Hüten und T-Shirts sind Kunstgegenstände der aus-tralischen Ureinwohner beliebte Mitbringsel. Qualitativ gute Abo-riginalkunst findet man in den Galerien der Städte Darwin und Alice Springs.

Didgeridoos

Opale   Ein beliebtes Souvenir sind Opa-le. Ihr Wert ermittelt sich aus sei-ner Größe und Qualität (Groß-flammigkeit und Glanz der Far-ben). Der teuerste Stein ist der Black Opal. Der Boulder Opal ist in der Regel günstiger und ver-breiteter als der White Opal oder Light Opal. Bei Dubletten und Tripletten handelt es sich ledig-lich um eine dünne Schicht Edel-stein mit aufgeklebtem Hintergrund. Eingefasste Steine sind meist Dubletten. Die wohl persönlichste Note hat der selbst gefundene Opal, z.B. aus Coober Pedy.

Für Outdoor-Freunde   Wachsjacken und -mäntel der australischen Firma Driza-Bone sind beliebt und praktisch. Biertrinker erfreuen sich an Bierkühlern *(be-ercooler, stubbieholder)* aus Neopren oder Styropor mit landestypi-schen Aufdrucken.

Für Genießer   Typisch australische schmackhafte Souvenirs sind Honig – insbe-sondere aus Tasmanien –, Wein, Macadamia-Nüsse, *Vegemite* (Hefe-Brotaufstrich) und Kekse, z.B. *Tim Tam.*

Lebens-mittel   Die großen Supermärkte wie Coles, Woolworth und Aldi liegen meist an den Ein- und Ausfallstraßen der Städte. Alle großen Geschäfte ak-zeptieren Kreditkarten (Visa und MasterCard). In den Innenstädten sind Supermärkte eher Mangelware. In den rund um die Uhr geöff-neten *Convenience Stores* ist das Notwendigste jedoch erhältlich. Das Preisniveau für Lebensmittel liegt insgesamt deutlich höher als in Deutschland.

Öffnungs-zeiten Die Öffnungszeiten sind nicht einheitlich, die meisten Geschäfte in den Städten schließen allerdings früh. In der Regel sind sie Mo–Fr von 9–17 Uhr und Sa bis 16 Uhr geöffnet. Donnerstags oder freitags, je nach Stadt, ist bis 21 Uhr geöffnet. Große Einkaufszentren und Shops in Fußgängerzonen sind So von 10–16 Uhr geöffnet.

Ein- und Ausreise

Einreise Für die Einreise nach Australien ist ein Reisepass und ein Einreise-visum erforderlich. Der Reisepass muss noch mindestens 6 Monate gültig sein. Kinder brauchen einen gültigen Kinderausweis mit Lichtbild oder einen Kinderreisepass. Das einfache **Touristenvisum** erlaubt während eines Jahres Aufenthalte von bis zu drei Monaten Dauer. Visa können kostenlos auf der Webseite der australischen Einwanderungsbehörde beantragt werden, www.eta.immi.gov.au. Einige Reisebüros und Reiseveranstalter stellen das Touristenvisum kostenlos zusammen mit der Flugbuchung aus. Das **Working Holiday Visa** ist eine Arbeits- und Aufenthaltsgenehmigung für ma-ximal 12 Monate und kann zweimal im Leben von kinderlosen ledi-gen Personen im Alter von 18 bis 30 online beantragt werden.

Formulare Im Flugzeug erhalten Sie eine **Einreisekarte** *(Passenger Incoming Card)* und ein Zollformular *(Customs Form)* zum Ausfüllen. Die Ein-reisekarte wird bei der Passkontrolle zusammen mit dem Reisepass vorgelegt. Ins **Zollformular** tragen Sie die Menge mitgeführter Güter, Devisen und Lebensmittel ein. Zollfrei sind persönliche Gegenstände und Sportgeräte, 250 Zigaretten (oder 250 g Tabak), 1,125 Liter Alkohol (Wein oder Bier) und A$ 5000 Bargeld. Der Zoll darf Datenträger, wie Laptops und Digitalkameras, auf sittenwidriges Material überprüfen.

Quarantäne-bestimmun-gen Australiens einzigartige Flora und Fauna ist potenziell von Schädlin-gen und Erregern bedroht. Verboten ist daher die Einfuhr von le-benden Tieren, von Muscheln, Fellen, Häuten, Elfenbein, Lebens-mitteln und Pflanzen (Saatgut, Nüsse, Blumen etc.). Die Quarantäne-bestimmungen werden streng eingehalten. An den Kontrollen werden Spürhunde eingesetzt und das gesamte Gepäck wird durch-leuchtet. Zuwiderhandlungen werden mit sofortigen Geldbußen ge-ahndet. Nähere Informationen erteilt der Australian Quarantine Inspection Service (www.aqis.gov.au).

Ausreise Die australische Ausreisesteuer wird mit dem Ticketpreis vorab be-zahlt. Der Geldbeutel muss vor Ort also nicht noch einmal gezückt werden. Vor der Ausreise muss eine *Outgoing Passenger Card* (ähnlich der Einreisekarte) ausgefüllt und bei der Passkontrolle abgegeben werden. Die Karten werden i.d.R. mit der Bordkarte ausgegeben oder liegen am Ausreise-Gate aus.

Mehrwertsteuer-Erstattung *(Tax Refund)*: Für Güter, die mindestens A$ 300 kosten und höchstens 30 Tage vor Abreise in einem Geschäft gekauft wurden, kann am Abflughafen die Erstattung der 10%igen australischen Mehrwertsteuer *(GST – Gross Sales Tax)* eingefordert werden. Wichtig ist, dass Sie bei der Ausreise eine Quittung des Händlers *(Tax Invoice)* sowie die Ware (im Handgepäck) vorlegen.

Feiertage und Ferien

Feiertage

1. Januar: New Years Day

26. Januar: Australia Day

1. Montag im März in WA: Labour Day; TAS: 8-Hours-Day

2. Montag im März in VIC: Labour Day

Ostern: Good Friday (Karfreitag) und Easter Monday (Ostermontag)

25. April: Anzac Day

1. Montag im Mai in NT: May Day; QLD: Labour Day

Anfang Juni: Foundation Day (nur WA)

2. Montag im Juni: Queen's Birthday (außer WA)

1. Montag im August in NSW: Bank Holiday

1. Montag im Oktober in NSW und ACT: Labour Day

6. Oktober in WA: Queen´s Birthday

2. Montag im Oktober in SA: Labour Day

1. Dienstag im November in Melbourne: Melbourne Cup Day

25. Dezember: Christmas Day (fast alle Geschäfte und touristische Attraktionen geschlossen).

26. Dezember: Boxing Day; SA: Proclamation Day

Fällt ein Feiertag auf einen Samstag oder Sonntag, so verschiebt er sich auf den darauffolgenden Montag!

Australische Schulferien

Sommerferien sind von Mitte Dezember bis Ende Januar, je zwei Wochen an Ostern, in den Winterferien im Juni/Juli und im Frühjahr im September/Oktober. Je nach Bundesstaat variieren die Termine.

Weihnachtsbaum in Melbourne

Festivals und Veranstaltungen

Januar

• Sydney Festival: dreiwöchiges Kulturfestival in der ganzen Stadt mit teilweise kostenlosen Veranstaltungen (www.sydneyfestival.org.au).

Kulturfestival
in Melbourne

- Australian Open: Tennisturnier in Melbourne (www.auttralianopen
  .com).
- Australia Day (26.): In den großen Städten steigen Partys im Freien.

Februar/ · Gay and Lesbian Mardi Gras: dreiwöchiges Schwulen- und Lesben-
März   festival in Sydney (www.mardigras.org.au).
- Adelaide Festival of Arts: dreiwöchiges Kunst- und Kulturfestival,
  alle geraden Jahre (www.adelaidefestival.com.au).
- Canberra Festival: zehntägiges Festival zur Stadtgründung mit
  Heißluftballon-Spektakel (www.events.act.gov.au).
- Moomba Festival: mehrtägiges Festival in Melbourne mit Sport-
  und Musikdarbietungen und einer Labour-Day-Parade am zweiten
  Montag im März.
- Australian Grand Prix: Formel-1-Rennen in Melbourne auf dem
  Albert Park Circuit (www.grandprix.com.au).

Mai   Ord Valley Muster: ausgelassenes, zehntägiges Outdoor-Festival in
              Kimberley, im Nordwesten (www.ordvalleymuster.com.au).

Juni   · Sydney Film Festival: internationales Filmfestival in der 2. und 3.
                Juniwoche (www.sff.org.au).
- Melbourne Film Festival: knapp dreiwöchiges, internationales
  Filmfestival (www.miff.com.au).
- Laura Aboriginal Dance Festival: Wochenendveranstaltung der
  Aborigines in der Kleinstadt Laura, alle ungeraden Jahre (www.lau-
  radancefestival.com).

Juli/August · Alice Springs Camel Cup: Kamelrennen in Alice Springs, am 2.
                  Samstag im Juli (www.camelcup.com.au).

Henley-on-
Todd-Regatta

- Beer Can Regatta: Rennen auf Booten aus Bierdosen in Darwin, ein Wasserspektakel für die ganze Familie (www.beercanregatta.org.au)!
- Henley-on-Todd Regatta: in einem ausgetrockneten Flussbett in Alice Springs rennen die Kandidaten mit den ausgefallensten „Booten" um die Wette (Termin variiert, www.henleyontodd.com.au).

September   Australian Football League Grand Final: Wichtigstes Spiel in der Australischen Football Ligain Melbourne am letzten September-Samstag.

November   Melbourne Cup: klassisches Pferderennen in Melbourne am ersten Dienstag.

Dezember   Start Regatta Sydney-Hobart (26.12.): die weltweit größte Hochsee-regatta mit sensationeller Kulisse am Hafen von Sydney (www.rolex sydneyhobart.com).

Hinweis   Während der Veranstaltungen muss mit deutlich erhöhten Übernach-tungspreisen und Engpässen bei den Hotels gerechnet werden.

Finanzen

Wechselkurs
(Stand Drucklegung)
1 A$ = 0,80 €
1€ = 1,24 A$
Aktueller Kurs z.B.
auf www.goyax.de
www.oanda.com
www.reisebank.de

Die offizielle Landeswährung ist der austra-lische Dollar (AUD, AU$ oder A$). 1 A$ = 100 Cent. Im Umlauf sind Münzen in Werten von 5, 10, 20, 50 Cents und 1 und 2 A$ sowie Banknoten in Werten von 5, 10, 20, 50 und 100 A$. Die Ein- und Ausfuhr ist ohne Beschränkung möglich. Beträge über A$ 5000 müssen deklariert werden.

Bargeld   Der Umtausch von Euro oder Franken in australische Dollar ist in Australien günstiger als in Deutschland, Österreich und der Schweiz. Daher ist es ratsam zuhause nur so viel Geld umzutauschen, wie unmittelbar nach der Ankunft in Australien benötigt wird. Sie können aber auch gleich auf dem Flugplatz mit Ihrer Kredikarte Bargeld aus Geldautomaten holen oder an Wechselbüros tauschen.

Bankkarte (Maestro/ V-Pay/ Girocard) Bargeld kann aus Geldautomaten, sogenannten *Automatic Teller Machines* (ATM), gezogen werden. Drücken Sie am Automat „CR" (für Credit), wenn die Art der Transaktion nachgefragt wird. Achtung: Bankkarten mit V-Pay-Logo (www.vpay.com) funktionieren nicht im außereuropäischen Ausland! Auch manche Maestro-Karten machen beim Geldabheben Probleme, prüfen Sie daher unbedingt vor Abreise bei Ihrer Bank, ob Sie Ihre Karte verwenden können.

Kredit- karten Die gängigsten Kreditkarten sind Visa und MasterCard, mit Einschränkung auch American Express und Diners Club. An Geldautomaten kann Bargeld abgehoben werden.

Missbrauch und Verlust Sperrnummern bei Kartenverlust oder Missbrauch:

Australien:
Mastercard (BankCard): 1-800-120113;
Visa: 1-800-125440;
American Express: 1-300-132639 oder 02-92718664;
Diners Club: 1-300-360060

Deutschland: 0011-49-116116
(für Kreditkarten, Bankkarten und Mobiltelefon-SIM-Karten)

Reise- schecks Austral-Dollar-Reiseschecks können in Banken oder bei der Post in Bargeld getauscht werden, beim Umtausch fällt meist eine Gebühr an.

Eigenes Konto Langzeitreisende können bei einer australischen Bank ein eigenes Konto eröffnen (z.B. ANZ Bank, Westpac, Commonwealth Bank).

Öffnungs- zeiten Banken Die Banken haben von Mo–Do 9.30–16 Uhr und Fr bis 17 Uhr geöffnet.

Fotografieren

Nehmen Sie für Digitalkameras genügend und große Speicherkarten mit, da diese in Australien teurer sind. Negativ- und Diafilme sind meist nur noch im Fachhandel erhältlich.

Fototipps Ein Polfilter sättigt die Farben und eliminiert Spiegelungen auf dem Wasser. Wer beim Schnorcheln gerne fotografiert, kann sich eine wasserdichte Wegwerfkamera kaufen. Teilweise werden Unterwasserkameras oder wasserdichte Boxen für die Kameras auch von Tauchveranstaltern vermietet.

Insbesondere Aboriginal People und Kultstätten der Ureinwohner sollten nie ohne vorherige Erlaubnis fotografiert werden!

Gepäck

Auf Busrundreisen mit Hotelübernachtungen sind Hartschalenkoffer möglich. Als Handgepäck bitte nur einen Tagesrucksack mitnehmen und keine Trolleys! Auf Kleingruppentouren, Campingsafaris und im Wohnmobil sind weiche Reisetaschen, wegen der besseren Verstaubarkeit, die bessere Option. Je nach Fluggesellschaft sind die Freigepäcksgrenzen unterschiedlich. Bestimmte Gewichtslimits gelten bei Campingsafaris und bei Flügen mit Kleinflugzeugen. Eine Übersicht zu den Gepäckbestimmungen der Airlines finden Sie unter www.freigepaeckgrenze.de. Übergepäck ist teuer und wird von vielen Airlines gnadenlos belastet.

Checkliste für das Handgepäck

- ☐ Beachten Sie, dass Behältnisse mit Flüssigkeiten (z.B. Pflegemittel und Kosmetika) nur bis zu 100 ml fassen dürfen. Diese müssen in einem durchsichtigen Plastikbeutel (max. 1 l) mitgeführt werden!
- ☐ Reisepass (noch mind. 6 Monate gültig)
- ☐ Kopie des Visums
- ☐ Bankkarte und Kreditkarte (+ Geheimzahlen)
- ☐ Australische Dollar
- ☐ Nationaler und internationaler Führerschein
- ☐ Flugtickets und ggf. Bahnfahrkarte
- ☐ Gutscheinheft (Vouchers) für Hotels, Mietwagen, Touren etc.
- ☐ Zahnbürste, Feuchtigkeitscreme, Lippenfettstift
- ☐ Ggf. notwendige Medikamente
- ☐ Foto/Videokamera und Fernglas
- ☐ Pullover/Jacke; Ersatz-T-Shirt
- ☐ Reiseführer und Reiselektüre

Gesundheit

In Australien ist man nur wenigen Gesundheitsrisiken ausgesetzt. Die Hygiene ist hervorragend, die Trinkwasserqualität in aller Regel gut. Die medizinische Versorgung ist flächendeckend. Abgelegene Regionen werden vom Royal Flying Doctor Service (RFDS) versorgt.(s. Exkurs S. 23).

Auslandskrankenversicherung In öffentlichen Krankenhäusern (*public hospital*) erhalten Sie eine Basisversorgung. Weitere Behandlungen müssen aber meist bar

Royal Flying Doctor Service (RFDS)

„Wie kann Australien flächendeckend medizinisch versorgt werden?" Diese Frage stellte sich der Presbyterianer-Priester John Flynn (1880–1951). Er wollte ein Netz von Flugbasen zu schaffen, damit auch der entlegenste Winkel des Landes im Notfall schnell erreichbar ist. Sein Traum wurde im Mai 1928 verwirklicht, als das erste Flugzeug in Cloncurry (QLD) zum ersten medizinischen Notfall beordert wurde, damals noch als Ableger der Fluglinie Qantas unter dem Namen *Aerial Medical Service*.

Die erste RFDS-Basis wurde 1939 in Alice Springs gegründet. Die Kommunikation basierte lange Jahre auf dem „Pedal-Radio", einer Erfindung des deutschstämmigen Technikers Alfred Traeger. Sein Funkgerät wurde durch Pedalantrieb mit Strom versorgt und war bald auf jeder Outback-Farm installiert. Heute werden die „Fliegenden Ärzte" per Funk oder Telefon gerufen. Sie kommen nicht nur in Notfällen, sondern auch in regelmäßigen Abständen zu Sprechstunden auf die Farmen und zu den Aboriginal-Communities. Mal fliegt der Zahnarzt ein, mal ist es ein Kinderarzt und oft wird Selbsthilfe über Funk angewiesen. Jede Farm verfügt über eine standardisierte Notfallapotheke.

Das gesamte Inland wird heute über 21 RFDS-Basen mit 60 Flugzeugen versorgt. Kein Patient muss länger als zwei Stunden auf Hilfe warten! Der australische Staat beteiligt sich zu zwei Dritteln an der Finanzierung, das Restbudget wird über Spenden und Sponsoren aufgebracht. Die RFDS-Basen können in verschiedenen Orten Australiens besichtigt werden, beispielsweise in Alice Springs oder Broken Hill. Weitere Informationen unter www.flyingdoctor.org.au.

bezahlt werden. Der Abschluss einer Auslandskrankenversicherung ist deshalb dringend zu empfehlen. Adressen von Ärzten und Krankenhäusern sind in den Yellow Pages (Telefonbuch, Gelbe Seiten) aufgeführt. Eine Liste öffentlicher Krankenhäuser finden Sie unter www.my-hospitals.gov.au.

Medikamente

Alle gängigen Medikamente sind in Apotheken und Drogerien *(pharmacies, chemists)* erhältlich, teilweise nur auf Rezept eines australischen Arztes. Verschreibungspflichtige Medikamente dürfen im Handgepäck mitgeführt werden, im Zweifel sollte ein ärztliches Attest mitgenommen werden.

Impfungen

Für Reisende aus Europa gibt es keine Impfvorschriften, sofern Sie sich innerhalb der letzten sechs Tage vor Einreise nicht in einem Gelbfiebergebiet aufgehalten haben. Wenn Sie einen Stopover-Aufenthalt in Asien einlegen, prüfen Sie die Bestimmungen im Vorfeld.

Sonnenschutz

Die UV-Strahlung ist in Australien extrem stark. Schützen Sie sich mit einem breiten Hut, bedeckender Kleidung (langärmliges Hemd), einer guten Sonnenbrille und starkem Sonnenschutzmittel. Suchen Sie in der Mittagszeit Schatten auf.

Insektenschutz

In tropischen Regionen vor Insektenstichen (Moskitos und Sandfliegen) schützen, da diese, neben dem unangenehmen Juckreiz, auch Krankheiten übertragen könnten (z.B. Ross River und Dengue Fieber). Australische Mückenschutzmittel wie z.B. RID oder Aerogard schützen sehr gut.

Wasser

Leitungswasser kann fast überall getrunken werden, jedoch schwankt die Wasserqualität stark. Führen Sie stets eine Wasserflasche auf Wanderungen mit sich.

Internet

Internetzugang

In den meisten Hotels, Backpacker-Hostels und auf zahlreichen Campingplätzen gibt es Internet-Terminals. Die Gebühren in Internet-Cafés sind günstig, in Bibliotheken ist der Internet-Zugang oft gratis. Für Laptops oder Smartphones gibt es in vielen Hotels und an Flughäfen Hotspots mit Zugang zu WLAN (Wi-Fi), die Nutzung wird mit Kreditkarte bezahlt. Kostenlose Hotspots bieten z.B. McDonalds und Starbucks-Filialen. Eine Liste verfügbarer Hotspots ist aufrufbar unter www.jiwire.com.

Surfen unterwegs

Extrem teuer ist es, mit der heimischen SIM-Karte im Internet zu surfen. Besser und günstiger ist es, eine Prepaid-Karte eines australischen Anbieters zu kaufen (z.B. Telstra, Vodafone).

Mobile An- | In App-Stores und -Markets findet man zahlreiche Angebote für mo-
wendungen | bile Anwendungen zur Orientierung, Navigation, Geocaching und GPS-Tracking für iPhone/iPad, Android- und Windows-Smartphones zum (kostenpflichtigen) Download. Achtung, Kostenfalle Datenroaming: Nicht alle Apps lassen sich „offline" nutzen und verlangen oftmals eine ständige Internetverbindung, die Datenverkehr und gegebenenfalls Gebühren erzeugt. Bei ausgeschaltetem Datenroaming gebührenfrei genutzt werden kann ein Smartphone mit GPS-Chip, ergänzt durch eine funktionsreiche Navigations-Software, und das Kartenmaterial „onboard". Hinsichtlich der Datenmenge sollte die Speicherkapazität des Smartphones beachtet und die Navi-App vor der Reise über den heimischen Internetzugang geladen und installiert werden.

Klima und Reisezeit

Nach der Antarktis ist Australien der niederschlagsärmste und trockenste Kontinent der Erde. Zwei Klimazonen prägen den Großteil des Landes: Der Norden liegt in der Tropenzone, südlich des Wendekreises *(Tropic of Capricorn)* beginnen die gemäßigten Klimate. Davon liegt nur ein kleines Gebiet im Südosten des Kontinents in der kühlgemäßigten Zone.

Die **Jahreszeiten** sind zeitlich entgegengesetzt zur Nordhalbkugel:

Frühling: September bis November
Sommer: Dezember bis Februar
Herbst: März bis Mai
Winter: Juni bis August

Über-
schwemmung
im Norden

Während in den gemäßigten Klimagebieten im Süden die Jahreszeiten stark ausgeprägt sind, kennzeichnen die nördliche Tropenzone vor allem die **Trockenzeit** *(Dry Season)* im Winter und die **Regenzeit** *(Wet Season)* im Sommer. Fundierte Wettervorhersagen finden Sie unter www.bom.gov.au.

Reisezeit

Australien kann grundsätzlich ganzjährig bereist werden, die optimale Reisezeit variiert nach Klimazone.

Nord-australien

Die beste Reisezeit für den tropischen Norden ist die Trockenzeit von Mai bis Oktober. Warme bis heiße Temperaturen (25–35 °C) und geringe Niederschläge kennzeichnen die Trockenzeit. Die Regenzeit im tropischen Norden reicht von November bis März (von Jahr zu Jahr schwankend). Klimatisch ist es zu dieser Zeit extrem feuchtheiß (35–40 °C, bis zu 100 % Luftfeuchtigkeit), Gewitter und Wirbelstürme sind möglich. An der Küste Queenslands, nördlich von Rockhampton, kann während dieser Zeit wegen giftiger Quallen (Box Jelly Fish, Marine Stinger) nur innerhalb abgesperrter Netze im Meer gebadet werden. Schnorchel- und Tauchausflüge am Äußeren Great Barrier Reef (20 bis 60 km vor der Küste) sind immer möglich.

Zentral-australien

Der australische Winter von April bis Oktober eignet sich am besten für Outbackreisen. Die Temperaturen liegen in dieser Zeit tagsüber zwischen angenehmen 24 und 30 °C, die Nächte kühlen in den Monaten Juli und August bis zum Gefrierpunkt ab. Das Outback ist im australischen Sommerhalbjahr (Oktober bis März) extrem heiß.

Ost- und Westküste

Die Ostküste von Sydney bis Cairns und die Westküste von Perth bis Broome lassen sich ganzjährig bereisen, doch sollten die Hinweise zur Regenzeit im tropischen Norden beachtet werden. Planen Sie

Winterwunderland mit verschneiten Bergen in den Australischen Alpen

Ihre „Reiserichtung" nach den Klimazonen! **Sydney** ist von Juni bis August immer recht kühl, mit Tagestemperaturen von 10 bis 18 °C. **Perth** am Indischen Ozean ist ein paar Grad wärmer, dafür etwas feuchter.

Süden   Beste Reisezeit für die südlichen Küsten und Tasmanien ist das australische Sommerhalbjahr von Oktober bis März. Zu dieser Zeit herrschen warme Tagestemperaturen (25 bis 35 °C), wobei wie überall in Australien mit länger andauernden Hitze- und Trockenperioden zu rechnen ist. Entlang der Südküste weht im Sommer meist ein angenehm frischer Wind. Im Winter wird es indes kühl und ungemütlich. Die Niederschläge nehmen zu und die Tagestemperaturen sinken auf 8 bis 15 °C, in den Australischen Alpen und auf Tasmanien auch unter den Gefrierpunkt.

Schnorcheln am Great Barrier Reef

Kreuzfahrten

Fluss- und Hochseekreuzfahrten werden in verschiedenen Landesteilen angeboten. Auf dem längsten Fluss Australiens, dem Murray River, können u.a. mit der „Murray Expeditions" erholsame Flussfahrten unternommen werden. Am Great Barrier Reef pendelt die „Coral Princess" auf verschiedenen Routen zwischen Cairns und Lizard Island hin und her. Drei- bis viertägige Segeltörns mit oder ohne Skipper sind in der Inselgruppe der Whitsunday Islands möglich (ab bzw. bis Airlie Beach). Kreuzfahrten entlang der Kimberleyküste mit einem exklusiven und außergewöhnlichen Landschaftserlebnis beginnen in Broome oder Darwin. Spezielle Tauchschiffe unternehmen Kreuzfahrten ab bzw. bis Cairns. Die bekanntesten Anbieter sind Pro Dive, Mike Ball, Tusa Dive, Spirit of Freedom (Tourangebote s. Reiseteil).

Landkarten und Navigation

Kartenmaterial ist in den Geschäftsstellen der Automobilclubs in den Großstädten erhältlich (z.B. ADAC, ÖAMTC, TCS). Besser, weil detaillierter, sind die Landkarten und Atlanten von Hema-Maps (www.hema.com.au, www.hemamaps.de), die in Buchläden und an Tankstellen zu kaufen sind. Von Reise Know-How gibt es drei Australien-Karten: Ost, West und Gesamt. Gegen Aufpreis verleihen Mietwagenfirmen Navigationsgeräte.

Nationalparks

Über 10% der australischen Fläche stehen heute unter Naturschutz. Zwölf Nationalparks gehören zum Weltkulturerbe der UNESCO *(World Heritage Area),* unter anderem der Uluru-Kata Tjuta NP (Ayers Rock und Olgas), Gagudju NP (Kakadu), Purnululu NP (Bungle Bungles), Fraser Island und das Great Barrier Reef. Für viele Nationalparks werden Eintrittsgebühren verlangt. In den einzelnen Staaten gibt es „Holiday Passes", die für mehrere Parks gelten (z.B. Südaustralien, Northern Territory, Westaustralien).

Detailinformationen im Internet:
www.npws.nsw.gov.au (NSW)   www.nprsr.qld.gov.au (QLD);
www.parkweb.vic.gov.au (VIC)   www.nt.gov.au (NT);
www.parks.sa.gov.au (SA)   www.parks.tas.gov.au (TAS),
www.calm.wa.gov.au (WA).

Notfall

In ganz Australien gilt für Polizei, Feuerwehr und Notarzt die gemeinsame Notfall-Rufnummer 000, Gift-Notruf-Nr. 131126.

Feuerwehreinsatz in Sydney

Post

Die Postämter sind Mo–Fr 9–17 Uhr geöffnet, in den Großstädten zusätzlich am Samstagvormittag. Im ländlichen Raum übernehmen häufig Lebensmittelgeschäfte oder Tankstellen die Aufgaben der Post. Standardversand ist bei Postkarten (1,60 A$), Briefe (ab 2,35 A$) und Päckchen bis 20 kg die Luftfracht (Laufzeit 4 bis 6 Werktage) – bei Päckchen und Paketen ist die Seefracht deutlich günstiger, dauert aber länger. Infos: www.auspost.com.au

Rauchen

Australien hat eines der striktesten Rauchverbote weltweit. Rauchen ist in öffentlichen Gebäuden, in Restaurants, an bewachten Stränden und auf Kinderspielplätzen entweder verboten oder nur noch in besonders gekennzeichneten Zonen möglich. Die Nichtbeachtung wird mit bis zu A$ 10.000 Bußgeld geahndet.

Reiseversicherungen

Bei Buchung der Reise empfiehlt sich der Abschluss einer Reiserücktrittsversicherung., Leistungen mit höherem Stornokostenrisiko, wie Kreuzfahrten, Busrundreisen und Campermietung sollten außerdem mit einer Reiseabbruch-Versicherung abgesichert werden, denn die Anbieter erstatten vor dem Ende der Mietdauer normalerweise nichts.

Sicherheit

Australien ist ein sehr sicheres Reiseland. Trotzdem gilt es, die üblichen Vorsichtsmaßnahmen einzuhalten und einige Dinge zu beachten:

Schützen Sie sich mit Kleidung, Hut, Sonnenbrille und Sonnencreme (Lichtschutzfaktor 30+) vor der intensiven **Sonnenstrahlung**. **Buschfeuer** brechen im Frühjahr und Sommer häufig und plötzlich aus. Informieren Sie sich in den Medien und beachten Sie unbedingt Warnhinweise und Feuerverbote! **Schwimmen** Sie nur an bewachten Stränden und bleiben Sie zwischen den gelb-roten Flaggen. In den Sommermonaten (Nov–April) leben in den Küstengewässern der Tropen gefährliche **Quallen** (s.S. 56)! Deshalb besser zwischen den häufig eingelassenen Netzen oder im Pool baden. Schwimmen Sie nicht in der Dämmerung und nicht zu weit hinaus, um **Haiangriffe** zu vermeiden. Die Warnung vor **Krokodilen** muss absolut ernst genommen werden! Planen Sie **Touren durch entlegene Regionen,** so bereiten Sie sich gut vor und nehmen Sie viel Wasser

mit, ein intaktes Ersatzrad, genügend Treibstoff, Werkzeug,
GPS/Karten und Verpflegung. Im
Outback gibt es so gut wie keinen Handy-Netzempfang! Das
Fahrzeug sollte über einen Not-
fallsender *(emercengy beacon)*
verfügen. Idealerweise unternimmt man mit zwei Fahrzeu-
gen eine Outbacktour.

Strom

Die Wechselstrom-Spannung in Australien beträgt 220–240 Volt mit
50 Hz. Die Steckdosen sind für zwei bis drei Stifte ausgelegt, ein spe-
zieller Adapter ist erforderlich. In Hotels gibt es i.d.R. Universal-
steckdosen für 240 oder 110 Volt, Netzladegeräte für Kamera- und
Handyakkus passen sich automatisch an.

Telefonieren

**Telefonieren
im Festnetz**

Nach Übersee kann von Australien einfach im Direktwahlverfahren
telefoniert werden. Von einer Telefonzelle können Sie problemlos
Ortsgespräche (A$ 0,50) sowie Ferngespräche führen. Die meisten
Apparate funktionieren mit Münzen, Kreditkarte oder mit Telefon-
karten *(phone cards),* die in Zeitungsläden *(news agents)* und bei der
Post verkauft werden.

   Mit Telefonkarten können Sie von Hoteltelefonen und allen öffentlichen Anschlüssen günstig telefonieren. *Prepaid Phone Cards*

erhalten Sie im Zeitungsladen und an Tankstellen. Je nach Kartentyp erfolgt die Verbindung
über eine kostenlose 1-800-Nummer oder über
ein günstiges Ortsgespräch. Mit der Karte oder
dem Kassenzettel erhalten Sie die Einwahl- und
Pin-Nummer, die Sie vorwählen müssen.

Mobiles Telefonieren

Australische Mobiltelefone *(mobile phone, cell
phone)* operieren mit einer Frequenz von 900,
1800, 2100 MHz und 3G. Entlang der Küste sowie in den größeren Städten funktionieren deshalb Handys mit D1-, D2- oder E-Plus-Vertrag.
Im Outback gibt es meist kein Funknetz. Für
Anrufe innerhalb Australiens ist es günstiger,
die heimische SIM-Karte durch eine australische *Prepaid SIM Card* zu ersetzen. Die Karten

erhalten Sie im Supermarkt, Telstra-, Vodafone- oder Optus-Shop, Ihr Handy muss hierfür „SIM-Lock-free" sein.

Vorwahl-nummern
Von Deutschland/Österreich/Schweiz nach Australien: 0061
Auskunft national: 1234 oder 12455; Auskunft international: 1225
Alle 1-800- und 1-300-Rufnummern sind gebührenfrei *(toll free)*, jedoch nur innerhalb Australiens erreichbar.
Internationale Vorwahlnummern von Australien aus:
nach Deutschland: 0011 49; in die Schweiz: 0011 41;
nach Österreich: 0011 43

Touren und Touranbieter

Busrund-reisen
Mit dem Reisebus das Land entdecken ist eine komfortable Sache. Der bekannteste australische Veranstalter *AAT Kings* organisiert unterschiedliche Touren mit deutsch- oder englischsprachiger Reiseleitung. Die Gruppengröße einer klassischen Busreise liegt zwischen 25 und 45 Personen.

Klein-gruppen-touren
Attraktive Kleingruppenreisen (2–18 Personen) mit deutschsprachiger Führung bieten folgende Veranstalter an:

• *Karawane Reisen* (www.karawane.de)
• *Waratah Tours* (www.waratahadventures.com.au)
• *WaNT Tours* (www.want-tours.au.com)

Die Vorteile einer geführten Reise sind die qualifizierte Reiseleitung, entspanntes Reisen und die perfekte Organisation der Tour.

Camping-safaris
Naturnah und aktiv geht es auf Campingsafaris zu. In Zweipersonen-Zelten wird inmitten der Natur oder auf Campingplätzen übernachtet. Bei der Essenszubereitung und dem Zeltaufbau ist die

Campingsafari
im Kakadu NP

Mithilfe aller Teilnehmer erwünscht. Längere Campingsafaris führen ins Zentrum des Landes und in die Küstengebiete (z.B. die Touren von *Intrepid* und *Adventure Tours*). Kürzere Touren mit 3 bis 5 Tagen Dauer gibt es vor allem im Roten Zentrum und im Top End Australiens in unterschiedlichen Komfortstufen z.B. von *Adventure Tours*.

Weitere Veranstalter   Das Fremdenverkehrsamt Australiens (www.australia.com) hat ein Verzeichnis deutscher, österreichischer und Schweizer Reiseveranstalter mit Touren nach Australien. Empfehlenswert sind die Australien-Spezialveranstalter der Best of Travel Group, mit Büros in Deutschland, Österreich und der Schweiz. Kataloge und Beratung unter Tel. 01803-37273, www.best-of-australia.de. Daneben bieten DERtour und FTI ein vielseitiges Programm für Pauschalreisen in Down Under.

Reiserechtlich ist die Buchung einer Australienreise (inkl. Flug) über einen spezialisierten Veranstalter in Deutschland, Österreich oder der Schweiz unbedingt ratsam, denn nur dann sind Ihre Zahlungen über die vorgeschriebenen Insolvenzversicherungen abgedeckt. Falls es unterwegs Probleme geben sollte, ist ihr Vertragspartner in Europa und steht auch nach der Reise als Ansprechpartner zur Verfügung. Auf Direktbuchungen im Internet sollte weitgehend verzichtet werden – im Falle von Reklamationen zieht man meist den Kürzeren.

Trinkgeld

Trinkgelder sind in Australien weniger üblich als in Europa. Trotzdem werden „Tipps" gerne angenommen. Bei gutem Service sind 5–10% des Rechnungsbetrages angebracht.

Wandern in
Tasmanien

Wandern

Wandern ist insbesondere in Victoria, New South Wales und Tasmanien eine beliebte Freizeitaktivität. Die Wanderwege sind meist gut markiert und in separaten Broschüren der Regionen ausgewiesen. Für einige Fernwanderwege (z.B. Overland Track auf Tasmanien) benötigen Sie Permits, im Internet unter: www.bushwalkingaustralia.org

Wettervorhersage

Unter www.bom.gov.au ist eine fundierte Wettervorhersage für Australien zu finden.

Zeitungskiosk

Zeitungen und Zeitschriften

In allen Großstädten gibt es große **Lokalzeitungen.** „The Australian" (www.theaustralian.com.au) ist die wichtigste landesweite Tageszeitung, doch auch der „Sydney Morning Herald" (www.smh.com.au) und Melbournes „The Age" (www.theage.com.au) sind ausgezeichnete Tageszeitungen mit umfangreichen Wochenendausgaben. Empfehlenswerte **Nachrichtenmagazine** sind „The Bulletin" und „Time". Deutschsprachige Zeitungen, wie das Auswandererblatt „Die Woche" (www.woche.com.au), berichten über Neuigkeiten aus der europäischen Heimat.

Zeitzonen

Australien hat drei Zeitzonen (s. Abb.), die Zeitunterschiede zur Mitteleuropäischen Zeit (MEZ) sind:

• Ostaustralische Zeit (Tasmanien, Victoria, New South Wales, ACT und Queensland): plus 9 Std.

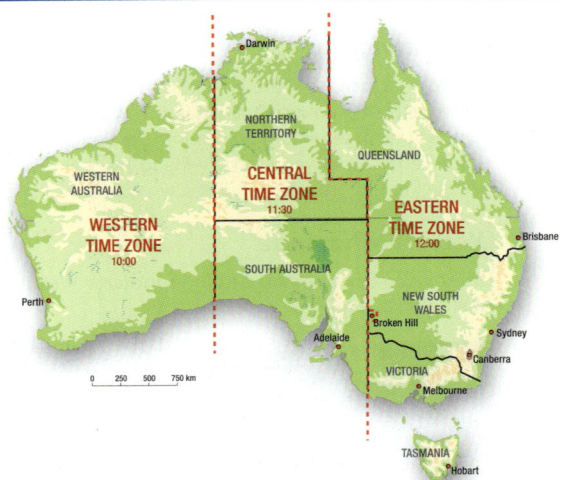

- Zentralaustralische Zeit (Northern Territory, South Australia): plus 8,5 Std.
- Westaustralische Zeit (Perth): plus 7 Std.

Außer in den Regionen WA, NT, QLD wird in Australien von Oktober bis April auf die Sommerzeit *(Daylight Saving Time)* umgestellt. Aufgrund dieser komplizierten Regelung empfiehlt sich nach Überquerung einer Staatsgrenze stets der Blick auf eine lokale Uhr, um die eigene auf die offizielle Zeit umzustellen.

Zoll

s. Ein- und Ausreise

Verkehrsmittel

Öffentliche Verkehrsmittel in den Städten

In den Großstädten sind die Verkehrsnetze gut ausgebaut. Oftmals fährt eine Buslinie kostenlos zu wichtigen touristischen Attraktionen. Von den Flughäfen bringen einen Schnellbahnen oder Expressbusse in die City. Nähere Informationen zu den öffentlichen Verkehrsmitteln finden Sie bei den jeweiligen Städten.

Mietwagen

Mietwagen können in Australien ab dem Alter von 21 Jahren gemietet werden. Bei manchen Anbietern müssen Fahrer zwischen 21 und 24 Jahren Zuschläge bezahlen. Für Fahrer über 75 Jahre müssen Mieten gesondert anfragen.

Anbieter und Kosten   Mietwagenstationen befinden sich in allen größeren Städten (s. Reiseteil). Die großen Anbieter wie Hertz, Avis, Thrifty, Budget oder Europcar verfügen außerdem über Flughafendepots. Daneben gibt es eine Reihe lokaler Mietfirmen, die häufig nur innerhalb eines bestimmten Gebiets tätig sind.

Die Preise für Mietwagen mit unbegrenzten Kilometern und Basis-Versicherung beginnen bei 40 €/Tag, ein Allradfahrzeug bei 120 €/Tag. Die meisten Autovermietungen unterscheiden zwischen städtischen Zonen (Metropolitan Areas, Städte entlang der Ost- und Südküste) und entfernten Zonen (Remote Areas, Städte im Northern Territory und Western Australia). Bei Letzteren fallen neben höheren Mietpreisen meist Einweg- bzw. Rückführgebühren an. Die Anmietung am Flughafen ist generell mit höheren Tagessätzen verbunden, die dann für die gesamte Mietdauer berechnet werden! Häufig lohnt es sich daher, zur Anmietung das nächstgelegene Stadtdepot per Taxi anzufahren.

Camper und Wohnmobile

Australien ist ein Land für Camper und Wohnmobilisten. Jeder kleine Ort entlang der Küste hat einen Campingplatz, Nationalparks bieten weitere Möglichkeiten. **Verschiedenste Fahrzeugmodelle,** von Kleinbussen über Allradcamper bis hin zu luxuriösen Wohnmobilen, werden vermietet. Zu den renommierten Anbietern zählen **Apollo, Britz und Maui.** Meistens ist die gesamte **Ausstattung** (Kochgeschirr, Besteck, Bettwäsche, Schlafsäcke, Handtücher) im Mietpreis enthalten. Außerdem im Preis inbegriffen sind unbegrenzte Freikilometer, die komplette Fahrzeugausstattung und eine Standardversicherung (SB) mit A$ 7500 Selbstbeteiligung. Ob Einweggebühren anfallen,

Wohnmobilreise in Tasmanien

hängt von der Mietdauer und der Reiseroute ab. Die **Preise** für Camper beginnen für einen einfach ausgestatteten Kleinbus (HiTop Camper) bei etwa 70 €/Tag und enden für Allrad-Camper oder bei 6-Bett Wohnmobile bei über 250 €/Tag in der Hochsaison. Die Mindestmietdauer beträgt 7 Tage. Empfehlenswert ist die Buchung eines All-Inklusive-Pakets mit Vollkaskoversicherung ohne Selbstbehalt, Campingtisch und -stühle und evtl. Einweggebühren. Es empfiehlt sich, die **Camperbuchung** bei einem Spezialveranstalter für Australienreisen gemeinsam mit dem Flug vorzunehmen. So weiß man vorab, wie hoch die Kosten sind und welches Fahrzeug man erhält.

Eisenbahn

Die Bundesstaaten Victoria (V-Line), New South Wales (Countrylink) und Western Australia (Westrail) besitzen ein gut funktionierendes System regionaler Eisenbahnen. Für Touristen sind die klassischen Fernreisezüge der Great Southern Railway interessant (www.gsr .com.au):

• **The Ghan** (Sydney – Melbourne – Adelaide – Alice Springs – Darwin)
• **Indian Pacific** (Sydney – Broken Hill – Adelaide – Perth)
• **The Southern Spirit** (Adelaide – Melbourne – Brisbane)
• **Spirit of the Outback** (Brisbane– Longreach)
• **The Overland** (Melbourne– Adelaide)
• **XPT** (Sydney – Melbourne)

Daneben existieren in Queensland eine Reihe interessanter **Nostalgiezüge**, wie z.B. Kuranda Scenic Railway (Cairns – Kuranda), Savannahlander (Cairns – Forsayth) und Gulflander (Croydon – Normanton).

Railway

Greyhound

Überlandbus

Busfahrten mit **Greyhound** und anderen regionalen Busgesellschaften sind dank der angebotenen „Kilometer-Pässe" oder „Rundreisepässe" preiswerte und komfortable Verkehrsmittel. Weitere Infos unter www.greyhound.com.au.

Flug

Die australische Fluggesellschaft **Qantas** und ihre Tochtergesellschaft **Jetstar** haben ein ausgezeichnetes inländisches Flugnetz. Wichtige Orte werden zudem von Virgin Australia angeflogen. Wird der Inlandsflug vorab mit dem Langstreckenflug gebucht, gibt es oftmals günstigere Tarife, z.B. bei Qantas, Cathay Pacific, Emirates, Etihad und Singapore Airlines. Faustregel: Je kurzfristiger eine Buchung stattfindet, desto teurer der Tarif.

Buchung im Internet Auf den vielbeflogenen Strecken zwischen den Metropolen lohnt die Buchung einzelner Strecken über das Internet. Unter www.qantas.com.au, www.jetstar.com und www.virginaustralia.com finden Sie günstige Tarife.

Beachten Sie, dass die Gepäckbegrenzungen der einzelnen Fluggesellschaften unterschiedlich sein können.

Unterkunft

Vom einfachen Campingplatz über das Backpacker-Hostel und die guten Drei-Sterne-Hotels bis zum luxuriösen Insel-Resort ist für jeden Geschmack und Geldbeutel etwas dabei. Ein umfangreiches Unterkunftsverzeichnis ist in Australien in den Filialen der Automobilclubs erhältlich.

Reservierung

Die Vorausbuchung der Unterkunft empfiehlt sich wenn Ihre Reisezeit begrenzt und die allgemeine Nachfrage groß ist. So sollte von Juli bis November im Kakadu NP, Ayers Rock Resort und am Kings Canyon unbedingt reserviert werden. In Westaustralien gibt es von April bis Oktober erfahrungsgemäß **Engpässe** in Broome, Monkey Mia, Kalbarri und Port Hedland. In Sydney und Melbourne gilt die Zeit der großen Sportereignisse und Festivals als problematisch. In den australischen Sommerferien (Dez–Jan) sind die Regionen zwischen Sydney, Melbourne und Adelaide – also Australische Alpen, Küstenorte, Great Ocean Road, Wilsons Promontory NP, Kangaroo Island – sowie die Badeorte nördlich von Sydney (z.B. Coffs Harbour, Port Macquarie, Byron Bay) sehr gut gebucht.

Preise

Je nach Lage, Ausstattung und Saison variieren die Zimmerpreise. Entsprechend der Hotelklassifizierung im Reiseteil gelten als Richtwert folgende Übernachtungspreise:

✖ **bis A$ 30 pro Person** bzw. bis A$ 75 pro Zimmer
Hostel, YHA im Mehrbettzimmer bzw. Doppelzimmer

✖ ✖ **A$ 80–140 pro Zimmer**
Motelzimmer, Privatzimmer oder Cabin

✖ ✖ ✖ **A$ 145–180 pro Zimmer**
in einem Mittelklasse-Hotel

✖ ✖ ✖ ✖ **A$ 185–250 pro Zimmer**
in einem Deluxe-Hotel

✖ ✖ ✖ ✖ ✖ **über A$ 250 Hotelzimmer**
First-Class-Hotel oder Luxus-Resort

Ein Kind von bis zu 12 Jahren übernachtet im Zimmer der Eltern kostenlos. Frühstücke sind i.d.R. nicht im Übernachtungspreis inbegriffen. Aktuellste Preise und „Specials" auf den Webseiten der Unterkünfte.

Hotels, Motels, Apartments

Die **offizielle Klassifizierung** der Hotels reicht von **2 bis 5 Sternen.** Typisch für ein gutes Stadthotel ist die zentrale Lage und die umfassende Ausstattung.

Hotel in
Parachilna
(SA)

Hotels und Motels der 2-Sterne-Kategorie liegen meist etwas
außerhalb des Zentrums an Aus- bzw. Einfallstraßen. Die Zimmer
sind kleiner und manchmal etwas „abgewohnt". Eine Zimmerinspektion vor Bezug ist ratsam.

Hotels der 3- bis 4-Sterne-Kategorie bieten Zimmer mit Bad oder
Dusche/WC, Klimaanlage, Tee-/Kaffeekocheinrichtungen, Bügeleisen,
Bügelbrett, Föhn, TV/Radio und Selbstwähltelefon. Typische Hotels
der Mittelklasse sind die der Arcor-Kette (Novotel, Ibis, Mercure),
Choice (Comfort Inn, Quality Suites), Toga (Medina, Travelodge, Vibe)
und Best Western.

Die luxuriöse 5-Sterne-Kategorie hat größere Zimmer und eine
nochmals bessere Zimmer- und Hotelausstattung, wie z.B. Swim-
mingpool, Sauna, Fitness-Raum, Restaurants, Bars und Konferenz-
einrichtungen. Die First-Class-Hotels der Großstädte befinden sich
zudem immer in Spitzenlagen. Wer entsprechend tief in die Tasche
greift, darf beispielsweise in Sydney auf die Oper blicken.

Apartments mit einem oder zwei Schlafzimmern und Küchenzeile
sind für Familien und Langzeiturlauber eine gute Wahl, da man sich
so selbst versorgen kann.

Resorts

Insel-Resorts entlang der Queenslandküste und im Great Barrier
Reef eignen sich ausgezeichnet für einen erholsamen Aufenthalt
nach einer Rundreise. Das Angebot reicht vom exklusiven Luxus-
Resorts wie Lizard Island oder Orpheus Island bis zu preiswerten
„Budget-Inseln" wie Great Keppel Island oder Lady Elliott Island.

Resort auf
Hamilton
Island

Resorts in den Badeorten auf dem Festland laden auch zum Relaxen ein, z.B. an den Northern Beaches von Cairns (Trinity Beach, Palm Cove, Port Douglas) oder an der Westküste in Broome.

Exklusiv sind **Naturresorts** in den Regenwäldern Nord-Queenslands (Daintree NP, Cape Tribulation), auf Tasmanien (Cradle Mountain NP, Freycinet NP) oder im Outback (z.B. Ayers Rock). Dort kann in luxuriösen Zelten, Bungalows oder sogar auf Baumhäusern übernachtet werden.

Privatzimmer

Bed & Breakfast
Australiens Bed & Breakfast-Angebot ist bei Weitem nicht mit der Vielfalt in Neuseeland oder in Südafrika zu vergleichen. Meist handelt es sich um Privathäuser mit 2 bis 4 Zimmern und engem Kontakt zu den Betreibern. Die unterschiedliche Ausstattung der Räumlichkeiten verleiht den Unterkünften einen individuellen Charakter. Im Internet finden Sie unter www.bedandbreakfast.com.au eine Auswahl an Privatzimmern.

Farm Stays
Wer auf einer Farm übernachtet, kann das Leben der Landwirte aktiv oder passiv miterleben. Der Zimmerstandard reicht von einfach bis luxuriös, zum Teil wird das Bad der Gastgeber mitbenutzt. Eine Reservierung ist zwingend notwendig (www.australianfarmstay .com.au).

Jugendherbergen/Backpacker-Hostels

Preiswert lässt es sich in Jugendherbergen (Youth Hostel Association, YHA) oder Backpacker-Hostels übernachten.

Backpacker
Hostel

Jugendherbergen haben einen guten Standard. Die Mehrbett- (meist Männer und Frauen getrennt), Doppel- und Einzelzimmer sind sauber, die Öffnungszeiten flexibel und die Ausstattung – mit Selbstkocher-Küche, Waschmaschinen und Aufenthaltsräumen – umfangreich. Für die YHAs ist ein gültiger Jugendherbergsausweis erforderlich, den man auch in Australien erwerben kann (www.yha.com.au).

Die Qualität der Hostels ist aufgrund häufig wechselnder Besitzer und Dauerbewohner sehr schwankend. Eine vorherige Zimmerinspektion ist immer angebracht.

Backpacker-Organisationen wie Nomads oder VIP-Backpackers vermarkten privatbetriebene Hostels und bieten Mitgliedskarten mit speziellen Rabatten an (www.nomadsworld.com, www.vipback packers.com).

Campingplätze

Fast jeder Ort und selbst das kleinste Rasthaus an den großen Highways hat einen Campingplatz. Ein umfassendes „Tourist Park"-Verzeichnis bringt der australische Autoclub raus. Die meisten Campingplätze sind sauber und verfügen neben großzügigen Stellplätzen über Kiosk, BBQ-Area (Grillplätze), Schwimmbad, Waschmaschinen und Dump-Stationen für die chemischen Toiletten der Wohnmobile. Ein Stellplatz kostet zwischen A\$ 20 (ohne Strom) und A\$ 50 (mit Strom) pro Nacht. Qualitativ hochwertig sind die Plätze der Anbieter Big4 (www.big4.com.au) und Top Tourist Parks (www.toptourist .com.au).

Cabins   Eine gute Alternative zu Zelt- oder Hotelübernachtungen sind die „Cabins" auf den Caravan Parks – geräumige Hütten oder Bungalows.

Camping-
leidenschaft
in Australien

Der Preis für eine Cabin (2–4 Pers.) liegt zwischen A$ 75 und 120 pro
Nacht.

**National-
park Camp-
grounds**

In vielen Nationalparks gibt es einen zentralen Campground oder
mehrere verstreut liegende Campsites (Stellplätze). Die meisten können mit dem Fahrzeug angefahren werden. Nationalpark-Camp-
grounds sind meist nur mit einem Plumpsklo und einem Wasserhahn
ausgestattet, manche Plätze haben auch Duschen. Dafür erlebt man
die Tierwelt hautnah.

**Wildes
Campen und
Bushcamps**

Wildes Campen wird grundsätzlich geduldet, sofern es sich nicht um
ausgewiesenes Privatland handelt und keine Verbotsschilder auf-
gestellt sind.

Essen und Trinken

Australiens Küche war bis in die 1950er Jahre sehr von der englischen geprägt und zeichnete sich aus durch verkochtes Gemüse, Fish´n Chips und mit Fleisch gefüllten Teigtaschen (Meat Pies). Durch Gerichte der Einwanderer vieler Nationalitäten grundlegend verändert, genießt sie mittlerweile einen weitaus besseren Ruf. Die neue australische Küche vereint asiatische und kontinentale Kochstile, gepaart mit Zutaten und Zubereitungsvarianten der Aboriginal People. In den Großstädten und auch zunehmend in ländlichen Regionen sind viele Gourmetrichtungen vertreten. Spezialitätenrestaurants im „native australian cuisine"-Stil mit frischen heimischen Produkten sind auf dem Vormarsch. Insbesondere Fisch- und Meeresfrüchte sind zu empfehlen. Besonders beliebt sind Abalonen (Felsaustern), köstliche Langusten und der auf vielerlei Art zubereitete Fisch. Berühmt ist der *Barramundi,* ein Raubfisch, der in Salz- und Brackwasser vorkommt. Im Landesinneren dominieren Rind- und Lammgerichte.

Australische Küche: Große Auswahl und viele Varianten

Restaurantbesuche sind in Australien deutlich teurer als in Deutschland. Restauranttipps finden sich im Reiseteil, in den lokalen Tageszeitungen, in Touristenbroschüren, sowie im Internet, wie z.B. www.bestrestaurants.com.au oder www.citysearch.com.au (nur für die Großstädte).

Frühstück (Breakfast) — Zum einfachen Frühstück *(Continental Breakfast)* wird Toastbrot mit Butter, Marmelade, Honig, Vegemite (ein bei Australiern überaus beliebter Brotaufstrich auf Hefebasis) und Tee/Kaffee serviert. Wird ein *Fully Cooked Breakfast* oder *American Breakfast* geordert, gibt es zusätzlich Rühr- und Spiegelei, Speck *(bacon),* Würstchen *(sausages),* gebratene Bohnen *(baked beans),* Spaghetti und Kartoffelpuffer.

Mittagessen (Lunch)

Zu Mittag wird nicht allzu viel gegessen. Meist bleibt es bei leichten Speisen wie Salaten, Sandwiches und Blätterteigpasteten mit fleischhaltigen Füllungen *(pies)*. In den Großstädten besucht man am besten in Kaufhäusern und Einkaufszentren eine „Foodmall", Kleinrestaurants und Imbisse mit internationalen Küchen. Außerhalb der Städte ist die Auswahl wesentlich schlechter und man ist auf Takeaways, Fastfood-Ketten, Roadhouses oder Selbstverpflegung *(self catering)* angewiesen.

Abendessen (Dinner)

Die Hauptmahlzeit des Tages ist das Abendessen. Egal ob im Privathaushalt, beim Camping oder im Restaurant: abends wird grundsätzlich warm gespeist. In den Städten laden Restaurants, Hotels, Pubs und Bars ein. In den Lokalen wartet man ab, bis einem ein Tisch zugewiesen wird („Wait to be seated"). Für besonders bekannte und beliebte Restaurants ist eine Reservierung sinnvoll, insbesondere freitags und samstags. In guten Restaurants wird auf einen gewissen Dresscode Wert gelegt – der Strandlook oder das staubige Outback-Outfit ist zumindest in der Großstadt fehl am Platz. Auf dem Lande gibt es in Pubs und Hotels meist günstige und schmackhafte Gerichte am Tresen, die sogenannten „Counter Meals".

Alkohol-Ausschank

Nicht alle Restaurants schenken alkoholische Getränke aus – dies ist den sog. „Licensed Restaurants" vorbehalten. In „BYO"-Lokalen (Bring Your Own) ist es gestattet Wein oder Bier mitzubringen. Manchmal wird dann eine „Corkage Fee" („Korkgeld") verlangt. Eine Alkohol-Lizenz ist für die Wirte mit enormen Kosten verbunden, weshalb man sich über die hohen Preise nicht wundern darf.

Barbecue (BBQ)

Eine besondere beliebte Variante des Abendessens ist das gesellige Barbecue (BBQ oder Barbie). In jedem Privatgarten, auf dem Campingplatz und in vielen öffentlichen Parks stehen Gas- oder Elektrogrills, die für ein paar Cent aktiviert werden können. Fleisch und Wurst werden dann in rauen Mengen auf dem Grill gebrutzelt. Als Beilagen werden Salate und Brote gereicht. Zum BBQ gehören natürlich auch große Mengen Bier!

Bushtucker

Aus der Welt der Ureinwohner stammt die „Bushtucker"-Nahrung. Dazu zählen Insekten, Kräuter, Gewürze, Pilze, Tiere, Vögel, Reptilien, Wurzeln, Nüsse, Blüten und Samen, sowie andere gesammelte und

BBQ

gefangene Nahrung, wie sie ursprünglich von den Ureinwohner gegessen wurde. Vieles davon wird roh verspeist. Heute werden die Gerichte auf dem offenen Feuer mit feinen Gewürzen, Früchten und Gemüse zubereitet. Auf einigen Touren im Outback (Northern Territory, Südaustralien, New South Wales) werden noch echte Bushtucker-Gerichte angeboten. Was in den Restaurants unter Bushtucker angeboten wird, entspricht meist nur im Ansatz der ursprünglichen Naturküche.

Getränke

Alkohol, egal welcher Art, wird nur in Pubs, Bars und lizensierten Restaurants ausgeschenkt. Ansonsten sind Alkoholika nur in speziellen Spirituosenläden (Bottle Shops) erhältlich.

Bier

Das beliebteste und meist konsumierte Getränk ist zweifelsohne Bier. Immer kalt, am besten direkt aus der Dose *(can),* oder aus der kleinen Glasflasche mit Drehverschluss *(stubbie).* Zu den bekanntesten Biersorten zählen *Victoria Bitter* (VB aus Victoria), *Foster* (überregional), *XXXX* (gesprochen „Four Ex", aus Queensland), *Tooheys* (aus New South Wales), *Emu* (Südaustralien) und *Swans* (Westaustralien).

Wein

Neben Bier ist Wein als Tischgetränk in Australien populär. Der Rebensaft aus den bekannten Weinbaugebieten Südaustraliens, New South Wales, Victorias und Westaustraliens ist von hervorragender Qualität. (s. Wein-Exkurs S. 46).

Weinbau in Australien

Wein wird in allen australischen Staaten und Territorien angebaut. Die Hauptan-
baugebiete befinden sich jedoch in NewSouth Wales, South Australia, Victoria
und Western Australien. In den anderen Staaten/Territorien ist der Anbau von
Reben auf sehr kleine Flächen beschränkt. Seit dem 18. Jahrhundert wird in
Downunder Weinbau betrieben. Der Rebensaft wurde in erster Linie für den in-
ländischen Markt produziert, erst mit dem Anbau neuer Rebsorten in den 1960er
Jahren und modernen Anbaumethoden erlebte die Winzerei einen starken
Aufschwung, und die Produkte erhielten weltweite Beachtung.

Inzwischen sind zahlreiche australische Weine qualitativ mit den bekannten
Produkten aus Frankreich, Italien und Kalifornien vergleichbar. Australien ist mit
einer Produktion von 9 Mio. Hektolitern Wein der siebtgrößte Weinproduzent der
Welt. Davon werden 40% exportiert. Hinter den klassischen Weinländern
Frankreich, Italien und Spanien ist Australien der viertgrößte Weinexporteur welt-
weit. Die eingeführten Reben stammen aus Frankreich, Italien, Portugal und
Deutschland. Zu den wichtigsten Sorten zählen bei den Rotweinen Cabernet
Sauvignon, Shiraz, Ruby Cabernet, Pinot Noir, Merlot, Malbec und Cabernet Franc.
Bei den Weißweinen sind es Chardonnay, Semillon,Chenin Blanc, Riesling, Sauvig-
non Blanc, Traminer, Colombard, Verdelho und Muscadelle. Besondere Spezialiäten
des Landes sind Cuvées, aufwendige Kompositionen guter Weine. Zu den bekanntesten Cuvées zählen Penfolds „Grange",Rosemount Estate „GSM" und der
Alliance „Hattrick".

Weitere Informationen im Internet: www.wineaustralia.com.au

Mit rauchiger
Note: Billy Tea

Nicht-   Beliebte Erfrischungsgetränke sind (frisch gepresste) Fruchtsäfte aus
alkoholische   Mangos, Trauben und Zitrusfrüchten. Mineralwasser wird in Flaschen
Getränke   und Kanistern (5 und 10 Liter) verkauft. Leitungswasser ist häufig
                    stark chloriert, kann aber fast überall bedenkenlos getrunken wer-
                    den, ansonsten sind Warnungen angegeben. Zum Frühstück oder
                    nach dem Essen genießen die Australier gerne Kaffee oder Tee *(mor-
                    ning tea, afternoon tea)*.

Billy Tea   Zu den Spezialitäten am Lagerfeuer gehört der traditionelle **Billy
                    Tea**. Der „Billy" ist ein völlig verrußter Teekessel, der über dem offe-
                    nen Feuer erhitzt wird („boil the billy"). Die Teeblätter werden hin-
                    eingeworfen und mit einem Stock umgerührt.

Weinberg in
One Tree Hill,
Südaustralien

Land und Leute
Geografie

	🇦🇺 Australien	🇩🇪 Deutschland	🇦🇹 Österreich	🇨🇭 Schweiz
Fläche im Mio. qkm	7,686	0,357	0,082	0,040
Bevölkerung	22,5 Mio	81,8 Mio	8,4 Mio	7,7 Mio
Einwohner pro qkm	2,9	229	101	191

Australien besteht im Wesentlichen aus zwei Landmassen: dem Festland und der Insel Tasmanien. Mit fast 37.000 Küstenkilometern ist Australien ein Inselkontinent. Er hat sich im Mesozoikum (230 bis ca. 70 Mio. Jahre vor heute) aus dem Zerfall des einstigen Urkontinents Gondwana entwickelt, der das heutige Afrika, Südamerika, Indien, Australien, Neuseeland sowie die Antarktis umfasste. Vor ungefähr 70 Millionen Jahren trennte sich Australien von den letzten Nachbarn, der Antarktis und Neuseeland. Wahrscheinlich ist der Kontinent 2 bis 3 Milliarden Jahre alt, ein Urgestein der Erdgeschichte. Trotz dieser zunächst vorhandenen Gemeinsamkeiten mit der südostasiatischen Inselwelt hat sich Australien seit der Abtrennung eigenständig und isoliert entwickelt, Flora und Fauna sind weitgehend endemisch.

Flach und trocken

Mit seiner Fläche nimmt Australien immerhin 5,7% der globalen Landfläche ein. Es ist der kleinste und nach der Antarktis trockenste Erdteil, fernab der übrigen Welt gelegen. Australien ist außerdem mit nur 300 m Durchschnittshöhe der flachste aller Kontinente.

Größenvergleich Europa und Australien

Extreme Entfernungen Legt man zwei Landkarten gleichen Maßstabs übereinander, so hätte ganz Europa Platz in Australien. Die enorme Größe des Landes bemerken Reisende schon beim Anblick der Straßenschilder: nicht 10- oder 20-Kilometer-Entfernungen sind angegeben, sondern 200, 500 oder gar 1000 Kilometer.

Das ostaustralische Hochland

Der Osten des Kontinents ist von einem fast 3000 km langen Gebirgszug geprägt, dem Great Dividing Range. Er entstand im Paläozoikum (600 bis 230 Mio. Jahre vor heute), beginnt im Norden an den ersten Hügeln von Cape York und endet mit den Australischen Alpen von New South Wales und Victoria im Süden. Tatsächlich sind auch die tasmanischen Berge Teil des Gebirgszugs, die jedoch von der Bass-Straße (Bass Strait) – der Meerenge zwischen Festland und Tasmanien – vom Great Dividing Range getrennt werden. Der höchste Berg Australiens ist mit 2228 m Höhe der **Mount Kosciuszko** in New South Wales.

Die Flüsse, die in den Berg- und Hügelregionen entspringen, entwässern entweder in das ostaustralische Flachland (Eastern Lowlands) oder in das abflusslose zentrale Becken, in dem sich riesige, unterirdische artesische Becken oder Salzseen bilden.

Vom Regenwald bis zum Skigebiet

Charakteristisch für die Gebirgslandschaft sind die Regenwälder im Norden (Nord-Queensland). Ihre Artenvielfalt beruht auf den hohen Niederschlägen während der Regenzeit (Dezember bis März) und den ganzjährig tropisch-heißen Temperaturen. Im Süden hingegen erreichen die Temperaturen im Winter ein Niveau, dass man in den Bergen skifahren kann.

Reiche Pflanzen- und Tierwelt
Zu den angenehmen Temperaturen in den höhergelegenen Regionen kommt die Artenvielfalt der Flora und Fauna hinzu. Während die Küstenregionen weitgehend von Monokulturen (z.B. Zuckerrohrplantagen im tropischen Queensland) und intensiv genutzten Weideflächen beherrscht werden, findet man im Outback ursprüngliche und naturbelassene Wälder mit endemischen Arten.

Das mittelaustralische Tiefland

Outback pur
Das weite, offene Land im Landesinneren wird gemeinhin als **Outback** bezeichnet. Es beginnt dort, wo die grünen, dicht bewachsenen Hügel des Küstengebirgszuges wieder in flaches Land übergehen. Rote Erde, dünner Sträucher- und Graswuchs prägen das Landschaftsbild.

Imposante Berge
Aus dem tief liegenden zentralen Becken ragen bizarre Gesteinsformationen wie der Uluru (Ayers Rock), die Katja Tjutja (Olgas) und zerfurchte Bergketten wie die MacDonnell Ranges empor. Einige Berge sind hier über 1000 Meter hoch: Ein ideales Terrain für Bergwanderer, sofern das Klima mitspielt. Wanderungen sollten am besten in der Zeit von Mai bis Oktober unternommen werden.

Wüste und Salzseen
Die tiefste Senke ist der südaustralische Lake Eyre mit 12 m unter NN. Die Umgebung der Salzseen ist vom typischen kontinentalen Wüstenklima geprägt, vor allem im südaustralischen Outback entlang des Oodnadatta Tracks und in den Gawler Ranges (Lake Gairdner) sowie im westaustralischen Outback (Lake Carnegie u.a.). Die extrem heißen und trockenen Sommer in diesen Gegenden sind keine gute Reisezeit, am besten man ist auch hier von Mai bis Oktober unterwegs.

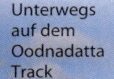
Unterwegs auf dem Oodnadatta Track

Die Wüste lebt	Gelegentliche Regenfälle lassen die Salzseen zum Leben erwachen. Urplötzlich finden sich Millionen von Vögeln inmitten der Wüste ein – ein Schauspiel, das leider nur etwa alle zehn Jahre zu beobachten ist. Mitunter fällt jahrelang kein einziger Regentropfen und Dürreperioden machen den Farmern und ihrem Vieh das Leben zur Qual. Die Flüsse Murray und Darling sind die Lebensadern des Südens. Der Murray River ist mit über 2500 km der längste Fluss des Kontinents und das wichtigste Trinkwasserreservoir für South Australia und Adelaide.
Artesische Wasserbecken	Zahllose Flüsse versickern und versanden im Landesinnern. Unter der Oberfläche der mittelaustralischen Senke befinden sich riesige artesische Becken, d.h. hier lagern in porösem Stein enorme Wassermengen, die unter hohem Druck stehen. Farmer und Eisenbahner haben sich diese Wasservorräte bei der Erschließung des Landes zu Nutze gemacht. Durch Bohrungen entstanden Brunnen, die jedoch teilweise nie wieder verschlossen wurden. Viele Reservoirs sind deshalb schon ausgetrocknet.

Das westaustralische Tafelland

Fast zwei Drittel des australischen Kontinents werden vom trockenen westaustralischen Tafelland bedeckt. Es umfasst nicht nur den Bundesstaat Western Australia, sondern auch das Northern Territory, South Australia und weite Teile von Queensland. Bis auf wenige Bergketten entlang der Nord- und Nordwestküste (Kimberley, Hamersley Ranges) ist das Tafelland mit durchschnittlich 300 bis 600 Metern über NN sehr flach.

Riesige Wüsten	Ausgedehnte Wüstengebiete schließen sich nahtlos an einen schmalen fruchtbaren Küstenstreifen im Westen an. Die Great Sandy Desert, Gibson Desert, Great Victorian Desert im Westen, die Tanami Desert im nördlichen Zentrum und die „baumlose" Nullarbor Plain im Süden sind die größten Wüsten des Kontinents. Im Norden dominiert die Savannen- und Steppenlandschaft.
Fruchtbare Regionen	Die *Darling Ranges* östlich von Perth dienen mit Ackerland und ausgedehnten Weizenfeldern als landwirtschaftliche Nutzfläche. Abgesehen vom Großraum Perth und den südwestlichen Kleinstädten, ist die Bevölkerungsdichte hier äußerst niedrig.

Great Barrier Reef

Das längste Riff der Erde – eine landschaftliche Sonderform – erstreckt sich über 2300 km von der Südküste Papua-Neuguineas (PNG) entlang der Ostküste Australiens nach Gladstone. Das als UNESCO-Naturerbe geschützte Korallenriff ist eine Ansammlung von etwa 2900 Einzelriffen sowie 900 Inseln und nimmt eine Fläche von 350.000 qkm ein. Das „Große Barriereriff" liegt auf dem östlichen Rand des australischen Kontinentalsockels und verläuft daher fast parallel zur Küstenlinie. Je weiter südlich man reist, desto weiter entfernt sich das äußere Riff vom Festland (in Cairns ca. 30 km, bei Gladstone ca. 250 km).

Entstehung   Die Entstehung des Riffs begann bereits vor etwa 20 Millionen Jahren, als der nördliche Teil Australiens durch die Kontinentalverschiebung in die tropischen Breitengrade driftete. Die warme Oberflächentemperatur des Meeres ermöglichte das Wachstum von kalkbildenden Korallenpolypen, die in jahrtausenderlanger Arbeit dieses Bauwerk aus Kalk schufen. Meeresspiegelschwankungen bestimmten die Entwicklung: Beim Absinken des Meeresspiegels während der Eiszeiten wurde das Riff trockengelegt und die riffbildenden Korallen starben ab. Stieg der Meeresspiegel wieder an, vergrößerten sich die Kalkberge infolge des erneuten Korallenwachstums. Die heute sichtbaren Riffteile stammen aus der letzten Kaltzeit vor etwa 6000 bis 8000 Jahren.

Gefährdung   Das gesamte Riff ist als Marine Park geschützt. Rund 2000 Fischarten und mehrere 10.000 Spezies wirbelloser Tiere leben am Great Barrier Reef. Viele sind vom Aussterben bedroht. Die Ursachen hierfür sind komplex: Da ist zum einen die großräumige Verunreinigung der Küstengewässer durch Bebauung und intensive Landwirtschaft. Hinzu kommen die Erwärmung des Meeres durch den weltweiten Klimawandel und die negativen Einflüsse der touristischen Nutzung (Taucher, Schnorchler, Sonnenöl usw.) sowie des Schiffverkehrs (Treibstoffe, Anker, Lärm). Neueste Forschungen von Meereskundlern ergaben, dass die Hauptursache der Korallenverluste nicht allein das Aufheizen des Meeres als Folge des Klimawandels und die dadurch verursachte Korallenbleiche ist, sondern die verheerenden Folgen schwerer Stürme und vor allem der immer mehr um sich greifende Befall der Korallenstöcke mit Dornenkronen-Seesternen. Diese werden bis zu 30 cm groß, haben über 20 Arme und vermehren sich rasant. Jede einzelne kann an einem Tag eine faustgroße Koralle vertilgen.

Low Isles, Great Barrier Reef

Weitere Informationen über das Riff und Schutzprogramme: www.gbrmpa.gov.au

Tier- und Pflanzenwelt

Die Geschichte der australischen Tier- und Pflanzenwelt beginnt auf Gondwana speziell auf dem südlichen Teil des Urkontinents. Die einstige geologische Landverbindung der Kontinente ist bei Flora und Fauna noch heute erkennbar. So sind in Südamerika und Australien Beuteltiere, Laufvögel und Palmfarne heimisch. Aufgrund der späteren Isolation konnten sich, unbeeinträchtigt von evolutionären Veränderungen, einzigartige Pflanzen- und Tierformen entwickeln. Sie blieben bis heute als endemische Arten erhalten. Beispiele aus der Tierwelt sind eierlegende Säugetiere sowie zahlreiche Beuteltiere, die in anderen Erdteilen fast vollständig von höheren Säugetieren verdrängt wurden.

Die Tierwelt

Zur Fauna des Fünften Kontinents gehören etwa 300 wildlebende Säugetierarten. Zu den heimischen Reptilien und Amphibien zählen 480 Echsen-, 170 Schlangen-, zwei Krokodil- und 20 Schildkrötenarten. Nicht zu vergessen sind ca. 3500 Fischarten, die in den australischen Süß- und Meeresgewässern leben. Außerdem etwa 750 Vogelarten sowie unzählige wirbellose Landtiere wie Spinnen, Insekte und Krebse.

Säugetiere

Känguru

Die wohl außergewöhnlichste Tiergruppe Australiens, die sonst nur noch in Neuguinea vorkommt, ist die der eierlegenden Säugetiere. Dazu zählen das Schnabeltier und der Ameisenigel. Der nur noch selten vorkommende **Platypus** (Schnabeltier), mit dunkelbraunem Fellkleid, Entenschnabel und Schwimmhäuten, hält sich an Flüssen und Bächen auf, meist in den tropischen Regenwäldern, aber auch im kühleren Süden. Die **Echidnas** (Ameisenigel, auch Schnabeligel) ähneln, wie der Name schon sagt, den Igeln und haben einen röhrenartigen Schnabel. Die Tiere kommen in allen Klima- und Vegetationszonen des Kontinents vor.

Beuteltiere, sind fast ausschließlich in Australien und auf den umliegenden Inseln beheimatet. Wichtigstes Kennzeichen ist der Beutel der Weibchen, in dem sich das in embryonalem Zustand geborene Junge in zwei bis sieben Monaten weiterentwickelt. Anschließend verlassen die

Wombat

Koala

Winzlinge den Beutel und kehren nur noch zum Säugen oder bei Gefahr dorthin zurück. Zu den bekanntesten Beuteltieren, die in ganz Australien verbreitet sind, zählen die **Kängurus** und ihre Verwandten. Häufigste Arten sind die Riesenkängurus (Red Kangaroo, Grey Kangaroo), **Wallaroos** und die kleineren **Wallabies.** Nach den Riesenkängurus zählen die **Wombats,** aus der Familie der Plumpbeutler, zu den größten Beuteltieren. Die nachtaktiven, kurzbeinigen und pummeligen Gestalten leben vorzugsweise im Busch und in den lichten Eukalyptuswäldern des Südens. Der **Koala** zählt zur Familie der Beutelbären (ist gleichwohl kein „Bär") und lebt in lichten Eukalyptuswäldern. Die vorwiegend nachtaktiven Tiere ernähren sich ausschließlich von Eukalyptusblättern. Gute Chancen Koalas in freier Wildbahn zu erleben, bieten sich auf Magnetic Island (Queensland) und auf Kangaroo Island (Südaustralien).

In den australischen Wäldern lebt die große Familie der **Kletterbeutler** (Possums): maus- bis fuchsgroße Tiere, manche mit langen Schwänzen, andere mit Flughäuten zwischen den Gliedmaßen. Zu Gesicht bekommt man sie eher selten, doch nachts geben sie unüberhörbare Geräusche von sich.

Zu den sogenannten höheren Säugetieren Australiens zählen die **Nagetiere, Flughunde** und **Fledermäuse** sowie die **Meeressäuger** wie Robben, Seelöwen, Seekühe, Wale und Delfine. Hinzu kommen noch 17 Arten eingeführter und verwilderter Säugetiere wie Fuchs, Kaninchen, Dingo, Ziege, Katze, Schwein, Esel, Kamel, Wasserbüffel und Rotwild.

Reptilien, Amphibien

Water Monitor

In Australien leben etwa 675 Reptilienarten. Die bekanntesten sind das große **Leistenkrokodil** und das **Süßwasserkrokodil** (s. Exkurs S. 149). Andere Arten sind die ungiftigen **Lizards** (Echsen), die überwiegend in den warmen Regionen des Landes leben.

Schlangen

165 **Schlangenarten** besiedeln das Land: Die *ungiftigen* Blindschlangen, Pythons und Warzen-

Grüne
Baumpython

Wasserschlangen (nicht zu verwechseln mit den sehr giftigen Sea Snakes), die *giftigen* Familien der Nattern, Giftnattern bzw. Giftschlangen sowie die Ruderschwanz- und Plattschwanz-Seeschlangen. Insgesamt gelten 25 Schlangenarten für den Menschen als potentiell gefährlich. Schlangen leben im trockenen Gebiet wie auch in Wald- und Buschlandschaften. Daher gilt bei allen Outdooraktivitäten: Zelt und Auto stets gut verschließen, nachts Taschenlampen benutzen, Schuhe, Kleider und Schlafsäcke kontrollieren sowie festes Schuhwerk beim Wandern tragen. Doch keine Panik – zwar werden pro Jahr einige Menschen von Schlangen gebissen, doch durch entsprechende Hilfen und Gegengifte sterben davon nur etwa ein bis zwei. Die meisten Schlangen sieht man tot am Straßenrand liegen. Schlangen sind sehr scheue Tiere. Allein die Bodenerschütterung durch festes Auftreten vertreibt sie zuverlässig.

**Schild-
kröten**

(Turtles) sind nur im Wasser vertreten. Neben den Meeresschildkröten (Sea Turtles) gibt es noch 15 Arten Süßwasserschildkröten (Freshwater Turtles). Ein guter Ort, um die großen Meeresschildkröten zu beobachten ist Heron Island (Queensland).

Vögel

Die Vogelwelt Australiens umfasst etwa 720 Arten, rund 300 davon kommen als Zugvögel regelmäßig nach Australien. Zu den farbenfrohesten und lautesten Vögeln des Kontinents zählen **Papageien** und **Sittiche.**
Gute Beobachtungsplätze für Kakadus sind Wasserstellen fast überall im Outback oder in den Blue Mountains (New South Wales). Die farbenfrohen Loris lassen sich gerne im Royal National Park (New South Wales) oder im Litchfield National Park (Northern Territory) sehen. Schöne Exemplare echter Papageien findet man u.a. im Wilsons Promontory National Park (Victoria).

Der **Emu,** das zweite Wappentier Australiens (neben dem Känguru), ist nach dem Strauß der zweitgrößte Vogel der Welt (ca. 1,80m). Die flugunfähigen Vögel leben vorzugsweise in trockenen Graslandschaften. Die schwarz gefiederten,

Emu

ebenfalls flugunfähigen **Helmkasuare** (Southern Cassowary) leben in den tropischen Regenwäldern des Nordens. Die vom Aussterben stark bedrohten Vögel mit ihren blau-roten Hälsen sind mit etwas Glück im Atherton Tableland (Queensland) zu sehen.

Der **„Lachende Hans"** (Kookaburra) mit seinem scheppernden Gelächter ist der größte Eisvogel der Welt (bis 45 cm Spannweite) und lebt in den lichten Wäldern der Ostküste sowie im Süden Australiens.

Meerestiere

Adlerrochen

Vor der australischen Küste leben rund 170 **Haiarten.** Die größte Art ist der Walhai (Whale Shark) mit über 15 m Länge. Er zieht alljährlich zwischen April und Juni am Ningaloo Reef Westaustraliens vorbei. Einige Haiarten sind für den Menschen gefährlich, dazu zählen die Blau-, Tiger, Hammer- und Weißhaie. Sie leben vorwiegend in den kühleren Gewässern des Südens. Nahe Verwandte der Haie sind die **Rochen** (Rays). Der größte unter ihnen, mit einer Spannweite von 6 Metern, ist der Riesenmanta oder Teufelsrochen (Manta Ray). Am Ningaloo Reef sowie rund um Lady Elliot Island (Great Barrier Reef) werden die Tiere häufig gesichtet. Die kleinere Art der **Stachelrochen** (Stingray), die sich meist am sandigen und schlammigen Grund bewegt, kann für Menschen schmerzhaft werden, wenn man auf den Schwanzstachel tritt. Tückisch ist der **Steinfisch** (Stonefish). Er sieht aus wie ein mit kleinen Muscheln überzogener Stein und hält sich vorzugsweise in warmen, flachen Küstengewässern auf. Tritt man darauf, so muss man unverzüglich einen Arzt aufsuchen und sich ein Gegengift verabreichen lassen.

Die meisten Fische jedoch sind ungiftig und mit ihrer Farbenpracht wunderschön anzusehen.

Quallen

Quallen bilden eine der größten Gefahren für den Menschen. Vor der Küste Nordaustraliens schwimmen während der Sommermonate (November bis April) die farblosen Würfelquallen (Sea Wasp oder Box Jellyfish). Die Berührung der über drei Meter lange Tentakel ist sehr schmerzhaft und kann zu Krämpfen führen. Daher gilt während der genannten Zeit: Nur an Stellen mit Quallennetzen (Stinger-Net) im Meer baden, oder besser nur im Pool! Als Erste-Hilfe-Maßnahme wirkt bei

Quallengift Essig oder Zitronensäure. Beides ist häufig an den Stränden verfügbar. Auf keinen Fall Süßwasser auf die Wunde träufeln! Anschließend zum Arzt gehen. Unterschätzen Sie das Gift nicht, insbesondere Kinder sind gefährdet!

Insekten und Spinnen

Das lästigste Insekt ist zweifellos die einfache Fliege. Sie beherrscht das gesamte Outback und ist besonders in Regionen mit Viehzucht eine Plage. So kommt es im Roten Zentrum vor, dass man den Tag über nur mit einem Fliegennetz über dem Kopf herumläuft. Die Gefahr durch Spinnen wird gerne übertrieben. In Australien leben sieben für den Menschen gefährliche Spinnenarten. Dazu zählt die Sydney-Trichternetzspinne (Sydney Funnelweb Spider), die jedoch nicht nur in Sydney vorkommt, sondern in der gesamten gemäßigten Zone des Südens. Sollte der seltene Fall eines Bisses eintreten, so muss sofort ein Arzt aufgesucht

Golden Orb Spider

und ein Gegengift gespritzt werden. Zu Ihrer Beruhigung: Seit es Gegengifte gibt, gab es kein einzigen Todesfall durch Spinnenbisse!

Die Pflanzenwelt

Australiens Flora zeichnet sich durch sehr viele endemische Arten aus. Der Norden ist von einer tropischen Gras- und Baumsavanne ge-

prägt. An den Küsten breiten sich Mangroven- und Regenwälder aus. Im Westen und im Zentrum nehmen vorwiegend Grassteppe und Sandwüsten das Land ein. Im Südwesten wachsen die unterschiedlichsten Buscharten und Eukalyptuswälder. Im Südosten und auf Tasmanien dominieren ebenfalls Eukalyptuswälder.

Der **Eukalyptus** (Gum Tree) ist der bekannteste Baum Australiens. Mit etwa 700 Arten zählt er zu den artenreichsten Laubbäumen der Erde. Er hat sich an sämtliche Klimabedingungen im Land angepasst. So wachsen im trockenen, heißen Zentrum die mit kalkweißen Stämmen markant emporragenden Geisterbäume (Ghost Gum). Im kalten Bergland im Südosten dominiert dagegen der Schnee-Eukalyptus (Snow Gum). Die höchsten Arten erreichen 90 Meter!

Eukalyptusbaum

Protee

Neben den Eukalypten sind etwa 850 **Akazienarten** (Wattles) in Down Under zu finden – ihre Größe reicht vom Strauch bis zum Baum. Kennzeichnend für Akazien sind die gut riechenden, meist gelben oder weißen Blüten.

Das Hartlaubgewächs der **Proteen** fällt während der Blütezeit mit leuchtenden, bürstenförmigen Blütenständen auf. Wie auch die Eukalypten gehören viele Proteen zu den Feuerpflanzen. Das heißt, sie benötigen zur Vermehrung und Entwicklung von Zeit zu Zeit Brände, um die Samen aus den harten Fruchtkapseln freizulegen. Die **Palmfarne** (Cycads) wachsen auf dem gesamten Kontinent (z.B. im Palm Valley, Northern Territory) und werden bis zu 1500 Jahre alt – und gelten deshalb als lebende Fossilien.

Besondere Highlights für Pflanzenfreunde sind Regenfälle im Outback, wenn innerhalb kürzester Zeit farbenfrohe Pflanzen auf der roten Erde blühen. Die riesigen **Wildblumen**teppiche sind im südlichen und mittleren Teil Westaustraliens im Frühling (Aug–Okt) eine wahre Augenweide.

Wildblumen, Tasmanien

Bevölkerung

Zurzeit leben in Australien etwa 22,5 Millionen Menschen. Aufgrund der Großflächigkeit des Landes ergibt dies eine Bevölkerungsdichte von knapp 3 Einwohner/qkm. Allerdings leben 60% aller Australier in den südöstlichen Bundesstaaten New South Wales und Victoria. Das Landesinnere und der Norden sind nur äußerst dünn besiedelt. Die größten Städte sind Sydney (4,5 Mio. Einwohner) und Melbourne (4 Mio. Ew.). Weitere Metropolen: Brisbane (2 Mio. Ew.), Perth (1,6 Mio. Ew.) und Adelaide (1,2 Mio. Ew.). Landeshauptstadt ist Canberra (320.000 Ew.) im Australian Capital Territory (ACT).

Australien ist ein typisches Einwanderungsland. Die Haupteinwanderungswellen erfolgten nach dem 2. Weltkrieg. Mittlerweile ist jeder vierte Australier unmittelbarer Nachfahre eines Immigranten. Nur noch 2,4% der Bevölkerung ist indigener Abstammung. Im Laufe der Jahrzehnte entstand so eine multiethnische Bevölkerung.

Aboriginal People

Die australische Geschichte begann vor über 60.000 Jahren, als erste Nomadenstämme den australischen Norden über damals noch existente Landbrücken besiedelten. Vermutlich begann die Besiedlung von Neuguinea aus. Die Aboriginal People (von lat. *ab origine,* vom Ursprung an) oder *Indigenous People,* wie die Ureinwohner genannt werden, entwickelten durch die Jahrtausende lange isolierte Lage Australiens eine eigene Kultur. Schnell breiteten sie sich vom fruchtbaren Norden über den gesamten Kontinent aus. Sie erwarben erstaunliche Fähigkeiten, um selbst im harschen und trockenen Inland zu überleben. Als Nomaden zogen sie durch das Land oder lebten in Höhlen und unter Felsüberhängen. Zur Jagd wurden Speerschleudern

Früchte der Natur

(woomera), Keulen (nulla nulla) und Bumerangs (kylie) benutzt. Nur einige Stämme entlang der Ostküste bauten aus Baumrinde Hütten (sog. Miamias). Von großer Wichtigkeit war die Arbeit der Frauen: Sie sammelten Früchte, Beeren und Gräser und sicherten so die Nahrungsgrundlage, wenn der Jagderfolg der Männer ausblieb.

Vor der Besiedlung durch den „Weißen Mann" lebten die Ureinwohner auf der Terra Australis („Land im Süden") ungestört von äußeren Einflüssen. Schätzungen über die tatsächliche Zahl der Bewohner schwanken zwischen 300.000 und einer Million. Sie lebten in Gruppen ohne Hierarchien, Entscheidungen wurden gemeinschaftlich getroffen. Die Stammesältesten überlieferten die traditionellen „Traumzeit-Geschichten" (dreamtime stories).

Das Land wurde nie im heutigen Sinne bewirtschaftet. Die Nutzung erfolgte durch kontrollierten Abbrand, einer Urform der Landwirtschaft. Der Begriff des Eigentums war nicht bekannt. Das Land wurde genutzt und gehütet, jedoch nicht besessen. Stets wiederkehrende Gewohnheiten im Umgang mit der Natur wurden streng befolgt.

Sprachen und Kunst
Schätzungen zufolge gab es einst fast 300 verschiedene Sprachen und Dialekte. Davon werden heute lediglich noch rund 70 von größeren Gruppierungen gesprochen. Da die Schriftform unbekannt war, waren Schnitzereien, Gravuren, Felsbilder und Rindenmalereien die bevorzugten Ausdrucksmittel der australischen Ureinwohner. Ein typisches Merkmal ihrer Malerei ist die Verwendung von Erdfarben (Ocker), Holzkohle und Tonerde sowie die Reduktion auf einzelne Punkte (Dot Paintings). Im Arnhemland und Kakadu National Park sind Felsmalereien fast ausschließlich im sog. Röntgenstil zu sehen, während in der Kimberley Region der Bradshaw-Stil mit figürlichen Darstellungen besonders verbreitet ist. Musik und Tanz werden in

Dotpainting

gemeinschaftlichen „Coroborees" ausgedrückt. Ihre Tänze stellen Traumzeitwesen, Jagd und Fruchtbarkeit dar. Durch den erzählerischen Charakter entwickeln sich die Tänze zu theatralischen Darbietungen mit inszenierter Dramaturgie. Rhythmisches Klopfen mit Schlaghölzern und das bekannte Didgeridoo – eine aus ausgehöhlten Eukalyptusstämmen hergestellte Basspfeife – begleiten die Tänze in monotoner, tranceähnlicher Weise.

Dreamtime Weil nur mündlich von Generation zu Generation weitergegeben, sind Traumzeitgeschichten nur in Fragmenten überliefert. Der Begriff *Dreamtime* ist dabei nur unzureichend zu definierbar. In der endlosen Traumzeit wurden Tiere, Menschen, Pflanzen, das Land und spirituelle Wesen erschaffen und stehen seitdem in enger Verbindung zueinander. Aus diesem Beziehungsgeflecht entstanden Gesetze, Rituale, Kunst und Sprachen. Zauber und Magie sind dabei ein wichtiger Teil des Glaubens. Magische

Felsmalerei, Nabulwijbulwinj-Motiv

Kräfte dienen dazu, Nahrung zu finden, Kranke zu heilen oder Gesetzesbrecher zu bestrafen. Die Aboriginal People glauben, dass jede Person ein Abkömmling eines Tieres oder einer Pflanze ist.

Einfluss europäischer Siedler Mit den ersten Sträflingstransporten der Briten ab 1788 und dem Zustrom von Siedlern kam es zu den ersten, meist feindseligen Kontakten. Die kulturellen Gegensätze hätten nicht größer sein können, „Steinzeit" und „Zivilisation" wurden miteinander konfrontiert. Für die Aboriginal People begann das traurigste Kapitel ihrer langen Geschichte. Sie wurden gejagt, getötet oder versklavt und als Menschen zweiter Klasse behandelt. Später versuchte die Kolonialregierung durch die Entsendung von Missionaren und die Errichtung von Reservaten dem Verfall ihrer Kultur Einhalt zu gebieten. Es schien jedoch nur ein vordergründiges Interesse gewesen zu sein. Rücksichtslos wurde den Aboriginal People weiterhin das Land enteignet. In den Jahren von 1953 bis 1964 fanden in der südaustralischen Wüste sogar Atombombenversuche statt, ohne dass ein Schutz oder eine Umsiedlung der dort lebenden Menschen stattgefunden hätte. In den 1960er Jahren erfolgte langsam ein Umdenken in der australischen Gesellschaft. 1961 wurde den australischen Ureinwohnern das Wahlrecht zuerkannt, 1967 wurden sie erstmals bei Volkszählungen erfasst. Im 1976 beschlossenen „Aboriginal Lands Right Act" wurden den Aboriginals traditionelle Stammesgebiete und wichtige Heiligtümer zurückgegeben, so z.B. der Uluru (Ayers Rock). Erst 1980 wurde die diskriminierende „Rassentrennung" an Schulen und in manchen Stadtbezirken endgültig aufgehoben.

Durch die Mabo-Entscheidung von 1992 und das Wik-Urteil von 1996 erhielten die Ureinwohner einen Anspruch auf Ländereien in öffentlichem Besitz (z.B. Nationalparks), sowie auch auf diejenigen, die von privaten Pächtern genutzt werden. Der Zutritt zu heiligen Stätten und zu traditionellen Jagd- und Fischfanggebieten wurde rechtlich abgesichert.

Stolen Generation Von 1910 bis in die 1970er Jahre wurden tausende Mischlingskinder in Pflegefamilien und Missionsstationen untergebracht oder zur Adoption freigegeben. Sie sollten zu „weißen Werten" umerzogen werden. Die Regierung Australiens entschuldigte sich erst 2008 offiziell bei der „Stolen Generation". Sehr bewegend geschildert ist das Leid im Buch und Film „Rabbit Proof Fence" (s. Literaturtipps).

Das Verhältnis der weißen Bevölkerung zu indigenen Australiern ist ein vieldiskutiertes und oft heikles Thema, Vorurteile prägen die Debatten. „Abos", wie sie verächtlich genannt werden, werden von vielen als faul abqualifiziert, die ausschließlich von staatlicher Sozialhilfe *(welfare)* leben. Verständlich die Sicht der Ureinwohner: Nach vielen Jahrtausenden der Eintracht wurde ihre Welt systematisch und in radikalem Tempo zerstört. Die geistige und physische Entwurzelung hat zu Lethargie und Depressionen geführt. Der Wille, gegen die Obrigkeit die Hand zu erheben, wurde gebrochen. Die Lebenserwartung der indigenen Bevölkerung liegt 17 Jahre niedriger als die der weißen Australier.

Tourguide im Kakadu National Park

Trotzdem gibt es für die Zukunft auch Anlass zur Hoffnung: Die Mehrheit der Australier hat heute erkannt, welches Unrecht den Ureinwohnern zugefügt wurde und sieht ihre Kultur als wertvolles Erbe der Nation.)

Geschichte

vor ca. 60.000 Jahren
Einwanderung der Urbevölkerung über damals noch existente Landbrücken zu Neuguinea oder schmale, seichte Meerengen.

Seefahrer
Die geheimnisvolle, am anderen Ende der Welt vermutete *Terra Australis Incognita* („Unbekanntes südliches Land") sahen viele seefahrende Entdecker als eine Herausforderung. 1606 durchquert der Portugiese **Louis Vaez de Torres** die Meerenge zwischen Cape York und Neuguinea (Torres Strait). Der holländische Forscher **Willem Jansz** landet an der Westküste von Cape York. Er betritt als erster Europäer Australien.

1616
Der Holländer **Dirk Hartog** erreicht die Westküste Australiens bei Shark Bay und proklamiert Neu-Holland.

1642
Abel Janszon Tasman aus Holland entdeckt Tasmanien.

1688
Der Engländer **William Dampier** landet an der Nordwestküste und nennt das Land Neubritannien.

1770
Captain James Cook ankert mit der HMS Endeavour auf dem Rückweg aus dem Südpazifik in der Botany Bay, südlich von Sydney. Im Namen des British Empire nimmt er Australien für die Englische Krone in Besitz. Das Land wird **New South Wales** getauft. Auf der Weiterfahrt entlang der Queensland-Küste rammt die Endeavour ein Riff bei Cape Tribulation (Kap der Leiden). Während der Reparatur lernt Cook freundlich gesinnte Aboriginal People kennen. Die Englische Krone entscheidet sich zunächst einen Sträflingstransport nach Australien zu entsenden.

Nachbau der Endeavour, Darling Harbour

1788
Im Mai 1787 legt eine Flotte von insgesamt 11 Schiffen unter dem Kommando von **Captain Arthur Philipp** von England ab. Sie landen am 18. Januar 1788 in der Botany Bay. Wenige Tage später wird wegen günstigerer Siedlungsbedingungen in Sydney Cove vor Anker gegangen. Man schrieb den 26. Januar, heute der Nationalfeiertag „Australia Day".

In den Folgejahren, zwischen **1788** und **1868** werden über 100.000 Sträflinge nach Australien deportiert. Nach ihrer Entlassung aus der Gefangenschaft werden sie zu Siedlern und Bauern – das junge und unerschlossene Land bietet allen die gleiche Chance.

1793   Die ersten freien Siedler kommen mit Schiffen aus Großbritannien.

1801–1835   **Matthew Flinders** umschifft den australischen Kontinent und fertigt detaillierte Karten an. Zusammen mit **George Bass** umsegelt er am Ende der Reise Tasmanien. **1803** wird mit Hobart die erste sträflingsfreie Siedlung gegründet. **1824** wird Brisbane (Queensland) gegründet, **1829** Perth (Westaustralien), **1835** Melbourne (Victoria), **1836** Adelaide (South Australia). Erst unter Gouverneur **Lachlan Macquarie** entsteht in New South Wales eine gesetzestreue Kolonialverwaltung. Nachdem London die Sträflingsdeportationen weitgehend einstellt, kommen immer mehr Siedler ins Land.

1838   **John Eyre** meistert erfolgreich die erste Ost-West-Durchquerung des Kontinents.

1844   **Ludwig Leichhardt,** ein emigrierter Deutscher, schafft die Durchquerung von Brisbane nach Darwin. Seine zweite Expedition durch das Landesinnere von Ost nach West endet tragisch, er bleibt für immer verschollen.

1850   Das britische Parlament beschließt, dass die neuen Kolonien sich eine eigene Verfassung geben dürfen.

1851   Goldfunde in New South Wales und Victoria.

1860   **O'Hara Burke, William J. Wills** und **William King** durchqueren erstmals den Kontinent von Melbourne in Richtung Norden an den Golf von Carpentaria.

1862   **John MacDouall Stuart** erreicht die Nordküste beim heutigen Darwin. Er legt den Grundstein für den Bau der Telegrafenlinie von Darwin in das heutige Alice Springs. Der Stuart Highway (Explorer Highway) folgt ungefähr dieser Telegrafenlinie.

1891   Die australische **Labour-Partei** wird gegründet.

1901   Gouverneur Lord Hopetoun erklärt am 1. Januar 1901 Australien zum **Mitglied des Commonwealth.** Die Kolonien New South Wales, Victoria, South Australia, Queensland, Western Australia und Tasmanien werden damit in einen Staat zusammengefasst. Das erste Bundesparlament wird in Melbourne eröffnet. Das offizielle Staatsoberhaupt ist die britische Königin Victoria.

1907   Dem australische Bund wird der Dominion-Status zuerkannt und damit die nahezu vollständige Unabhängigkeit von Großbritannien.

1914–1918   Australien folgt den Briten gemeinsam mit Neuseeland in den 1. Weltkrieg.

1927   **Canberra,** seit dem 12. März 1913 bereits offizielle Hauptstadt, wird nun auch Regierungssitz und gewinnt damit den Wettstreit mit Melbourne und Sydney.

1928   **John Flynn** gründet den *Royal Flying Doctor Service* in Cloncurry, Queensland (Exkurs s.S. 23).

1939   Australien folgt den Briten in den **2. Weltkrieg** und entsendet Truppen nach Europa.

1941/1942   Japanische Flugzeuge bombardieren Darwin und Broome, später auch Cairns, Townsville und die Küste um Sydney.

1956   Olympische Spiele in Melbourne.

1962   Wahlrecht für Aboriginal People.

1965   Australien nimmt bis 1972 am **Vietnamkrieg** teil.

1966   Das Englische Pfund wird abgeschafft und vom Australischen Dollar ersetzt.

1967   Zum ersten Mal werden indigene Australier bei einer Volkszählung berücksichtigt und erhalten alle Bürgerrechte.

1972   Die Aboriginal People erhalten das Selbstbestimmungsrecht. Australien öffnet sich wirtschaftlich den südostasiatischen Ländern.

                Einweihung des Sydney Opera House.

1976   Der **Aboriginals Land Rights Act** wird verabschiedet. Er regelt die Rückgabe wichtiger Stammesgebiete an die Ureinwohner.

1985   **Uluru** und **Kata Tjuta** (Ayers Rock und Olgas) werden den australischen Ureinwohnern zurückgegeben. Im sogenannten „Australia Act" werden die letzten Vollmachten der Englischen Krone (z.B. Vetorechte des General-Gouverneurs) abgeschafft.

1988   Die **200-Jahr-Feier** der weißen Besiedlung wird von massiven Protesten der Aboriginal People begleitet. Königin Elizabeth II eröffnet das neue Parlamentsgebäude in Canberra.

New
Parliament,
Canberra

1991   Australien kämpft im ersten Golfkrieg an der Seite der USA.

1992   **Paul Keating** (Labour) wird Premierminister. Er leitet den Versöhnungsprozess mit den Ureinwohnern ein.

1996   Wahlsieg der Liberal-Demokraten unter **John Howard.** Seine Politik begrenzt die Landrechts-Forderungen der Aboriginal People.

2000   Olympische Spiele in Sydney.

Aquatic
Centre Sydney

2003   Australien nimmt trotz massiver Proteste aus der Bevölkerung mit einem kleinen Soldatenkontingent am zweiten Golfkrieg im Irak teil.

2004   Die **Eisenbahnverbindung** von Alice Springs nach Darwin wird eröffnet.

2007   Der Chef der Arbeiterpartei **Kevin Rudd** löst die 11jährige Präsidentschaft Howards und seiner liberal-nationalen Koalition ab.

2008   Im Februar entschuldigt sich Rudd offiziell für das Unrecht, das die Weißen in der Vergangenheit an den Aborigines begangen haben.

2010   **Julia Gillard** übernimmt als erste Frau das Premierministeramt.

2011   **Queen Elizabeth II** – noch offizielles Staatsoberhaupt Australiens – besucht Down Under.

Her Majesty The Queen – australische Briefmarke
mit dem Portrait von Queen Elizabeth II, 1980er-Jahre

Politik und Verwaltung

Australiens offizieller Name lautet **„Commonwealth of Australia".** Obgleich das Land über ein souveränes Parlament verfügt, ist die Königin von England das offizielle Staatsoberhaupt. Die Regierung wird von der Mehrheitspartei bzw. Parteienkoalition gestellt. Das Parlament wählt den Premierminister. Der australische Staat besteht aus einer Föderation von **sechs Bundesstaaten** (New South Wales, Victoria, Queensland, South Australia, Tasmania, Western Australia), **zwei Territorien** (Northern Territory, Australian Capital Territory) sowie einer Anzahl externer Territorien (Norfolk Island, Cocos Islands, Christmas Island, Macquarie Island und Australian Antarctica). Die einzelnen Bundesstaaten haben jeweils eigene Parlamente mit weitgehenden Kompetenzen in der Gesetzgebung.

Wirtschaft

Australiens Wirtschaft boomt dank des Rohstoffreichtums seit vielen Jahren. Die Staatsverschuldung und die Arbeitslosenzahlen (5,2% März 2012) sind konstant niedrig. Die Wirtschaft basiert auf dem Handel mit den Ländern des asiatisch-pazifischen Raums (China, Japan, Korea, Neuseeland), den USA und Kanada sowie der Europäischen Union (EU). Bodenschätze, insbesondere Kohle und Eisenerze, landwirtschaftliche Güter, der Dienstleistungsektor und die Tourismusbranche bilden die Grundpfeiler der australischen Wirtschaft.

Kultur

Die kulturellen Ursprünge des Landes gehen weit über die weiße Siedlungsgeschichte hinaus. Höhlen- und Felsmalereien der Aboriginal People dokumentieren die Jahrtausende alte Kulturgeschichte des Landes. Nach anfänglichen „Minderwertigkeitskomplexen" gegenüber Europa hat sich in Australien eine repräsentative Kulturszene mit international herausragenden Künstlern entwickelt. Kunst und Kultur werden von der australischen Gesellschaft hoch geschätzt.

Malerei　　Die Malerei der Ureinwohner ist in Übersee besser bekannt, als die Werke weißer australischer Maler. Noch heute dienen ihnen die alten Zeichen und Symbole der Vorfahren als Vorlage. Wegen des großen internationalen Interesses entwickelten sich zahlreiche Kunstzentren auf dem Kontinent. In den Städten findet man oft Galerien mit Aboriginalwerken.

Zu den renommiertesten weißen Malern des Landes zählen Conrad Martens (1801–1878), Hans Heysen (1877–1968), Russel Drysdale (1912–1981) und Sydney Nolan (1917–1992).

Universität
Sydney

Architektur   Zu Beginn der weißen Besiedlung orientierte sich die Architektur
aus praktischen Gründen an den gängigen Baustilen der ehemaligen
Heimat. Zu den bekanntesten Architekten zählten Francis H. Green-
way (1777–1837), Harold D. Annehaar (1866–1933) und Edmund T.
Blacket (1817–1883). Moderne Architektur kam mit dem Amerikaner
Walter Burley Griffin ins Land, der *Canberra* entwarf, und dem Dänen
Jörn Utzon, der das Operhaus in Sydney.entwarf. Der bedeutendste
zeitgenössische Architekt ist Phillip Cox, auf dessen Plänen *Darling
Harbour* in Sydney und das *Ayers Rock Resort* basieren.

Musik   Musik und Australien, da denkt man zunächst an Sydneys Opernhaus,
dann an Rock und Pop (AC/DC, Kylie Minogue), und an Folk- und
Country (Slim Dusty, Ted Egan, John Williamson). Australiens bekannteste Sopranistinnen Nellie Melba und Joan Sutherland feierten
internationale Erfolge und trugen erheblich dazu bei, dass das
Interesse an Oper und klassischer Musik bei den Australiern zunahm.

Film   In einem nicht geringem Maß werden Australien und seine Bewohner
durch Filme und Dokumentationen repräsentiert. Bereits 1896 wurden bewegte Bilder (Stummfilme) in Australien produziert. In den
1980er füllten Streifen wie „Mad Max", „The Man from Snowy River"
und „Crocodile Dundee" die Kinos in aller Welt. Es folgten Filme wie
„Muriels Hochzeit", „Priscilla, Queen of the Desert", „Schweinchen
Babe", „Long Walk Home" und 2008 das größte und teuerste
Filmprojekt: „Australia" mit Nicole Kidmann und Hugh Jackmann.

Literatur   Die frühe Literatur des Landes erzählt von Sträflingen, Goldgräbern,
Buschräubern und Siedlern. Patrick White (1912–1990), der erste
Literaturnobelpreisträger Australiens, und Morris West („Des Teufels

Advokat", „Kinder der Sonne") sowie Colleen McCullough („Dornen-vögel") zählen zu den international bekanntesten Schriftstellern.

Sport

Australien ist eine wahrhaft sportbegeisterte, um nicht zu sagen sportverrückte Nation. Die populärsten Sportarten sind Cricket, Aussie Rules Football, Rugby, Pferderennen, Motorsport, Schwim-men, Golf und Tennis. Auf Turnieren herrscht eine begeisterte Atmosphäre. Ein Drittel aller Australier treibt aktiv Sport und in den Schulen werden sportliche Aktivitäten bereits früh gefördert. Die äl-tere Bevölkerung trifft sich in Bowling Clubs und auf Golfanlagen zum Sport unter freiem Himmel. Im privaten Bereich wird sehr viel gejoggt, gesegelt und gesurft – kein Wunder bei rund 36.000 Kilometern Küstenlinie und meist angenehmem Klima. Nach 1956 in Melbourne wurden 2000 in Sydney zum zweiten Mal Olympische Spiele ausgetragen.

Aus dieser Sportbegeisterung heraus resultierte die Austragung der Olympischen und Paralympischen Spiele im Jahr 2000 in Sydney.

Australien
Rules Football

Sprache

In Australien wird *Australian English* gesprochen. Durch die unter-schiedlichsten Einflüsse der Sträflinge, Siedler und Einwanderer aus aller Herren Länder entwickelte sich in über 200 Jahren der spezielle Dialekt der Aussies. Durch die Aussprache, eigene Wortkreationen und Wortverkürzungen hebt sich das australische vom *British English* ab. Doch keine Bange: mit Schulenglisch kommt man auf einer Reise gut zurecht und nach einigen Tagen und Gesprächen versteht man auch den Slang der Einheimischen.

Typische „Aussie-Wörter" und Ausdrücke:

Abbo – Aboriginal (abwertend)

Anzacs – Kriegsveteranen des Australia and New Zealand Army Corps

Aussie – Australier

Aussie Rules – kurz für Aussie Rules Football, auch Footy

ay? – Wie bitte? „Hä?"

B.Y.O. – Abk. für „Bring Your Own", für Restaurants ohne Ausschanklizenz

back of beyond – Outback

barbie/BBQ – Abk. für Barbecue = Grill

barra – Abk. für Barramundi, wohlschmeckender Süßwasser-Speisefisch

bathers (swimmers, cozzies, togs) – Badeanzug

bikkies – Kekse

billabong – Wasserloch, Teich, Tümpel

billy – Teepott aus Blech

billy tea – Tee über dem offenen Feuer

blackfella – Aboriginal („Schwarzer Kumpel")

bloke – Kerl, Typ, Kumpel

bloody – verdammt, beliebtestes Adjektiv zur Verstärkung jeglicher Aussage, z.B. „bloddy hot"

boomer – großes Känguru

boomerang – hölzerne Wurfwaffe

booze – Alkohol

bottle shop – Spirituosengeschäft

bottoms up! – Trinkspruch: das Glas in einem Zug leeren!

breckie – Frühstück

bucks – Dollar

bull dust – feiner Staub im Outback

bullshit! – Quatsch! Das stimmt nicht!

bush – alles außerhalb der Städte

bush tucker – Essen im australischen Busch bzw. mit Zutaten aus dem Busch/Natur

Cabin – Wohncontainer oder kleine Hütte

campoven – großer gußeiserner Topf mit Deckel, der traditionell beim Kochen und Backen am offenen Lagerfeuer benützt wird

chips – Pommes frites

chook – Huhn

cocky – Kakadu oder Farmer

cooler/esky – Kühlbox

cop, copper – Polizist

corroboree – zeremonielles Fest, Zusammenkunft der Ureinwohner

corrugated road – Wellblechpiste

counter meal/lunch – Thekenessen im Pub/Bar

creek – Flusslauf, Bach

cuppa – kurz für „a cup of …", eine Tasse

Damper – Buschbrot aus Mehl, Wasser und Backpulver, wird direkt im Feuer gebacken

deli – Lebensmittelgeschäft

didgeridoo – Aboriginal-Blasinstrument

digger – früher: Goldgräber, heute: Soldat

dip – Senke, verbreitetes Warnschild, wenn z.B. ein ausgetrockneter Wasserlauf durchquert wird. Achtung – langsam fahren!

dirt road – Piste, nichtasphaltierte Straße

distillate – alter Ausdruck für Diesel

dreamtime – Schöpfungszeit in der Aboriginal-Mythologie

dunny – Plumpsklo

Esky/cooler – Kühlbox

Facilities – sanitäre Einrichtungen

fair enough – okay, gut

fill up station – Tankstelle

freshie – Abk. für Freshwater Crocodile

G'day, Good Day, G'Day Mate – Guten Tag

gravel road – Schotterstraße

grid – in die Fahrbahn eingelassene (Vieh-)Gitter

grog – jede Art von trinkbarem Alkohol

Hang on – Moment noch! Komme gleich!

homestead – Farmhaus/Gebäudekomplex

Jackaroo – (junger) Outback-Cowboy

joey – Babykänguru

jug – Bierkrug

Loo – Toilette, Waschraum

Mate – Kumpel, Freund

middy – Biermaß (285 ml)

mozzy, mossies – Moskitos, Stechmücken

Never never – Wüstengebiet im Inland

no worries – keine Sorge, alles okay

Outback – unwirtliches Hinterland, abseits der Zivilisation

OZ – „Land of Oz" nennen Aussies gern ihr Land, in Anlehnung an den Kinderbuch-Klassiker Wizard of Oz („Zauberer von Oz").

Petrol – Benzin

pom, pommie – abwertend für Engländer

pot – Biermaß in WA/VIC/QLD

Quack – Arzt

Reckon – aber sicher, darauf kann man wetten („I reckon")

road train – langer Lkw mit bis zu drei Anhängern

roo – Abk. für Känguru

Salties – Abk. für Salzwasser-/Leistenkrokodile

schooner – Biermaß (NSW, QLD, SA)

sealed road – asphaltierte Straße („bitumen")

she'll be right – Alles in Ordnung

shout – Aufforderung eine Runde zu spendieren („it's your shout, mate!")

singlet – ärmelloses T-Shirt/Muskelshirt

station – Farm im Landesinneren

stinger – Qualle (auch box jellyfish)

stockman – Viehtreiber, Cowboy

stubby – kleine Bierflasche

sunbake – Sonnenbaden

sundowner – Drink zum Sonnenuntergang

surfie – Wellenreiter

swag – Outback-Schlafsack

swagman – australischer Landstreicher

Tassie – Abk. für Tasmanien

telly – Fernseher (Abk. für television)

thongs – Badeschlappen

true blue – waschecht („a true blue Aussie")

tucker – Essen, Lebensmittel

Unsealed road – nicht asphaltierte Straße

Walkabout – rituelle Wanderung der Aboriginal People

washout – Auswaschung auf der Straße

wet – Regenzeit im Norden („the wet season", „in the wet")

willy willy – Wirbelsturm, Sandhose

X-ing/Pedestrian Crossing – Fußgängerüberweg

X-mas /Christmas – Weihnachten

Yabbie – Süßwasserkrebs

yank – Amerikaner

Literaturtipp

Elfi Gilissen: „Englisch für Australien" und „Australian Slang – Englisch Down Under", erschienen im Reise-Know-How-Verlag.

Das Land „Down under"

Mit der Bezeichnung „Down Under", wörtlich als „unten drunter" zu übersetzen, wollten die Engländer einst sagen, dass ihre australische Kolonie auf der „gegenüberliegenden" Seite der Weltkugel lag. In den Worten schwang jedoch immer auch ein wenig Spott über die primitiven Sträflingsabkömmlinge in der Ferne, denn schließlich war England geographisch „oben" und Australien „unten". Mittlerweile, erst recht nach dem Welthit „Down under" der Gruppe „Men at Work" in den 1980ern, hat sich Down Under als Synonym für Australien eingebürgert und wird nicht ohne Stolz von den Aussies selbst verwendet.

Bitte schreiben oder mailen Sie (verlag@rkh-reisefuehrer.de), wenn sich in Australien Dinge verändert haben oder Sie Neues wissen. Wir beantworten jede Zuschrift. Danke!

Unterwegs
in Australien

UNTERWEGS IN AUSTRALIEN
New South Wales

Überblick   James Cook benannte 1770 New South Wales nach seiner Heimat Süd-Wales in England. Mit einer Fläche von 801.600 qkm ist New South Wales nur der viertgrößte Bundesstaat, seine Einwohnerzahl mit 7,2 Mio. ist jedoch die höchste in Australien. Dicht besiedelte Küstenstreifen, weitläufige Plateaus und breite Flussebenen prägen das Bild östlich der Great Dividing Range – der Gebirgskette, die sich von Nord nach Süd durch den gesamten Bundesstaat zieht. Westlich der Berge erstrecken sich weite, fruchtbare Ebenen, die allmählich in trockene Wüstengebiete übergehen. Das Klima variiert zwischen subtropisch im Norden bis hin zu kaltgemäßigt im Süden, mit verschneiten Wintern in den Bergen.

Highlights   Zu den Hauptattraktionen von New South Wales zählt zweifellos die Weltstadt Sydney mit all ihren Sehenswürdigkeiten, dem multikulturellen Flair und der großartigen Lage am Pazifischen Ozean. Kaum weniger beeindruckend ist das Hinterland mit den Blue Mountains, den Snowy Mountains und dem Weinbaugebiet Hunter Valley.

Fremdenverkehrsbüro: www.tourism.nsw.gov.au
Nationalparkbehörde: www.npws.nsw.gov.au

Küstenlandschaft in der Umgebung
von Gerringong, New South Wales

New South Wales

0 —————— 150 km

©Rand McNally & Company

Pacific Ocean

South Pacific Ocean

Tasman Sea

Queensland

South Australia

Victoria

Coolangatta
Byron Bay
Ballina
Lismore
Tenterfield
Grafton
Dorrigo NP
Coffs Harbour
Port Macquarie
New England NP
Glen Innes
Armidale
Tamworth
Barrington Tops NP
Newcastle
Sydney
Wollongong
Wollemi NP
Katoomba
Blue Mts. NP
Bathurst
Lithgow
Cowra
Goulburn
Canberra
Bega
Cooma
Kosciuszko NP
Alpine NP
Albury
Wagga Wagga
Finley
Echuca
Deniliquin
Hay
Mildura
Mungo NP
Wilcannia
Menindee
Kinchega NP
Broken Hill
Moree
Walgett
Narrabri
Dubbo
Nyngan
Cobar
Bourke

Highway numbers: 1, 15, 34, 44, 38, 39, 55, 71, 32, 31, 24, 18, 58, 75, 20, 79

Sydney

Überblick

Die größte Stadt Australiens (4,5 Mio. Ew.) ist unbestritten die schönste Großstadt des Fünften Kontinents. Die herrliche Lage mit dem Naturhafen Port Jackson und den Pazifikstränden sowie die grandiose Architektur beeindrucken Besucher aus aller Welt. Hinzu kommt die ansteckende Lebensfreude der „Sydneysider", wie die Einwohner der Metropole genannt werden. Doch niemand sollte sich der Illusion hingeben, in Sydney werde nur gesegelt und am Strand gelegen. Den Mythos des braungebrannten, surfenden Aussies sucht man im Zentrum der Stadt vergebens. Denn erst nach Feierabend wird die Bürokleidung in Board-Shorts und Bikini getauscht.

Die **Kunst- und Kulturszene** entspricht dem Rang der Stadt. Zahlreiche Museen und Galerien laden am Tage zum Besuch ein. Abends sind es dann Theater-, Ballett-, Opern- und Filmvorstellungen, die den Veranstaltungskalender füllen. Einwanderer aus mehr als hundert Ländern prägen die **Gastronomie** Sydneys und erfüllen alle erdenklichen kulinarischen Wünsche. Moderne Einkaufszentren, kleine Boutiquen, interessante Antiquitätengeschäfte und quirlige Märkte sorgen für nahezu endloses **Shopping**-Vergnügen.

Höhepunkte eines Sydneybesuchs sind das berühmte Opernhaus, das historische Hafenquartier The Rocks und das Freizeitviertel Darling Harbour. Hinzu kommt der Hafen mit zahlreichen Buchten und die Pazifikvororte Bondi und Manly mit herrlichen Sandstränden und exklusiven Wohnvierteln. Die Eindrücke lassen sich am besten vom Wasser bei einer Hafenrundfahrt oder aus der Luft per Helikopter bestätigen. Filmreif wirkt die Szenerie am Wochenende, wenn sich der Hafen mit Segelbooten und Yachten füllt. Vielfalt und Schönheit der Stadt haben ihren Preis. Das **Preisniveau** in Sydney ist in allen Belangen deutlich höher als in anderen Metropolen Australiens.

Klima   In Sydney herrscht mildes und sonniges Mittelmeerklima. April, Mai und Juni sind die feuchtesten Monate. Die mittleren Tagestemperaturen liegen im australischen Sommer zwischen 24 und 28 °C, und selbst im Winter sind es immer noch akzeptable 10 bis 16 °C. Die Stadt ist dadurch ein ganzjähriges Reiseziel.

Geschichte

Die heutige Region Sydney war ursprünglich die Heimat der Eora, eines Stammes der Aboriginal People. Davon zeugen heute noch Felszeichnungen rund um Port Jackson und in den Vororten.

1788 landete die erste Flotte *(First Fleet)* mit britischen Gefangenen in Port Jackson. Unter Kapitän Arthur Phillip erreichten die Schiffe zunächst Botany Bay, eine Bucht südlich von Port Jackson. Da Phillip diese Bucht zur Besiedlung ungeeignet erschien, schickte er einen Erkundungstrupp weiter nordwärts, in die Bucht rund um den Süßwasserstrom Parramatta River. Die rund 3000 Ureinwohner, die auf dem Terrain der ersten Siedlung lebten (Sydney Cove), wurden von den Neusiedlern teilweise ins Hinterland gedrängt, andere starben an Krankheiten, die von den Europäern eingeschleppt wurden.

Der Aufbau der Kolonie ging nur schleppend voran. Erst als Gouverneur Phillip auch freie Siedler auf den Fünften Kontinent lockte, verbesserte sich die Versorgungslage. Bereits zu Beginn des 19. Jahrhunderts wurde aus Sydney eine beständige Kolonie und der geschäftigste Handelsposten des Kontinents. 1840 endeten die Gefangenentransporte nach New South Wales. **1842** wurde Sydney offiziell zur Stadt erklärt. Um **1850** veränderte sich durch den Goldrausch das Bild der Stadt. Ein riesiger Einwandererstrom und der zunehmende Wohlstand kurbelten die Wirtschaft an und verschärften die sozialen Gegensätze. Prachtvolle Gebäude wie das Queen Victoria Building (QVB), die Town Hall oder The Strand Arcade entstanden. Gleichzeitig entwickelten sich extreme Armenviertel, wie The Rocks, wo Krankheiten, Alkoholismus und Prostitution zum Alltag zählten.

Nach dem Zweiten Weltkrieg erlebte Sydney eine weitere Zuwanderungswelle. Meist kamen die neuen Bewohner aus England, Irland und den Mittelmeerländern. Immer weiter dehnte sich die Stadt nach Westen aus. Der wirtschaftliche Boom in den 1970er und 1980er Jahren trug dazu bei, dass im Central Business District (CBD), dem Innenstadtzentrum, imposante Wolkenkratzer zwischen altehrwürdigen viktorianischen Gebäuden entstanden. Im Jahr **2000** wurde Sydney zur äußerst attraktiven Stadtkulisse für die Olympischen Spiele. Zugleich wurde die günstige Wirtschaftslage genutzt, um Sydney in vielerlei Hinsicht zu modernisieren. Der durch die weltweite Rohstoffnachfrage ausgelöste Wirtschaftsboom Australiens lässt Sydney auch im neuen Jahrtausend weiter aufblühen.

Sehenswertes

1. Sydney Tower
2. Australian Museum
3. St Marys Cathedral
4. Art Gallery of NSW
5. Hyde Park Barracks
6. The Mint
7. Parliament House
8. State Library of NSW
9. Royal Botanic Gardens
10. Government House
11. Sydney Opera House
12. Customs House
13. Museum of Sydney
14. General Post Office
15. The Strand Arcade
16. Queen Victoria Building
17. Sydney Town Hall
18. Museum of Contemporary Art
19. Cadmans Cottage
20. Cambell's Storehouse
21. Rocks Discovery Museum
22. Sydney Observatory
23. Susannah Place
24. Sydney Aquarium und Wildlife World
25. Australian Nat. Maritime Museum
26. Harbourside Shopping Centre
27. Sydney Exhibition Centre
28. Powerhouse Museum
29. Chinatown

Unterkünfte

1. Park Hyatt Hotel
2. Old Sydney Holiday Inn
3. Novotel Sydney on Darling Harbour
4. Swiss Grand Hotel Bondi Beach
5. B&B Sydney Harbour
6. Arts Hotel
7. Novotel Sydney Manly Pacific
8. Travelodge Wentworth Avenue
9. Manly Paradise Mote
10. Sydney Central YHA
11. Sydney Harbour YHA
12. Lane Cove River CP

555 CBC Free shuttle
Central Station – George St
Circular Quay – Elizabeth St
Bushaltestellen

Stadtbesichtigung Sydney

Die Sehenswürdigkeiten liegen nahe beieinander und sind fast alle
zu Fuß oder mit der Gratis-Buslinie 555 erreichbar. Wer nur einen
Tag Zeit hat, sollte sich unbedingt die Highlights der City und das historische Viertel The Rocks anschauen. Eine Hafenrundfahrt, selbst
wenn es nur eine kurze Fährfahrt ist, darf auf keinen Fall fehlen. Wer
mehr Zeit hat, sollte außerdem *Darling Harbour, Bondi, Manly* sowie
die Museen besuchen.

Sydney Innenstadt

**Sydney
Tower**

Einen grandiosen Überblick über die Stadt verschafft der Besuch der
Aussichtsplattform im **Sydney Tower.** Vom *Observation Deck* sieht
man über Stadt und Hafen, und an klaren Tagen bis zu den Blue
Mountains. (Westfield Shopping Centre, 100 Market St, Ecke Pitt/Mar-
ket Sts; fahren Sie in den 5. Stock und folgen Sie dort den Schildern
zum Turm; tägl. 9–22.30 Uhr, A$ 25, www.sydneytowereye.com.au)

Entlang der Market Street in östlicher Richtung trifft man auf den
Hyde Park, eine Oase der Ruhe inmitten der geschäftigen Metropole.
An der Ostseite des Parks liegt das 1860 eröffnete **Australian
Museum** (6 College St, tägl. 9.30–17 Uhr, A$ 12). Es präsentiert die
größte naturhistorische Sammlung des Landes. Insbesondere die
Abteilung zur Aboriginalkultur ist sehenswert.

Nördlich des Museums liegt die im gotischen Stil aus Sandstein errichtete **St Mary's Cathedral.** Sie ist für ihren Mosaikboden in der
Krypta bekannt. Für Freunde der Kunst lohnt sich der Abstecher von
der Kirche durch den Park The Domain zur **Art Gallery of New South
Wales** (tägl. 10-17 Uhr, Mi bis 21 Uhr, Eintritt frei). Die größte Galerie
des Landes beheimatet australische, europäische und asiatische Kunst.

Blick vom
Sydney Tower

Macquarie Street Nördlich vom Hyde Park verläuft die Ursprungsmeile Sydneys, die Macquarie Street mit ihren geschichtsträchtigen Bauwerken. Das elegante, im georgianischen Stil erbaute **Hyde Park Barracks Museum** am Queens Square wurde 1819 von Gouverneur Macquarie und dem damals strafgefangenen Architekten Francis Greenway als Gefängnis erbaut. Heute ist es ein Museum der Geschichte der Sträflinge (tägl. 9.30–17 Uhr, A$ 10). Die angeschlossenen Gebäude gehörten früher zum Sydney Hospital, auch *Rum Hospital* genannt. Im ehemaligen Südflügel des Krankenhauses wurde 1852, zu Zeiten des Goldrausches, **The Mint** eröffnet, die erste britische Münzprägeanstalt außerhalb Großbritanniens, die bis 1926 in Betrieb war. Das **House of Parliament** (1829) ist das älteste Landesparlament Australiens (Mo–Fr 9–17 Uhr).

Gleich nebenan ist die **State Library** eines der Wahrzeichen der Macquarie Street. Die Bibliothek mit ihrem pompösen Lesesaal besitzt eine beeindruckende Sammlung australisch-asiatischer Literatur, u.a. auch die Dokumente und Seekarten der *First Fleet* (s.S. 63).

Botanischer Garten Nordöstlich der Bibliothek breiten sich die grünen Flächen der **Royal Botanical Gardens** aus. Ein idealer Ort für eine Pause und einen geruhsamen Blick auf den weitläufigen Naturhafen. Das Informationsbüro *Palm Grove Centre* und der Startpunkt für kostenlose Führungen, befinden sich im südöstlichen Teil des Parks. Weiter in Richtung Norden (zur Oper hin) stößt man auf das **Government House**, die offizielle Residenz des NSW-Gouverneurs. Besichtigungstouren Fr–So 10.30–15 Uhr.

Opera House Durch das nördliche Tor des Parks trifft man geradewegs auf die weltberühmte **Sydney Oper**. Das vom dänischen Architekten Joern Utzon entworfene Bauwerk ist ein Glanzstück der Architektur des 20. Jahrhunderts und das über alles geliebte Wahrzeichen der Stadt. Nach 14jähriger Bauzeit wurde das Opernhaus 1973 fertig gestellt und 2004 aufwendig saniert. Es dient außerdem als Schauspielzentrum mit Bühnen für Film, Theater und Tanz. Besichtigungen tägl. 9–16 Uhr, deutschsprachige Führungen tägl. 15.30 Uhr. Das echte Opernfeeling erlebt man natürlich nur während einer Aufführung (Eintrittskarten: s. Service Sydney/Unterhaltung).

Circular Quay Von der Oper gelangt man entlang der bogenförmigen Promenade zum **Circular Quay.** Hier starten Fähren, Ausflugsboote, Busse und Vorortzüge. Der lebhafte Verkehrsknoten ist **Touristenzentrum** und Treffpunkt von Straßenkünstlern.

Leider versperren die Brücken ein wenig den Blick vom Circular Quay auf die Innenstadt. Den architektonischen Meisterwerken in der Alfred Street wird deshalb kaum Aufmerksamkeit geschenkt. Verpassen Sie nicht den Besuch des 1844 erbauten **Customs House** (31

Alfred St). Nach einem Umbau verbindet das Gebäude nun Alt und Neu in eindrucksvoller Weise. Das Haus hat eine Bibliothek und ein Kulturzentrum mit empfehlenswertem Restaurant im Obergeschoss.

Tipp: Vom Café Sydney im obersten Stockwerk blickt man über die Brücken hinweg auf den Hafen.

Central Business District (CBD)

Die breite Fußgängerzone **Martin Place,** die das Herz des Central Business Districts bildet, säumen imposante Bank- und Geschäftshäuser. Täglich verbringen hier zwischen Obst- und Blumenständen hunderte Büroangestellte ihre Mittagspause. Straßenkünstler sorgen für Kurzweil. Das **General Post Office** ist an seinem 61 m hohen Uhrturm identifizierbar. Es wurde in den 1880er Jahren im venezianischen Renaissancestil erbaut und zeigt einmal mehr den Pomp der damaligen Jahre. Im glasüberdachten Innenhof laden Cafés, Bars und Restaurants zu einer Pause ein.

Shopping und mehr

Der Martin Place wird westlich von der George Street abgeschlossen, deren südlicher Teil eine reizvolle Kombination aus Shopping und Sightseeing ermöglicht. **The Strand Arcade** (412 George St) ist eine im viktorianischen Stil erbaute dreistöckige Einkaufspassage von 1892. Nur wenige Gehminuten weiter nach Süden erhebt sich rechts das wuchtige **Queen Victoria Building** (QVB), das einen kompletten Häuserblock einnimmt. Der ehemalige Obst-und Gemüsemarkt Sydneys wurde umfangreich renoviert und 1898 offiziell als exklusives Shopping Centre wiedereröffnet. Das gläserne Gewölbedach, die schönen Fußböden und die bunten Mosaikfenster beeindrucken beim Durchschlendern. An der Ecke George/Druitt Street befindet sich das Denkmal der Namensgeberin des Gebäudes.

The Rocks

Tower Hall Gegenüber des Denkmals ragt der Uhrturm der monumentalen **Town Hall** auf (Mo–Fr 8–18 Uhr geöffnet, Führungen nur nach Voranmeldung unter www.sydneytownhall.com.au). Das Gebäude aus der wirtschaftlichen Glanzzeit der 1880er Jahre dient bis heute als Rathaus, Konferenzzentrum und Konzerthalle.

Gleich hinter dem Rathaus befindet sich **St Andrew´s Cathedral.** Die Kirche im neogotischen Stil wurde 1868 fertig gestellt und gilt als das älteste Gotteshaus Australiens.

The Rocks *The Rocks,* das Stadtviertel im Schatten der Harbour Bridge, war im Jahre 1788 Keim der ersten Kolonialsiedlung Australiens. Das Armenviertel mit Lagerhallen und dunklen Spelunken galt lange Zeit als Schandfleck der Stadt. Erst 1970 besann man sich der historischen Bedeutung und bewahrte die maroden Gebäude vor dem Abriss. Rechtzeitig zur 200-Jahrfeier des Landes wurden die Straßenzüge restauriert und saniert. Heute ist das Viertel eine Mischung aus Vergangenheit und Gegenwart, das Einheimische und Besucher gleichermaßen anzieht.

Tipp: Im Visitor Centre (Argyle St) gibt es einen übersichtlichen Plan der Rocks. Dieser leistet beim Rundgang durch die verwinkelten Gassen gute Dienste. Die beliebten Fußgängertouren „The Rocks Walking Tour" (Ausgangspunkt Shop 4, Kendall Lane) können ebenfalls im Visitor Centre gebucht werden.

Am Wasser entlang Einen Rundgang durch The Rocks beginnt man praktischerweise am Circular Quay, am **Museum of Contemporary Art** an der Westseite des Hafens, das sich im ehemaligen *Maritime Services Building* befindet (tägl. 10–17 Uhr, Eintritt frei). Weiter am Wasser entlang in Richtung Brücke trifft man auf das **Cadmans Cottage** (110 George St), Sydneys ältestes Privathaus, erbaut 1816. Am nördlichen Ende der Hickson Road liegt **Dawes Point.** Direkt unterhalb der Brücke bildet der kleine Park mit gutem Blick aufs Opernhaus die nördliche Spitze von Sydneys „Downtown".

Museen/ Shopping Schräg gegenüber vom Visitor Centre in der Kendall Lane befindet sich in einem ehemaligen Lagerhaus das **Rocks Discovery Museum** (tägl. 10–17 Uhr, Eintritt frei). Rocks Square bildet einen Treffpunkt für Essen, Unterhaltung und Shopping. Zum gemütlichen Bummel oder zur Suche nach ausgefallenen Souvenirs eignen sich die kleinen Gassen Playfair Street, Kendall Lane und Argyle Street. **Tipp:** Am Wochenende werden Kunsthandwerk, Mode und Snacks auf **The Rocks Market** (Sa/So 10–17 Uhr) feilgeboten.

Weiter auf der Argyle Street gelangen Sie in westlicher Richtung über den Hügel zum **Sydney Observatory.** Das astronomische Museum (tägl. 10–17 Uhr, Eintritt frei) beherbergt historische

Instrumente zur Himmelsbeobachtung. Abends kann das Firmament der südlichen Hemisphäre durch Teleskope betrachtet werden (Anmeldung bis 12 Uhr erforderlich, Tel. 02-99213485, www.sydney observatory.com.au).

Zurück über die Argyle Street in Richtung Osten und dann über die Cambridge Street gelangt man zum **Susannah Place.** Die Terrassenhäuser *(Terrace Houses)* und ein alter Laden dokumentieren den ursprünglichen Stil des Viertels.

Harbour Bridge

Seit 1932 verbindet die charakteristische **Harbour Bridge** die nördlichen und die südlichen Stadtteile. Die 134 Meter hohe und 502 Meter lange Stahlkonstruktion wird wegen ihrer Form *The Coathanger* („Kleiderbügel") genannt. Neben dem Opernhaus ist sie das zweite Wahrzeichen der Stadt. Wer den Fußweg über die Brücke scheut, kann rasch mit dem Zug zur anderen Seite fahren (Wynyard Station bis North Sydney). Zu Fuß ist die Brücke von The Rocks über die Treppen an der Cumberland Street (auf Höhe Argyle Street) erreichbar. Vom **Pylon-Lookout** (tägl. 10–17 Uhr, A$ 11) auf dem südöstlichen Brückenpfeiler eröffnet sich ein fantastischer Blick auf Hafen und Oper. Wer noch höher hinaus will, sollte den **Bridge Climb** buchen (Tel. 02-82747777, www.bridgeclimb.com). Fest angeseilt wird man auf einer dreistündigen Tour über die hohen Stahlbögen der Brücke geführt. Aus Sicherheitsgründen ist Fotografieren mit der eigenen Kamera bei diesem recht kostspieligen Abenteuer nicht erlaubt!

Darling Harbour

Die einst grauen und verkommenen Industriedocks der Cockle Bay wurden 1988 im Rahmen der 200-Jahrfeier Australiens zu einem modernen Einkaufs- und Vergnügungsviertel herausgeputzt.

Bridge Climbing auf die Harbour Bridge

Darling
Harbour

Sydney Aquarium und Wildlife World

Das **Sydney Aquarium** (tägl. 9–20 Uhr) ist eines der größten und spektakulärsten Aquarien der Welt. Es bietet einen einzigartigen Einblick in die australische Unterwasserwelt. Nachgebildet wurde das Great Barrier Reef mit vielen Fisch- und Korallenarten. Im überdachten Tierpark **Sydney Wildlife World** (tägl. 9–17.30 Uhr) sind mehr als 6000 Tiere angesiedelt.

Tipp: Für beides gibt es ein Kombiticket für A$ 50 Erw./A$ 30 Kind. Weitere Infos auf www.myfun.com.au.

Museen und Einkaufen

Auf der anderen Seite der Pyrmont–Fußgängerbrücke, die sich hydraulisch öffnen lässt, liegt auf der Westseite des Hafens das **Australian National Maritime Museum** (tägl. 9.30–17 Uhr, Eintritt frei). Vom Kanu der Ureinwohner bis zu modernen Schiffen wird die Seefahrergeschichte Australiens anschaulich dokumentiert. Südlich dominiert das **Harbourside Shopping Centre**. Neben Souvenir- und Bekleidungsgeschäften gibt es zahlreiche Restaurants und Cafés. Im **Chinese Garden of Friendship** (tägl. 9.30–17 Uhr, A$ 6) herrscht zwischen Wasserspielen und Pavillons eine erstaunliche Ruhe. Unter der Highwaybrücke (östliche Seite) befindet sich ein weiteres **Visitor Centre** (tägl. 9.30–17.30 Uhr, www.darlingharbour.com.au).

Von Darling Harbour ist es nur ein Katzensprung nach **Chinatown**. Dieses Stadtviertel ist zwar nicht besonders ansehnlich, doch kann man hier recht preiswert speisen.

Sehenswürdigkeiten außerhalb der Innenstadt

Taronga Zoo

Ein Besuch im Tierpark am Nordufer des Hafens lohnt nicht nur wegen dem eindrucksvollen Koalagehege und den seltenen Schnabeltiere, sondern wegen der Aussicht auf den Hafen und die Stadt (tägl. 9–17 Uhr, Zoo-Pass: Erw. A$ 50, inkl. Fähre u. Eintritt, erhältlich am Circular Quay, Wharf 2; www.taronga.org.au).

Anfahrt: Per Fähre vom Circular Quay und weiter mit der Seilbahn Top Sky Safari.

Kings Cross – Nightlife

In den 1950er Jahren war **Kings Cross** *das* Künstlerviertel der Stadt. Während des Vietnam-Krieges wandelte es sich durch den Besuch australischer und amerikanischer Soldaten zu einem Rotlicht-Viertel. Die Revitalisierung zu einem hübschen und gerne besuchten Stadtteil ist sehr gelungen. Insbesondere Backpacker und junge Reisende fühlen sich in den vielen Kneipen, Bars und Nachtclubs wohl.

Anfahrt: Mit der Bahn ab Town Hall in Richtung Bondi Junction (Station Kings Cross) oder per Bus ab Circular Quay Nr. 311 oder Nr. 330.

Paddington – gute Kneipen und Shops

Das ehemalige Armenviertel **Paddington** hat sich zu einer der beliebtesten Wohngegenden Sydneys gemausert. Viele der hübschen viktorianischen Terrassen-Häuser wurden originalgetreu restauriert. Die zentrale Oxford Street ist eine einzige Vergnügungsmeile: Nachtclubs, Restaurants, Cafés und Kneipen reihen sich aneinander. Tagsüber laden Geschäfte, Boutiquen, Buchläden und Galerien zu einem Bummel durch „Paddo" ein. Samstags findet rund um die Paddington Village Uniting Church der bekannte Paddington Market statt (s. Service/Einkaufen S. 92).

Anfahrt: Die Busse 380 und 333 fahren ab Circular Quay entlang der Oxford Street.

Bondi Beach, Icebergs Club Pool

Bondi Beach Die langgezogene Bucht ist Synonym für australische Strandkultur und Sydneys stadtnächster Ozeanstrand (8 km). In den Backsteinhäusern entlang der Campell Parade findet man Strandmode, Cafés und Bars.

Anfahrt: Von Circular Quay mit den Bussen 380, 389 oder dem Expressbuss 333.

Wandertipp: *Bondi to Coogee Walk:* Die einfache, 5 km lange Wanderung (Dauer 2–3 h) führt vom Bondi Icebergs Club entlang der Küste über Tamarama, Bronte Clovelly Beaches. Unterwegs belohnen tolle Aussichten, Bade- und Einkehrmöglichkeiten.

Manly Im hübschen Vorort **Manly,** am nördlichen Eingang des Hafens, sind Entspannung und Erholung angesagt. Von Circular Quay sind es mit der Schnellfähre nur 15 Minuten nach Manly. Die Fußgängerzone „The Corso" führt vom geschützten Fähranleger vorbei an einigen prachtvollen Gebäuden zum Ozeanstrand. An den bewachten Abschnitten des Manly Beach kann die meist gute Brandung zum Baden und Surfen genutzt werden.

Infos: Manly Visitor Centre, The Forecourt, Manly Wharf, Mo–Fr 9–17, Sa/So 10–16 Uhr.

Service Sydney

Information Das **Sydney Visitor Centre** (Argyle St, The Rocks) und das **Darling Harbour Visitor Centre** (unter der Brücke beim Imax-Kino) informieren über Tagesausflüge, Unterkünfte und Veranstaltungen. Beide Büros haben täglich von 9.30–17.30 Uhr geöffnet, Tel. 02-92408788 oder 1-800067676.

Im Internet **Tourismusbehörde:** www.sydney.com
Stadt Sydney: www.sydneyaustralia.com
Für Veranstaltungen, Restauranttipps, Nachtleben: www.sydney.citysearch.com.au

Notfall **Notruf** (Polizei, Feuerwehr, Rettungsdienst) Tel. 000

Krankenhäuser: St Vincent's Hospital, Ecke Victoria/Burton Sts, Tel. 02-93391111; Sydney Hospital, Macquarie St, Tel. 93827111.

Polizei (keine Notrufe): Tel. 1314444 auch bei Diebstahl oder Verlust von Ausweisen/Dokumenten.

Polizeiwachen: 570 George Street
Tel. 02-92656595 und 132 George St, The Rocks, Tel. 02-82206399.

Verkehr

Flughafen Der nationale und internationale **Kingsford Smith Airport** liegt 9 km südlich des Stadtzentrums. Die Schnellbahn **Airport Link** verbindet den Flughafen mit der Innenstadt (Central Station, Circular Quay). Tägl. 5–24 Uhr, einfach A$ 16, H/R A$ 25, Tickets sind an den Eingängen der Bahnstationen erhältlich (www.airportlink.com.au). Ein **Taxi** zur Innenstadt und nach Kings Cross kostet vom Flughafen je nach Verkehrsaufkommen A$ 35–50. Der private Bus-Service **Sydney Airporter Bus** bietet alle 20–30 Minuten Fahrten von und zu vielen Hotels und Unterkünften der City, nach Kings Cross und Darling Harbour (Tel. 02-96669988, www.kst.com.au; einfache Fahrt A$ 14, H/R A$ 23).

Taxis Legion Cabs, Tel. 131451; Premier, Tel. 131017; RSL, Tel. 131581; Wassertaxi: Taxis Afloat, Tel. 99553222.

Züge Alle Nah- und Fernverkehrszüge verkehren von der **Central Station,** die in Sydney auch Terminal Station heißt (Infos und Reservierung: Tel. 132232, www.countrylink.nsw.gov.au).

Überland-busse Die Busse von Greyhound Pioneer und Fireflyexpress starten in der Eddy Avenue bzw. Pitt Street an der Central Station. In der Eddy Ave befindet sich das **Coach Terminal** (tägl. 6–22 Uhr, Tel. 02-92819366) mit Gepäckauf-bewahrung, Informationszentrum und Ticketverkauf.

Öffentliche Verkehrs-mittel Der öffentliche Nahverkehr Sydneys ist gut ausgebaut. Neben Bussen fahren Züge, Fähren, eine Einschienenbahn *(Monorail)* sowie eine Straßenbahn *(Light Rail).* Die meisten Busse und Bahnen verkehren bis Mitternacht. Danach fol-gen die Nachtbusse, die von der Town Hall Station zu den Vorortbahnhöfen fahren. Informationen zu Fahrplänen und Preisen sind im **TransitShop** (klei-ner grüner Kiosk vor McDonald's) am Circular Quay erhältlich (Mo–Fr 7–20 Uhr, Sa/So 8–18 Uhr, Tel. 131500, tägl. 6–22 Uhr, www.131500.com.au).

Circular Quay ist der wichtigste Verkehrsknotenpunkt der Stadt. Von hier aus starten Fährschiffe, Züge und Busse in alle Richtungen. **Ein Gratisbus (Route 555)** verkehrt zwischen Central Station, George Street, Circular Quay und Elizabeth Street im 10-Minuten-Takt (Mo–Fr 9.30–15.30 Uhr, Do bis 21 Uhr, Sa/So 9.30–18 Uhr).

Einzelfahrscheine sind z.T. im Bus erhältlich (je nach Zone zwischen A$ 2,20–4,30), **10er-Karten** an Zeitungskiosken mit Fahnen „MyZone Tickets" und im TransitShop (je nach Zone zwischen A$ 16–35).

Achtung: Wenn an Bussen oder Haltestellen „Pre-Paid Only" steht, werden keine Tickets im Bus verkauft!

Züge fahren im City Circle im Zweiminutentakt auf einem Rundkurs (Central Station – Town Hall – Wynyard – Circular Quay – St James – Museum Station). Züge in die Vororte Sydneys verkehren ab Central Station. **Tickets** gibt es an Kartenautomaten in den Stationen.

Fähren sind das schnellste Verkehrsmittel von Circular Quay zu den nörd-lichen Vororten und zu allen Anlegestellen rund um den Hafen. Eine Fährfahrt stellt zugleich eine preiswerte Hafenrundfahrt dar! **Tickets** an den Fahrschein-automaten an Circular Quay, Manly Warf oder auf den Booten selbst (einfa-che Fahrt: Inner Harbour A$ 5,30, Manly A$ 6,60).

Lohnende **Kombifahrkarten** für Bus, Bahn und Schiff (ohne Mono- und Lightrail) ist das „All in One"-Tagesticket *MyMulti Day* (A$ 20) oder das Wochenticket *MyMulti Weekly* (A$ 41–57, je nach Nutzungsgebiet). Erhältlich an Bahnhöfen, im TransitShop und an Zeitungskiosken mit Schildern „MyZone PrePay".

Die **Monorail** fährt einen Rundkurs vom City Centre (Pitt St/Market St) zum Darling Harbour und zurück über Haymarket (Mo–Do 7–22 Uhr, Fr–Sa 7–24 Uhr, So 8–22 Uhr alle 3–5 Min.). Fahrscheine an allen Stationen (eine Runde A$ 4,90. Die **Light Rail** (Straßenbahn) verbindet Central Station, Haymarket (China Town), Darling Harbour, Pyrmont, das Casino und Wentworth Park (tägl. zwischen 7–22 Uhr alle 10 Min., später alle 30 Min., Tickets in der Bahn.

Mietwagen **Avis Car Rental**, Tel. 136333; Circular Quay, 30 Pitt St, Tel. 02-92430588; 395 Pitt St, Tel. 02-82551616, Kings Cross, 220 William St, Tel. 02-92464600 und Flughafen, Tel. 02 8374 2847; **Budget,** Tel. 132727; Kings Cross, 93 William Street, Tel. 02-82559600 und Flughafen; **Hertz Cars,** Tel. 133039; Ecke William/Riley Sts, Tel. 02-9360662 und Flughafen Tel. 02-96692444; **Thrifty Car Rental,** Tel. 1-300-167227; 75 William St, Kings Cross, Tel. 02-83746177 und Flughafen, Tel. 02-93174161.

Maut- **straßen** Die Motorways M2, M4, M5, M7 und der Sydney Harbour Tunnel sind maut-pflichtig *(Toll Road)*. Die Hafenbrücke ist nur stadteinwärts kostenpflichtig! Die Erfassung der Fahrzeuge erfolgt elektronisch. Sie müssen Ihr Kennzeichen dazu vorher telefonisch anmelden, Tel. 138655. Fragen Sie Ihren Vermieter, ob Ihr Fahrzeug registriert ist. Weitere Infos unter www.sydneymotorways.com.

Unterkunft

Sydney hat eine riesige Auswahl an Unterkünften – vom einfachen Hostel bis zum Luxus-Hotel. Eng wird es trotzdem während der Feiertage um Weihnachten und Neujahr und während des Mardi Gras Festivals im Februar/März. Für diese Zeiträume ist eine vorherige Reservierung unbedingt ratsam.

***** **Park Hyatt Hotel Sydney,** 7 Hickson Road, The Rocks, Tel. 02-92411234; Luxushotel in einmaliger Lage direkt am Hafen, unterhalb der Harbour Bridge. Tolle Sicht auf die Oper.

**** **Old Sydney Holiday Inn,** 55 George St, Tel. 02-92520524, inmitten der Rocks mit Ausblick von der Dachterrasse (mit Pool) auf Oper und Brücke.

**** **Novotel Sydney on Darling Harbour,** Tel. 02-99340000; ein großes Hotel mit Blick auf den Darling Harbour.

**** **Swiss Grand Hotel Bondi Beach,** Ecke Campbell Pde/Beach Rd, Bondi, Tel. 02-93655666; modernes Strandhotel.

*** **B&B Sydney Harbour,** 140-142 Cumberland St, The Rocks, Tel. 02-92471130; gemütliche Atmosphäre in historischem Gebäude, Frühstück wird im kleinem Garten serviert.

*** **Arts Hotel,** 21 Oxford St, Paddington, Tel. 02-9361 0211; familiäres Hotel in zentraler Lage, Fahrradverleih, Parkplätzen und Rundgängen durch das Stadtviertel.

*** **Novotel Sydney Manly Pacific,** 55 North Steyne, Manly, Tel. 02-99777666; gepflegtes Hotel am Pazifikstrand.

*** **Travelodge Wentworth Avenue,** 27-33 Wentworth Ave, Tel. 02-82671700; moderne und preiswerte Unterkunft.

*** **Manly Paradise Motel & Apartments,** 54 North Steyne, Manly, Tel. 02-99775799; Hotel- und Apartmentanlage direkt am Strand.

** **Sydney Central YHA,** Ecke Pitt St/Rawson Place (Central Station), Tel. 02-92819111; empfehlenswerte Jugendherberge inmitten der City, fast schon mit Hotelstandard. Einzel-, Doppel- und Mehrbettzimmer. Pool auf dem Dach. Unbedingt frühzeitig reservieren.

** **Sydney Harbour YHA,** 110 Cumberland St, The Rocks, Tel. 02-92611111. Brandneue Unterkunft mit Dachterrasse, von der man auf die Oper blickt. Reservierung unbedingt erforderlich.

* **Lane Cove River Caravan Park,** Plassey Rd, North Ryde, Tel. 02-98889133; Campingplatz mit Zeltplätzen und Cabins, ins 10 km entfernte Zentrum fahren Busse.

_____ **Essen und Trinken**

Es macht Spaß, die Gastronomie Sydneys zu entdecken. Egal ob im eher le-
geren Stil unter freiem Himmel in Paddington oder The Rocks oder ob stilvoll
in einem Restaurant mit Meeresblick – es werden alle Ansprüche und
Erwartungen abgedeckt. Nicht unerwähnt darf bleiben, dass das Preisniveau
in den gut gelegenen und angesagten Lokalitäten durchweg sehr hoch ist.
Restaurantführer: „Cheap Eats in Sydney" und „The Sydney Morning Herald
Good Food Guide" – erhältlich in Buch-und Zeitungsgeschäften. Im Internet:
www.bestrestaurants.com.au und www.sydney.citysearch.com.au.

In der Innenstadt gibt es in vielen Bürogebäuden und Kaufhäusern sogenannte **Foodmalls** oder **Foodcourts** (Esshallen), in denen tagsüber eine breite
Palette preiswerter Mahlzeiten angeboten wird.

Restaurants und Bars

The Rocks und Circular Bay

Von der Terrasse der **Aqua Luna Bar und Restaurant** (Opera Quays, East
Circular Quay) hat man einen guten Blick auf den Hafen (italienische Küche,
Hauptgerichte ab A$ 45).

In den empfehlenswerten Restaurants im neu renovierten **Overseas
Passenger Terminal** speist man ebenfalls mit herrlichem Hafenblick.

Im **Café Sydney** im Dachgeschoss des Customs House ist Seafood erste Wahl.
Hier stimmt nicht nur der Blick, sondern auch das Essen (31 Alfred St,
Hauptgerichte ab A$ 38).

Rockpool ist eine Institution in Sydneys Gaststättenwelt. Das exklusive
Restaurant bietet moderne australische Küche mit Meeresfrüchten (109
George St, The Rocks, Di–So; Hauptgericht über A$ 40.

In einem originalen Sydney „Terrace House" hat sich das italienische Restaurant
Caminetto eingerichtet (13–17 Playfair Street, The Rocks, Hauptgerichte ab A$
20).

Im **Lord Nelson Brewery Hotel** (an der Ecke Argyle/Kent Sts, Millers Point,
The Rocks) wird im urigen Brauereiambiente eigenes Bier und Thekenessen
serviert.

Ebenfalls in historischer Umgebung speisen kann man im **The Australian
Hotel** (100 Cumberland St, The Rocks). Hier gibt es Känguru und Krokodil-Pizza
sowie eine gute Weinkarte.

Mahlzeiten werden auch auf den **Hafenrundfahrten** (Lunch- und Dinner-
Cruises) serviert, die am Circular Quay oder Darling Harbour beginnen.

Darlin Harbour

Nick's Seafood bietet fangfrischen Fisch und Meeresfrüchte direkt am Wasser
zu fairen Preisen. Entlang der Cockle Wharf gibt es weitere empfehlenswerte
Restaurants. In der King Street Wharf hat **Wagamama** eine leckere Pastabar.

Außerhalb der Innenstadt

Eine kultige Bar in einer umgebauten Kirche ist das **Greenwood Hotel** (36 Blue
St, North Sydney, gegenüber der Bahnstation North Sydney).

Taxifahrer, Künstler, Reisende, Charakterköpfe – alle schlürfen ihren Kaffee
im **Tropicana;** ein Platz, der vor allem wegen seiner Gäste interessant ist (227b
Victoria St, Darlinghurst).

Tipp: In **Paddington** entlang der Oxford Street gibt es einladende und stimmungsvolle Cafés und Bars. Wie in allen Vororten sind die Preise günstiger als
im CBD und The Rocks.

Restaurant in
The Rocks

**Inter-
nationale
Küche**

In den „Eat Streets" Sydneys bleibt kaum ein kulinarischer Wunsch unerfüllt.
• Chinesisch: Dixon St, Haymarket
• Griechisch: Grand Parade, Brighton Le Sands
• Indisch: Cleveland St, Surry Hills
• Italienisch: Norton St, Leichardt und Stanley Sts, Darlinghurst
• Jüdisch: Hall und O'Brien Sts, Bondi
• Libanesisch: Cleveland St, Surry Hills
• Portugiesisch: New Canterbury und Stanmore Rds, Petersham
• Spanisch: Liverpool und Kent Sts, CBD
• Thailändisch: King St, Newtown
• Türkisch: Rawson St und sth Parade, Auburn

Unterhaltung

Die Broschüre „This Week in Sydney" und die Freitagsbeilage „Metro" des Sydney Morning Herald (www.smh.com.au) geben einen Überblick über die Vielfalt von Sydneys Kulturangebot. Außerdem druckt der „Herald" täglich ein Veranstaltungsverzeichnis. Im Visitor Centre und unter www.sydney.cityse-arch.com.au werden ebenfalls Veranstaltungen angekündigt.

Eintrittskarten für Kultur- und Sportevents sind bei Ticketek (www.ticke-tek.com; 50 Park St) oder bei Ticketmaster (www.ticketmaster.com.au, State Theater, 49 Market St) erhältlich.

**Klassik,
Theater
und Tanz**

Das **Sydney Opera House** ist der Ort für Opern, Konzerte, Theater und Ballett in der Stadt. Tickets sind telefonisch (Tel. 02-92507777) oder im Internet (www.soh.nsw.gov.au) mit Kreditkarte vorzubestellen.

The Wharf Theatre (Pier 4, Hickson Rd, The Rocks) ist ein moderner Schauspielkomplex direkt am Wasser. Tickets und Programm unter Tel. 02-92501777, www.sydneytheater.com.au.

Casino

Das Star City Casino (80 Pyrmont St, Pyrmont) wirkt wie ein großes Einkaufs-zentrum und hat nicht nur Spieltische sondern eine Reihe von Restaurants und Bars (24h geöffnet, Eintritt frei).

Festivals   Ganzjährig finden in Sydney Events und Festivals statt – hier sind nur die Wichtigsten genannt.

Januar: Das **Sydney Festival and Carnivale** ist ein dreiwöchiges Kunstfestival rund um den Hafen (www.sydneyfestival.org.au). Australia Day (26.1) mit Feuerwerk und Regatta im Hafen (www.australiaday.com.au).

Februar: Das **Sydney Gay & Lesbian Mardi Gras** ist ein Fest der homosexuellen Kultur entlang der Oxford Street (www.mardigras.org.au).

Juni: **Sydney Film Festival** (www.sff.org.au)

September: **Rugby League Grand Final** (www.nrl.com.au) und **AFL Grand Final Week** (www.afl.com.au).

Oktober: Das **Manly International Jazz Festival** bietet kostenlose Konzerte am Wasser.

Dezember: Am Boxing Day (26. Dez) startet die Segelregatta **Sydney to Hobart Yacht Race** (www.rolexsydneyhobart.com).

Einkaufen

Als Weltstadt bietet Sydney natürlich eine breite Palette an Einkaufsmöglichkeiten. Die großen Kaufhäuser wie Grace Bros, David Jones und Gowings befinden sich in der Market St und führen hauptsächlich Bekleidung und Accessoires. Fünf mehrstöckige Einkaufsarkaden reihen sich in der Pitt St Mall aneinander. Im Queen Victoria Building sind zahlreiche hochwertige Bekleidungsgeschäfte und Juweliere ansässig. Kunst- und Antiquitäten finden Sie in den kleinen Geschäften im Stadtviertel The Rocks. Entlang des Circular Quay zum Opernhaus befinden sich Filialen von Nobelmarken aus aller Welt.

Souvenirs   Qualitativ gute **Aboriginalkunst** finden Sie im Aboriginal Art Shop (Upper Concourse, Sydney Opera House), Aboriginal and Tribal Art Centre (117 George St, 1. Stock, The Rocks), sowie bei Gavala (Harbourside, Darling Harbour).

Typisch **australische Souvenirs** finden Sie bei RM Williams (389 George St, Outdoorbekleidung), im Australian Wine Centre (Ecke George/Alfred Sts, Circular Quay) und im Australian Conservations Foundation Shop (33 George St, The Rocks, Geschenke aller Art, CDs, Kunstgegenstände).

Märkte   Auf **Paddy's Market** (Ecke Hay/Thomas Sts, Haymarket, Mi–So u. Feiertage 9–17 Uhr) werden Neuwaren aller Art feilgeboten. Wer handgefertigte Geschenke und Sammlerstücke sucht, geht zum **The Rocks Market** (Upper George St, The Rocks, unter der Harbour Bridge, Sa/So 10–17 Uhr). Samstags

Sydney Opera House vor Harbour Bridge

werden auf dem **Paddington Market** (395 Oxford St, Paddington, 10–17 Uhr)
Schmuck, Secondhand-Klamotten und selbstgemachte Kunstwerke ver-
scherbelt.

Touren

**Stadtrund-
fahrten**

In den Bussen von **Citysightseeing** lässt sich die Innenstadt und Bondi Beach
bequem erkunden. An touristischen Attraktionen wird gehalten und informiert, Fahrgäste können nach Belieben aus- und in einen späteren Bus wieder zusteigen (tägl 8.30–19.30 Uhr, alle 20 Min.; Erw. A$ 40 A$, Kinder A$ 25
A$, Fam. A$ 110 A$. Tickets im Bus und im Visitor Centre erhältlich; www.city
sightseeing.com.au).

Waratah Tours (Tel. 02-99084697, www.waratahadventures.com.au) organisiert empfehlenswerte Stadtrundfahrten in kleinen Gruppen mit deutschsprachiger Leitung. Kombinierbar ist die Citytour mit einer Hafenrundfahrt.

Stadtrund-
fahrt in
Sydney

**Hafenrund-
fahrten**

Sydney Ferries (Tel. 02-131315, www.sydneyferries.info) bieten geführte
Hafenrundfahrten an. Abfahrt jeweils ab Circular Quay.

Matilda Cruises (Aquarium Wharf, Pier 26, Darling Harbour, Tel. 02-92647377,
www.matilda.com.au) offeriert Hafenrundfahrten mit dem Segelkatamaran.
Abfahrt ab Darling Harbour und Circular Quay.

Mit großen Schiffen bewegt **Captain Cook Cruises** (Tel. 02-92061111,
www.captaincook.com.au) täglich Hundertschaften durch den Hafen. Abfahrt
von Circular Quay, Jetty Nr. 6. Interessant ist die **Aboriginal Cultural Tribal
Warrior Cruise,** bei der Stätten und Gebräuche der Ureinwohner im
Hafengebiet erläutert werden.

Rundflüge

Spektakuläre Helikopter-Flüge über die Stadt und die Blue Mountains können bei **Sydney Heli-Tours** (Tel. 02-93173402, www.sydneyhelitours.com.au)
oder bei **Blue Sky Helicopters** (Tel. 02-97007888, www.blueskyhelicop-
ters.com) gebucht werden (20 Min. ca. A$ 200).

Umgebungsziele von Sydney

Blue Mountains National Park

Etwa eine Autostunde von der Großstadt entfernt, liegen die **Blue Mountains** mit ihren dicht bewaldeten Canyons, spektakulären Wasserfällen, Wanderwegen und den traditionell aus Holz und Stein erbauten Städtchen. Dieses Gebiet der Great Dividing Range erhielt ihren Namen wegen des bläulichen Dunstes, den Millionen von Eukalyptusbäume durch aufsteigende ätherische Öle im Sonnenlicht verursachen. In den Anfangszeiten der weißen Besiedlung stellten die schroffen Berge ein unüberwindbares Hindernis für die Bewohner der Ostküste dar. Erst 1813 schafften es die Pioniere Wentworth, Blaxland und Lawson die Berge zu überqueren. Heute folgt der Highway ihrer Route über die Hügel. Die Region der Blue Mountains eignet sich für einen mehrtägigen Aufenthalt genauso wie für eine eintägige Stippvisite aus Sydney.

Glenbrook bis Leura

An der Informationsstelle in **Glenbrook** (s. „Infos") können Sie sich mit Info-Material und Karten eindecken. Im Abschnitt des National-parks südlich von Glenbrook befindet sich **Red Hands Cave,** ein al-ter Unterschlupf von Aboriginals mit Felsmalereien. Kunstinteres-sierte lohnt ein Stopp bei Faulconbridge im **Norman Lindsay Gallery and Museum** (tägl. 10–16 Uhr, A\$ 10). Weiter westlich bekommt man einen ersten intensiveren Eindruck der Blue Mountains. Nach Süden hin öffnet sich das imposante **Jamison Valley**. Aussichts-punkte entlang der Klippe sind im Städtchen **Wentworth Falls** aus-geschildert.

Wandertipp: Der Charles Darwin Walk (H/R 5 km, leicht) führt zu den Wasserfällen und ist ab der Bahnstation ausgeschildert.

Leura ist bei den Australiern als „Garden Village" bekannt. Die blü-henden Gärten, nostalgischen Häuser und lieblichen Cottages sowie einladende Cafés und Restaurants sorgen für ein behagliches Flair. Spektakuläre Ausblicke genießt man vom 900 m hohen **Sublime Point.**

Katoomba

Vom Highway in Leura links abgebogen, führt der Cliff Drive am Prince Henry Cliff entlang zum gut besuchten **Echo Point.** Vom Aussichtspunkt blickt man auf die dominante Felsformation **Three Sisters**: drei Felssäulen mit einer Höhe von 910 m ragen über das steil abfallende Jamison Valley. Im Visitor Centre am Echo Point gibt es ausgezeichnete Infos zu den Wanderwegen (s. „Infos").

Das Stadtzentrum **Katoombas** liegt 1 km von Echo Point entfernt. Die größte Bergstadt ist das Touristenzentrum schlechthin mit einigen sehenswerten Gebäuden, z.B. das Carrington Hotel. Im Gegensatz zu den umliegenden Orten mutet Katoomba aber eher langweilig an.

Bahnen und Gondeln Entlang der Klippen nach Westen, taucht der **Scenic World Complex** auf (www.scenicworld.com.au). Dort liegen die Stationen der verschiedenen Bergbahnen. Die Gondelbahn **Skyway** mit gläsernem Boden schwebt 350 Meter über die Schlucht hin- und zurück. Die Ausblicke sind gut, aber die Fahrt ist leider sehr kurz. Aufregender ist die Fahrt mit der ehemalige Minenbahn **Scenic Railway.** Durch einen Tunnel und dann durch den Regenwald fährt sie extrem steil 415 m zu Tal. Nach kurzem Fußweg durch den Wald, erreicht man die Talstation der modernen Gondelbahn **Scenic Cableway**, die einen in Windeseile wieder nach oben bringt (alle 3 Bahnen Erw. A$ 28, Kind A$ 14, Fam. A$ 70).

Blackheath und Umgebung

Nördlich von Katoomba befinden sich bei Blackheath mehrere Aussichtspunkte, die ebenso eindrucksvoll sind wie der Echo Point, jedoch nicht so überlaufen. Einer der besten Lookouts ist **Govetts Leap** am Ende der gleichnamigen Straße. Die Stadt **Blackheath** selbst ist ruhig und bietet nette Cafés, Antiquitätengeschäfte und Unterkünfte.

Service Blue Mountains

Anreise Von Sydneys City Central Station fahren stündlich **Züge** direkt nach Leura, Katoomba, Blackheath, Mt Victoria und Lithgow (Fahrzeit n. Katoomba 2h, Erw. A$ 16 H/R). Zu den Sehenswürdigkeiten fahren Touristenbusse (s. Transport/Touren). Es gibt Kombitickets für Bahn und Bus (www.cityrail.info).

Blick auf das Jamison Valley

Mit dem **Auto** verlässt man Sydney nach Westen in Richtung Paramatta auf der Western Motorway M4 und dann weiter auf dem Great Western Highway.

Infos
Visitor Centres befinden sich in:
Glenbrook: Great Western Highway (Mo–Fr 9–17 Uhr, Sa/So 8.30–16.30 Uhr, Tel. 02-47396787); **Katoomba:** Echo Point (tägl. 9–17 Uhr, Tel. 02-47820756); **Lithgow:** 1 Cooerwull Road (tägl. 9–17 Uhr).
Mehr Infos im Internet unter www.bluemts.com.au
Nationalpark-Büros: Govetts Leap Road, Blackheath, tägl. 9–16.30 Uhr, www.nationalparks.nsw.gov.au; Infos zu Wanderungen und Camping.

Unterkunft
***** **Lilianfels Blue Mountains,** Lilianfels Ave, Katoomba, Tel. 02-47801200; luxuriöses Resort in kolonialen Gebäuden mit bester Aussicht.

* **Best Western Alpine Motor Inn,** Ecke Camp St/Great Western Highway, Katoomba Tel. 02-47822011; gepflegtes Mittelklasse-Hotel in zentraler Lage.

* **Blue Mountain YHA,** 207 Katoomba St, Katoomba, Tel. 02-47826203; gemütliche Jugendherberge mit Fahrradverleih.

* **Katoomba Falls Caravan Park,** Katoomba Falls Rd, Katoomba, Tel. 02-4782 1835; weitläufiger Campingplatz mit Cabins.

Touren
Der **Blue Mountains Explorer Bus** (www.explorerbus.com.au) fährt stündlich von 9.45–16.05 Uhr ab Bahnhof Katoomba alle Attraktionen an. Ein- und Aussteigen nach Belieben (Erw. A$ 36, Kind A$ 18, Fam. A$ 90). Nach dem gleichen Prinzip operiert **Blue Mountains Trolley Tours** (www.trolleytours.com.au, Tel. 1800801577; Erw. A$ 25, Kind A$ 15, Fam. A$ 70).

Blue Mountains Adventure Company (www.bmac.com.au, Tel. 02-47821271) bietet Moutainbiking, Abseiling, Canyoning und andere Outdooraktivitäten.

Touren ab Sydney: Entweder mit **AAT Kings** (Tel. 02-95186095, www.aatkings.com) oder mit **Waratah Adventure Tours** in Kleingruppen (Tel. 02-99084697, www.waratahadventures.com.au).

Royal National Park

Nur 30 Kilometer südlich von Sydney wurde 1879 der erste Nationalpark Australiens gegründet, „The National Park". Nachdem Queen Elizabeth II Australien 1954 besuchte, wurde der Park in **Royal National Park** umbenannt. Als Ausgleich zum Stadtleben sollte der „Volkspark" den Sydneysidern Erholung inmitten der Natur bieten. Tatsächlich pilgern tausende Bewohner Sydneys an den Wochenenden in den 150 qkm großen Park und bevölkern die Strände und Wanderwege. Unter der Woche können Sie die lichten Eukalyptuswälder, die steilen Sandsteinküsten und die herrlichen Pazifik-Strände jedoch fast allein genießen. Von August bis September blühen Wildblumen im Park und von Juni bis Juli ziehen Buckelwale entlang der Küste. Trotz der Stadtnähe leben über 240 Vogelarten, seltene Säugetiere wie Ameisenigel, Possums, Wallabies und Koalas in den großflächigen Rückzugsgebieten.

Der Park beginnt am Meereseinschnitt **Port Hacking** und erstreckt sich 20 km weiter nach Süden. Die Hauptroute durch den Park führt nach **Bundeena**, einem gemütlichen Dorf mit Unterkünften und Cafés am Wasser. Hier bietet sich eine Kajaktour durch die Bucht an, wer länger Zeit hat kann den 26 km langen Küstenwanderweg in Angriff nehmen (2 Tage).

Zum ruhigen Baden sind die Strände **Wattamoolla** und **Bonnie Vale** empfehlenswert, eine starke Brandung gibt es dagegen am **Gari Beach, Era** und **Burning Palms.**

Das **Informationszentrum** im Nordteil des Parks bei Audley (Farnell Rd, Tel. 02-95420648, tägl. 8.30–16.30 Uhr, www.npws.nsw.gov.au) ist behilflich mit Kartenmaterial, Wanderempfehlungen und Camping-Genehmigungen. Der Park schließt tägl. um 20.30 Uhr.

Anreise Von Sydney kommend auf dem Princes Highway nimmt man die Ausfahrt Farnell Ave südlich von Loftus und gelangt direkt in Park.

Mit der Bahn und dem Schiff ist der Park zwar erreichbar, jedoch gibt es innerhalb des Parks keine öffentlichen Verkehrsmittel.

Hunter Valley

Ein Muss für Weinliebhaber ist ein Ausflug in das 150 km nördlich von Sydney gelegene **Hunter Valley.** Die sanfte Hügellandschaft entlang des Hunter River zählt zu den bekanntesten Weinbaugebieten Australiens. Bereits 1828 rodete der freie Siedler George Wyndham die ersten Flächen und pflanzte Reben – die Winzerei Wyndham war geboren. Inzwischen sind mehr als 140 Weinbaubetriebe im Tal etabliert. Die ausgezeichneten Produkte, wozu insbesondere die Weißwein-

Wattamolla Beach,
Royal NP

sorten Semillion und Chardonnay zählen, können in den *Vineries* verkostet werden. Von Süden auf dem Freeway 3 kommend, zweigt man in das Lower Hunter Valley in die Dörfer **Cessnock** und **Pokolbin** ab. Im Upper Hunter Valley rund um die Städte **Singleton** und **Muswellbrook** setzt der Kohleabbau kräftige Kontraste zur Rebstockidylle.

Infos   **Vintage Hunter Wine & Visitors Centre** (455 Wine Country Dve, Tel. 02 49900900; Mo–Sa 9–17 Uhr, So 9–16 Uhr, www.winecountry.com.au): Auskünfte zu Weingütern, Weinproben und Hotelbuchungen sowie Kartenmaterial.

Restaurants   **Amandas on the Edge** (Windsor's Edge Vineyard, McDonalds Rd, Pokolbin Tel. 02 49987900, www.amandas.com.au, tägl. abends geöffnet, Fr–Mo auch mittags) neben köstlichem Essen eine sensationelle Aussicht auf die grüne Umgebung. Reservierung notwendig, Hauptgerichte ab 30 A$.

Australian Regional Food Store & Café (McDonalds Rd, tägl. 10–17 Uhr) bietet schmackhafte Snacks und Köstlichkeiten über Mittag sowie zum Mitnehmen an. **Tipp:** Gleich nebenan befindet sich das Small Winemakers Centre, in dem Weine von den weniger bekannten Winzern verkauft werden.

Unterkunft   ***** **Cypress Lakes Resort** (Ecke McDonalds/Thompsons Rd, Pokolbin, Tel. 02-49931555, Reservierungen Tel. 1-800-061818) edles Golfresort mit Verwöhnatmosphäre.

*** **Best Western Wine Country Motor Inn** (5 Darwin St, Cessnock, Tel. 02 49932999) gutes Mittelklassehotel nahe zum Stadtzentrum Cessnock.

Von Sydney nach Brisbane

Newcastle

Das einstige Industriezentrum am Port Hunter hat sich in den letzten Jahren zu einer ansehnlichen, modernen Stadt entwickelt. Wo sich früher nur Arbeitersiedlungen mit tristen Backsteingebäuden und Kohlehalden ausbreiteten, gibt es heute Einkaufsstraßen, Theater und Kinos. Der riesige Industriehafen, 6 km westlich der Innenstadt, ist der umschlagstärkste des Landes. Für ein schmackhaftes Mittagessen lohnt ein Bummel entlang der restaurierten, historischen **Queens Wharf** mit ihren zahlreichen Restaurants und Cafés. Strandkultur gibt es an **Nobby's Beach.** Ein kurzer Spaziergang am Strand in Richtung des alten Leuchtturm am **Nobby's Head** eröffnet schöne Ausblicke auf die Stadt und die Küste.

Infos   **Newcastle Tourist Information**, The Maritime Centre, 3 Honeysuckle Drv, Tel. 1-800654558; Di–So 9.30–16.30 Uhr, www.visitnewcastle.com.au.

Unterkunft   *** **Noahs on the Beach,** Ecke Shortland Esplanade/Zaara Sts, Newcastle, Tel. 02-49295181; Mittelklassehotel in Strandnähe.

* **Newcastle Beach YHA,** 30 Pacific St, Newcastle, Tel. 02-49253544; freundliche Jugendherberge in historischem Gebäude.

Der alte
Leuchtturm
am Nobby's
Head

Port Stephens

Port Stephens ist der Sammelname für die Orte **Nelson Bay, Shoal Bay, Soldiers Point, Fingal Bay, Boat Harbour** und **Anna Bay.** Das ruhige Wasser und die vielen Buchten der Port Stephens Bay sind ideal zum Baden und Fischen, bekannt sind die dortigen **Delfine.** Zahlreiche Bootsausflüge zur Beobachtung der Tiere werden von der Nordseite der Bucht in Nelson Bay angeboten. Von Mai bis Juli und von September bis November ziehen **Buckelwale** dicht an der Bucht vorbei. In der großartigen Dünenlandschaft am **Stockton Beach** können sich Allradfreunde mit Geländewagen, Quads und Allradbussen austoben. Auf der **Tilligerry Halbinsel** sind frei lebende Koalas die Hauptattraktion.

Infos

Port Stephens Visitor Centre; Victoria Pde, Nelson Bay, Tel. 1-800-808900, tägl. 9–17 Uhr, www.portstephens.org.au.

Essen und Trinken

Zest Restaurant, 16 Stockton St, Nelson Bay, Tel. 02-49842211 www.zest restaurant.net.au; hervorragende Küche, 2-Gänge-Menü A$ 65, Reservierung notwendig.

Rock Lobster Restaurant, D'Albora Marina, 6 Teramby Road, Nelson Bay, Tel. 02-49811813; gutes Seafood-Lokal am Hafen, Hauptgerichte ab A$ 30.

Fishermans Wharf Seafood, 1 Teramby Rd, Nelson Bay; direkt am Anleger werden fangfrischer Fisch und Meeresfrüchte zum Direktverzehr oder Mitnehmen zubereitet.

Unterkunft

**** Peppers Anchorage Port Stephens, Corlette Point Rd, Corlette, Tel. 1-800-809142; schönes Resort direkt in der Bucht, Reservierung erforderlich.

*** Shoal Bay Motel/YHA Shoal Bay, 59-61 Shoal Bay Rd, Tel. Motel 02-49811744, Tel. YHA 02-49810982; Motel und Jugendherberge direkt am Strand.

Port Macquarie

Die Stadt an der Mündung des Hastings River wurde 1821 als Sträflingskolonie für rückfällige Strafgefangene gegründet. Bereits zehn Jahre später wurde das Gefängnis wieder geschlossen, weil zu viele freie Siedler in die fruchtbare Gegend kamen, und der Ort keinen isolierten Posten mehr für Gefangene darstellte. Der Hafen brachte der Stadt nie einen nennenswerten wirtschaftlichen Aufschwung, vielmehr waren es zunächst die Schafzucht und seit den 1970er Jahren vor allem der Tourismus, der die lokale Wirtschaft ankurbelte.

In den ausgedehnten Eukaylptuswäldern in und um Port Macquarie leben zahlreiche Koalas. Leider enden viele der kuscheligen, jedoch trägen Gesellen im **Koala Hospital,** weil auch ihr Lebensraum immer mehr eingeschränkt wird. Das Tierkrankenhaus ist für Besucher geöffnet (Lord St, tägl. 9–17 Uhr). Gesunde Tiere sind im **Billabong Koala & Wildlife Park** zu sehen – ein tolles Erlebnis für Familien (61 Billabong Drv, 9–17 Uhr, Erw. A$ 20, Kind A$ 11).

Zu den historischen Sehenswürdigkeiten der Stadt zählen die **St Thomas Church** von 1828, das 1869 erbaute **Courthouse** und das gegenüberliegende **Historical Museum**.

Zum Baden und Sonnen sind die bewachten **Strände** Town Beach, Flynns und Lighthouse Beach zu empfehlen.

Infos

Port Macquarie Visitor Information: Ecke Clarence/Hay Sts, (Tel. 1300 303 155, Mo–Fr 9–17.30 Uhr, Sa/So 9–16 Uhr, www.portmacquarieinfo.com.au).

Unterkunft

**** Rydges Port Macquarie, 1 Hay St, Tel. 02-65892888; modernes Hotel in der Stadt und doch am Wasser.

*** B&B Azura Beach House, 109 Pacific Drv, Tel. 02-65822700; Gästehaus in der Nähe des Strandes mit großen Zimmern.

* Beachside Backpackers YHA, 40 Church St, Tel. 02-65835512; zentral gelegene Jugendherberge mit Doppel- und Mehrbettzimmern.

Essen und Trinken

Scampi's Seafood Restaurant, 9 Park St, Tel. 02 65837200; gutes Lokal in der Marina, Hauptgerichte ab A$ 30.

Restaurant Splash, 2/3 Horton St, empfehlenswert für Fisch und Meeresfrüchte, mittags und abends geöffnet, Hauptgerichte ab A$ 23.

Macquarie Seafoods, Ecke Clarence/Short Sts; leckere Fish & Chips zum Mitnehmen.

Queensland

Überblick Queensland ist nach Westaustralien der zweitgrößte Bundesstaat. Er erstreckt sich von der subtropischen Hautpstadt Brisbane im Süden über ein riesiges Gebiet mit heißem und sonnigen Klima bis in die Tropenzone. Die derzeit 4,5 Millionen Einwohner des Sunshine-State drängen sich größtenteils auf dem schmalen und fruchtbaren Streifen zwischen Pazifik und der Great Dividing Range. Der restliche Landesteil, das Outback, ist fast menschenleer.

Highlights Die Höhepunkte im Bundesstaat sind das Great Barrier Reef, tropische Inseln, herrliche Strände, immergrüne Hügellandschaften, artenreiche Regenwälder und viele interessante Nationalparks.

Fremdenverkehrsbüro: www.tq.com.au
Nationalparkbehörde: www.nprsr.qld.gov.au

Brisbane

Überblick Brisbane (2 Mio. Ew.) gilt als Sonnenschein-Metropole Australiens. Mit ihrem subtropischem Klima und statistisch 330 Sonnentagen im Jahr macht sie ihrem Ruf alle Ehre. Die drittgrößte Stadt des Kontinents, die von ihren Bewohnern kurz „Brissie" genannt wird, bietet dazu eine lebendige Mischung aus Unterhaltung, Sehenswürdigkeiten und Wirtschaftskraft.

Geschichte Wie viele Küstenstädte Australiens begann auch Brisbanes Entwicklung als trostlose Gefangenensiedlung. Der Ort am gleichnamigen Fluss entwickelte sich in den 1850er Jahren jedoch schnell zum Versorgungsstützpunkt der großen Schaf- und Rinderfarmen im

Queensland
0 ⊢————————— 200 km
© RKH VERLAG HERMANN

Cape York

South

Coral

Sea

Pacific

Weipa

GREAT

Gulf of
Carpentaria

Cooktown

Mareeba • Cairns

Burketown   Normanton

Hinchinbrook
Island

BARRIER

Townsville

Charters Towers

Ocean

Mt Isa   Cloncurry

The Withsundays

Eungella • Mackay

REEF

Winton

Longreach

Emerald • Rockhampton

Simpson
Desert NP

Carnarvon
NP

Gladstone

Fraser
Island

Bundaberg

Hervey Bay

Northern Territory

South
Australia

Charleville   Roma

Dalby

Sunshine
Coast

St George

Ipswich • Brisbane
Gold
Coast

Lamington
NP

New South Wales

Landesinneren. Ein massiver Bevölkerungszuwachs und nennens-
werter Reichtum folgten dem Goldrausch und dem Aufbau der
Minenindustrie, es entstanden beeindruckende Gebäude als Symbole des neuen Wohlstandes. 1902, als Brisbane zur Stadt erklärt wurde,
zählte sie bereits 100.000 Einwohner.

Nach dem Zweiten Weltkrieg veränderte sich das Stadtbild. Hochhäuser mit Glasfassaden verdrängten die baumbestandenen Boulevards. Kulturelle und wirtschaftliche Interessen rückten in den Vorder-
grund. 1988, zur 200-Jahrfeier des Landes, fand in Brisbane die
Weltausstellung „EXPO" statt, und machte die Stadt bekannt als
ernstzunehmenden Wirtschafts- und Kulturstandort.

Stadtbesichtigung Brisbane

Blick über die City
Sinnvoller Startpunkt für einen Stadtrundgang ist die frisch reno-
vierte **City Hall** am King George Square. Vom über 92 m hohen
Glockenturm des klassischen Sandsteingebäudes schweift der Blick
auf die Stadt (Mo–Fr 10–15 Uhr, Sa bis 14.30 Uhr, Eintritt kostenlos).
Hinter dem pompös aufragenden **General Post Office** (1879) in der
Queen Street erhebt sich die neogotische **St Stephen's Cathedral**
von 1850.

Am Wasser entlang
An der Promenade der **Eagle Street Pier** am Brisbane River taucht
in nordöstlicher Richtung zunächst das moderne **Riverside Centre**
auf und danach, im architektonischen Gegensatz, das prachtvolle
Customs House von 1889. Folgt man der Promenade nach Süden
erreicht man den Botanischen Garten.

Botanischer Garten
Der 1855 gegründete **Botanic Gardens** ist die grüne Lunge der Stadt.
Ehrenamtliche Helfer bieten geführte Touren an. Di–So 11 u. 13 Uhr,
Treffpunkt Pavillon, 100 m vom Haupteingang in der Alice St entfernt.

Regierungsgebäude
Südwestlich des Botanischen Gartens steht das 1860 erbaute **Old
Government House** (tägl. 9–16.30 Uhr geöffnet). Von 1862 bis 1910
war es offizielle Residenz des Regierungschefs von Queensland.
Heute befindet sich ein Souvenirshop und Büros im Inneren. Weiter
nördlich befindet sich das **State Parliament House.** An dem im Jahr
1868 im Stil der französischen Renaissance erbauten Haus beeindruckt vor allem das große Kupferdach. Der elegante Innenbereich,
kann in der tagungsfreien Zeit besichtigt werden (Mo–Fr 9–17 Uhr,
Tel. 07-34067111).

Southbank Parklands
Die für die Expo-Ausstellung völlig neu gestalteten Parkanlagen am
Südufer laden mit künstlichen Wasserlandschaften (mit Badestrand),
Spielplätzen, Riesenrad und Restaurants zum Verweilen ein. Am
Südende der Parklands zeigt das **Queensland Maritim Museum**
Schiffe und andere Relikte der Seefahrt (tägl. 9.30–16.30 Uhr).

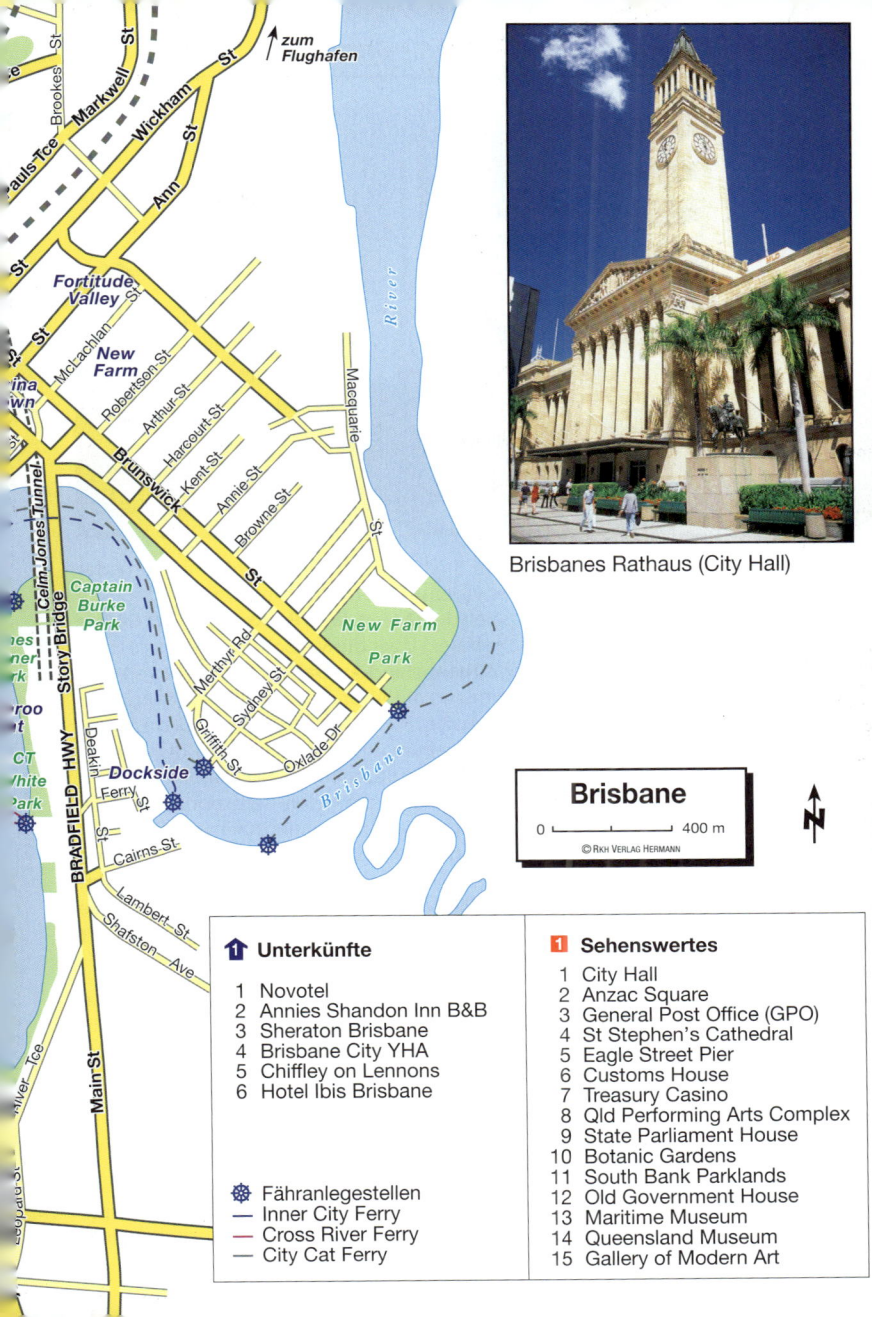

Brisbanes Rathaus (City Hall)

Brisbane

0 |————————| 400 m

© RKH VERLAG HERMANN

🏨 Unterkünfte

1 Novotel
2 Annies Shandon Inn B&B
3 Sheraton Brisbane
4 Brisbane City YHA
5 Chiffley on Lennons
6 Hotel Ibis Brisbane

⚓ Fähranlegestellen
— Inner City Ferry
— Cross River Ferry
— City Cat Ferry

1 Sehenswertes

1 City Hall
2 Anzac Square
3 General Post Office (GPO)
4 St Stephen's Cathedral
5 Eagle Street Pier
6 Customs House
7 Treasury Casino
8 Qld Performing Arts Complex
9 State Parliament House
10 Botanic Gardens
11 South Bank Parklands
12 Old Government House
13 Maritime Museum
14 Queensland Museum
15 Gallery of Modern Art

Post Office
Square

Kulturszene   Das kulturelle Zentrum Brisbanes ist **Southbank,** auf Höhe der
Southbank   Victoria Bridge (www.visitsouthbank.com.au). Dort wird in den
Theater- und Konzertsälen des **Queensland Performing Arts Centre**
internationale Kunst geboten. Über die Melbourne Street setzt sich
die Kulturmeile mit der **Queensland Art Gallery** fort. Sie beherbergt
eine sehenswerte Sammlung mit Aboriginalkunst, Werken europäischer und asiatischer Künstler. Im selben Gebäudekomplex ist auch
das große **Queensland Museum** untergebracht. Für einen ausgie-
bigen Besuch sollten drei bis vier Stunden veranschlagt werden, um
die Geschichte des Bundesstaates, die vielen Tierexponate und die
informative Abteilung der Ureinwohner kennenzulernen (tägl. 9.30–
17 Uhr, Eintritt frei, www.qm.qld.gov.au). Mit Kindern ist das dem
Museum angeschlossene *Science Centre* einen Besuch wert. Im
Queensland Gallery of Modern Art sind moderne Kunst, inklusive
Kino und Multimedia der letzten 30 Jahre, zu bewundern (Mo–Fr
10–17 Uhr, Sa–So 9–17 Uhr, Eintritt frei, www.qag.qld.gov.au).

Über die Victoria Bridge gelangt man zurück in die Innenstadt (Central
Business District, CBD) und trifft dort auf das **Treasury Building.** In
dem Sandsteingebäude mit der imposanten, klassischen Fassade
war früher das Finanzministerium, heute ist dort ein Spielcasino und
Hotel. Ein Blick ins Innere ist täglich rund um die Uhr möglich.

Sehenswürdigkeiten außerhalb des Zentrums

Fortitude   „The Valley" ist Brisbanes lebhaftester und kosmopolitischster
Valley   Stadtteil. Viele Galerien, Geschäfte und Kneipen und auch die kleine

Chinatown sind einen Besuch wert. Die Anfahrt erfolgt am besten mit dem Zug über die Brunswick Station.

Lone Pine Koala Sanctuary Einen Koala im eigenen Arm zu halten („koala cuddling") ist ein gerne gezeigter Fotobeweis für den Down-Under-Aufenthalt. Der Lone Pine Tierpark machte dies als einer der ersten Parks möglich. Aus den ursprünglich zwei Tieren sind inzwischen 130 geworden. Der Tierpark im Vorort Fig Tree Pocket (708 Jesmond Rd) beheimatet neben Koalas auch Kängurus, Wombats und die heimischen Reptilien in natürlicher Umgebung (tägl. 8.30–17 Uhr, www.koala.net; Erw. A$ 33, Kind A$ 22, Fam. A$ 80). Die Anfahrt ist mit dem Boot „Miramar" (s. Touren) direkt möglich. Alternativ werden zahlreiche Tagesausflüge nach Lone Pine angeboten, ein öffentlicher Bus verkehrt regelmäßig.

Service Brisbane

Information **Brisbane Visitor Information Centre,** Queen St Mall, Mo–Fr 9–17.30 Uhr, Sa/So 10–16 Uhr, Tel. 07-30066290, www.visitbrisbane.com.au. Im **South Bank Visitor Centre** sind auch Eintrittskarten für die kulturellen Events in Brisbane erhältlich (Stanley Street Plaza; Southbank, Tel. 07-38672051, tägl. 9–17 Uhr).

National Parks and Wildlife Service, 160 Ann St, Tel. 07-32278187, www.nprsr.qld.gov.au

Notfall **Notruf** (Polizei, Feuerwehr, Rettungsdienst) Tel. 000

Polizeiwache: gegenüber Transit Centre, Roma St, Tel. 07-33646464.

Krankenhaus: Royal Brisbane Hospital, Ecke Butterfield St/Bowen Bridge Rd, Herston, Tel. 07-32538111.

Verkehr

Flughafen Der **Brisbane Airport** (www.brisbaneairport.com.au) liegt 16 km nordwestlich des Zentrums. Das internationale und das nationale Terminal sind durch den **Airtrain** (A$ 5) miteinander verbunden. Dieser Zug fährt über die Innenstadt (Transit Centre, Roma St) bis zur Gold Coast (tägl. 5–22 Uhr alle 15 Min.; A$ 16 einfach, A$ 30 H/R; www.airtrain.com.au; Tel. 1-800119091). **Con-X-ion/Coachtrans** bietet einen Busservice (*Sky Trans*) zu den meisten Innenstadthotels sowie zum Transit Centre in der Roma Street an (tägl. 5–19.30 Uhr alle 15 Min., 19.30–22.45 Uhr alle 30 Min., A$ 20 einfach, A$ 35 H/R, Tel. 07-55569888, www.coachtrans.com.au). Die **Taxi**-Fahrt vom Flughafen in die Innenstadt kostet je nach Verkehrsaufkommen A$ 35–A$ 50.

Taxis Black & White Cabs, Tel. 131008; Yellow Cabs, Tel. 131924

Züge und Überlandbusse Bahnen und Busse verkehren vom **Transit Centre** in der Roma Street. Hier sind auch Fahrkarten erhältlich.

Öffentliche Verkehrsmittel Brisbane hat ein gut ausgebautes öffentliches Verkehrsnetz. Informationen sind bei **TransLink** erhältlich: Tel. 131230, www.translink.com.au. Die wichtigsten Bushaltestellen sowie ein Infostand befinden sich unterhalb des *Myer Centre* (Queen Street Mall, Mo–Fr 8.30–17 Uhr). Ansonsten fahren die meisten Busse an den Haltestellen in der Adelaide Street ab, zwischen George und Edward Sts.

Tipp: Die **Gratis-Busse** der **City Circle 333** und **444** verkehren Mo–Fr von 7–18 Uhr auf einem innerstädtischen Rundkurs und passieren viele Sehenswürdigkeiten.

Die regionalen **Citytrains** halten an den Bahnhöfen **Roma Street Station, Central Station** und **Brunswick Street Station.** Die Haltestellen sind rot markiert.

Die **Fähren** über den Brisbane River fahren von 6–22.30 Uhr alle 10 bis 30 Min. Hauptabfahrtspunkte sind *North Quay* (für die Queen St Mall) an der Victoria Bridge, *South Bank, Out Gardens Point, Edward Street* (Zugänge zum Botanischen Garten) sowie *Eagle Street Pier.*

Bus- und Fährtickets Einzeltickets (2h Geltungsdauer für Bahn, Bus und Fähre) sind in den Verkehrsmitteln und an Fahrscheinautomaten erhältlich.

Mietwagen **Avis Car Rental,** 133 Albert St (im Wilson Car Park), Tel. 07-32212900, Flughafen Tel. 07-38604200;

Budget Car Rental, 53 Albert Street, Tel. 07-32470599; Flughafen 07-30001030;

Hertz Cars, 55 Charlotte St, Tel. 07-32216166; Flughafen Tel. 07-38604522;

Thrifty Car Rental, 49 Barry Pde, Fortitude Valley, Tel. 07-30063255; Flughafen Tel. 07-30008600.

Unterkunft ****** Sheraton Brisbane Hotel & Towers**, (249 Turbot St, Tel. 07-38353535); luxuriöses Haus in zentraler Lage mit Open-air-Pool auf dem Dach.

**** Novotel Brisbane (200 Creek St, Tel. 07-33093309); großes Hotel in Zentrumsnähe.

**** Chiffley on Lennons Hotel (66 Queen St, Tel. 07-32223222); Mittelklassehotel mitten in der Fußgängerzone. Keine Parkplätze.

*** Hotel Ibis (27 Turbot St, Tel. 07-32372333); Mittelklassehotel nahe der Queen St Mall mit Restaurant und Bar.

*** Annies Shandon Inn B&B (405 Upper Edward St, Tel. 07-38318684); hübsche B&B-Unterkunft in historischem Gebäude, Nähe Central Railway Station.

* Brisbane City YHA (392 Upper Roma St, Tel. 07-32361004); moderne, große Jugendherberge mit Mehrbett- und Doppelzimmern.

Northside Caravan Village Big 4 (763 Zillmere Rd, Aspley, Tel. 07-32634040); gepflegter Platz 12 km nördlich der Stadt mit Busanbindung.

Essen und Trinken Gastronomen aus aller Welt lassen sich in Queenslands Metropole nieder. Die Restaurant- und Café-Szene expandiert: In der Innenstadt und der Umgebung fehlt es weder an preisgekrönten Restaurants noch an gemütlichen Kneipen. In der Broschüre „This Week in Brisbane" oder im Internet unter www.bestrestaurants.com.au sind Gaststätten aller Art und Preisklassen zu finden.

Als Spezialitäten gelten in Brisbane Fischgerichte und Meeresfrüchte, insbesondere die herzhaften Krustentiere „Moreton Bay Bugs".

Pane e Vino, Ecke Charlotte/Albert Sts; nettes italienisches Lokal im Geschäftszentrum, Hauptgerichte ab A$ 25. Tel. 07-32200044

Customs House Restaurant, 399 Queen St, Tel. 07-33658921, www.customs house.com.au; moderne australische Küche in einem historischem Gebäude

Meeresfrüchte
auf Salat

mit Garten, auch Kaffee und Kuchen, Hauptgerichte ab A$ 40, abends ist eine
Reservierung empfehlenswert.

Auf dem alten Raddampfer **Kookaburra Queen II** (s. Touren) werden Flussfahrten mit Lunch (12 Uhr) oder Dinner (19 Uhr) angeboten.

Plough Inn, Stanley St, South Bank Parklands; schöner Biergarten, schmackhafte Steaks, abends Live-Musik. Hauptgerichte ab A$ 25.

Summit Restaurant, Sir Samuel Griffith Drive, Mt Cooth-tha, Tel. 07-33699922,
www.brisbanelookout.com; moderne australische Küche mit herrlichem
Ausblick auf die Stadt und die Moreton Bay. Gehoben, Hauptgerichte ab A$
40, Tischreservierung empfehlenswert. Sonntags Brunch ab 8 Uhr.

Im Stadtteil *Fortitude Valley* lässt es sich gut und günstig in der **Chinatown
Mall** essen. In der Brunswick Street Mall laden fast immer gut besuchte Cafés
und Kneipen mit Live-Musik ein. Wer gerne unter freiem Himmel speist, sollte
zu den Cafés und Restaurants der **South Bank Parklands** gehen.

Unterhaltung

Klass. Musik, Im **Queensland Performing Arts Centre** in South Bank finden Aufführungen
Tanz, Theater aller Couleur statt. Infos und Karten unter www.qpat.com.au; Tel. 136246.

Casino Das **Treasury Casino,** am südlichen Ende der Queen St Mall (24 h geöffnet),
verfügt über zahlreiche Restaurants, Bars und Live-Musik.

Live-Musik **Press Club** (339 Brunswick St, Fortitude Valley, Do–Sa): Live-Musik, leckere
Cocktails und interessantes Publikum.

Im **Tivoli** treten unterschiedlichste Musiker und Komiker auf, tolles Ambiente
(52 Costin St, Fortitude Valley, www.thetivoli.net.au).

Festivals **Juli/August:** Brisbane International Film Festival:
elftägiges Filmfestival (www.bif.com.au)
September: Brisbane Festival, größtes Kulturfestival in der Stadt,
www.brisbanefestival.com.au.

Einkaufen

Zentrum des Konsums ist die Fußgängerzone **Queen Street Mall,** die auf einem halben Kilometer Länge und in den angrenzenden Straßen mehr als 650 Geschäfte, Restaurants und Cafés beheimatet. Wer noch mehr Angebote sucht, findet im Stadtteil **Fortitude Valley** weitere Modeboutiquen und Kunstgalerien.

Aboriginal- **Southbank Aboriginal Centre** (Stanley St Plaza) und **Queensland Aboriginal**
kunst **Creations** (Elizabeth St).

Märkte **Crafts Village Market** (Stanley St Plaza, Fr 17–22.30 Uhr, Sa 10–18 Uhr, So 9–17 Uhr) hier werden Handarbeiten, Kunstwerke und allerlei Gebrauchtwaren verhökert. Sonntags von 8–16 Uhr können Sie auf dem **Riverside Centre Market** und **Eagle Street Pier Market** alles finden – von selbstgemachter Marmelade über Aboriginalkunst bis hin zu preiswerten CDs. Flippiger ist der **Fortitude Valley Market** (Brunswick St Mall, Sa/So 9–16 Uhr), mit vielen Klamotten, Kunst und Ramsch.

Touren

Stadtrund- Die Busse mit englischsprachigem Kommentar von **CitySights Tours** stoppen
fahrten an den Sehenswürdigkeiten der Stadt. Beliebiges Ein- und Aussteigen ist möglich. Tickets gibt es im Bus (tägl. 9–15.45 Uhr, alle 45 Min., ab CitySights Bus Stop, Post Office Square, Queen St; Erw. A$ 35, Kind A$ 20, www.city sights.com.au).

Mr Day Tours bieten Halbtagestouren im Kleinbus an, inkl. Hotelabholung. Tel. 04-19788026, www.mrdaytours.com.au; 9 und 13 Uhr, Erw. A$ 95, Kind A$ 35.

Flussfahrten **Kookaburra River Queens** (Anlegestelle Eagle St Pier, 1 Eagle St, Tel. 07-32211300, www.kookaburrariverqueens.com) bietet neben Lunch- und Dinner Cruises auch Fahrten ohne Mahlzeit an (A$ 10).

Mirimar Cruises (Tel. 04-12749426, www.mirimar.com) fährt tägl. um 10 Uhr ab Culture Centre Pontoon den Fluss aufwärts bis zum Lone Pine Koala Sanctuary (s.S. 107). Erw. A$ 60, Kind A$ 35 Hin- und Rückfahrt inkl. Eintritt.

Bridgeclimb
In Sydney ist es die Harbour Bridge, in Brisbane die Story Bridge, die bestiegen werden kann. Dauer 2,5 h, Erw. A$ 90-130, Kinder (ab 10 Jahre) A$ 76-110 je nach Wochentag und Tageszeit. Anmeldung erforderlich, Tel. 1300 254627, 170 Main St, Ecke Warf/Main Sts, Kangaroo Pt, www.storybridgeadventure-climb.com.au.

Umgebungsziele von Brisbane

North Stradbroke Island

North Stradbroke zählt zu den größten Sandinseln der Welt. Die kilometerlangen weißen Sandstrände und die beschaulichen Badeorte sind bei gutem Wetter (also meistens) einen Ausflug wert. Obwohl sich fast 90% der 40 km langen Insel im Besitz einer Minengesellschaft (Sandgewinnung für die Siliziumproduktion) befinden, bleibt im Inselinneren noch genug Raum für Süßwasserlagunen, bewachsene Sanddünen und die typische Flora und Fauna einer Sandinsel.

Das Städtchen **Point Lookout** ist das Zentrum an der Nordostspitze der Insel. Ein Muss für alle Besucher ist der „North Gorge Headland Walk", bei dem man unweit der Klippen Wasserschildkröten, Rochen und Delfine sehen kann. Von Juni bis November ziehen Buckelwale *(Humpback Whales)* vorbei. Der **Main Beach** auf der Ostseite ist nicht nur zum Sonnen und Baden herrlich, sondern auch eine Spielwiese für Geländewagenfahrer.

Anreise Die Bahn fährt ab Roma Street Station bzw. Central Railway Station nach Cleveland (1h, A$ 4,80). Von dort verkehrt ein Bus zum Toondah Harbour, dann per Wassertaxi (A$ 17 h/r.) oder Fähre (A$ 11 h/r.) auf die Insel. Den erforderlichen Transfer vom Bahnhof zum Hafen ist bei *The Stradbroke Flyer* (www.flyer.com.au, Tel. 07-32861964) in der Schiffspassage inklusive. Auf der Insel fahren öffentliche Busse zwischen Dunwich, One Mile, Amity Point und Point Lookout.

Touren Geführte Geländewagentouren durchs Inselinnere bietet **Straddie Kingfisher Tours** (Tel. 07-34099502) an.

Moreton Island

Die nur 35 km von Brisbane entfernte Sandinsel Moreton Island lässt die Großstadtatmosphäre schnell vergessen. Der größte Teil der Insel wurde zum Nationalpark deklariert. Mit der höchsten Küstensanddüne der Welt (Mount Tempest, 280 m), der artenreichen Vogelwelt sowie den frei lebenden Delfinen, ist die Insel ein lohnendes Ziel für einen ein- oder mehrtägigen Ausflug.

The Cape Moreton Lightstation

Delfine am Strand
Die Hauptattraktion der Insel ist zweifelsohne die allabendliche Delfinfütterung an der Jetty des Tangalooma Resort. Dabei finden sich zahlreiche Besucher ein, was an manchen Abenden zu einer „Tiershow mit Flutlicht" ausartet. An der Fütterung dürfen nur Gäste des Resorts teilnehmen, Tagesgäste können das Schauspiel vom Bootssteg aus beobachten.

„Action" hat man beim Sandboarding. Auf einfachen Holzbrettern stürzt man sich in Bauchlage steile Sandhügel hinunter. Quad-Touren über weite Dünen sind eine weitere Empfehlung.

Anreise
Der Katamaran **Tangalooma Flyer** verkehrt täglich ab Holt Street Dock (Kingsford Smith Drv, Brisbane, 10 Uhr hin, 15.30 Uhr zurück) zum Tangalooma Resort. Ein Transferbus zum Schiffsanleger verkehrt ab Brisbane Transit Centre, vom Flughafen und von vielen Hotels in der Innenstadt (Tel. 07-32686333, www.tangalooma.com).

Sunrover Expeditions hat Tagestouren mit Badeaufenthalt und Schnorcheln im Programm (Tel. 07-32034241, www.sunrover.com.au).

Unterkunft
*** **Tangalooma Island Resort** (Tel. 1-300-652250). Große Anlage mit Hotelzimmern, Apartments und Villas. Außerdem Restaurant, Bar und Shop sowie ein vielfältiges Sport- und Ausflugsangebot.

Gold Coast

Die **Gold Coast** ist Queenslands glitzernde Ferienregion. Entlang des 70 km langen Küstenstreifens, der an der Grenze zu New South Wales beginnt, sind die breiten und sauberen Strände unbestritten die größte Attraktion. Entlang des mehrspurigen Boulevards reihen sich Hochhäuser, Vergnügungsparks und Souvenirläden aneinander. Das wirkt zunächst etwas abschreckend, doch angesichts der rund 300 Sonnentage im Jahr, der feinen Sandstrände und des lebhaften Unterhaltungsprogramms verwundert die Beliebtheit nicht. Die „Straßenstädte" **Burleigh Heads, Miami, Broadbeach** und **Surfers Paradise** gehen nahtlos ineinander über.

Themenparks an der Goldcoast
Wer sich für Themenparks und Fun-Sportarten interessiert, kann sich an der Gold Coast austoben. Die Eintrittspreise liegen für jeden Park zwischen A$ 40–70 pro Person (www.goldcoasttourism.com.au).

Sea World (Sea World Drv, Main Beach, tägl. 10–17 Uhr) zeigt die Wunder der Unterwasserwelt. Zweifelhafte Tiershows (Delfine, Eisbären u.a.), Wasserrutschen und anderes mehr sind die Hauptattraktionen in diesem Park.

Warner Bros Movie World (Pacific Highway Oxenford, tägl. 10–17 Uhr). Hollywood pur mitten in Australien. Hinter den Kulissen wird Interessantes und Unterhaltsames zum Filmgeschäft gezeigt, mit Western- und Stunteinlagen.

Wet'n Wild Water World (Pacific Highway, Oxenford, tägl. 10–16.30 Uhr). Vergnügungsbad mit Rutschen, Pools und diversen Wasserspielen.

Für die drei Parks gibt es eine Kombi-Eintrittskarte, www.myfun.com.au).

Weitere Vergnügungsparks sind Dreamworld (www.dreamworld. com.au) und der Wasserpark Whitewater World (www.whitewater world.com.au).

Australian Outback Spectacular (Entertainment Rd, Oxenford, Di– So 18.15 Uhr, Tickets unter www.myfun.com.au) ist eine 90-minütige Show mit australischen Cowboys, Countrymusik und einem schmackhaften Outback-Abendessen.

Currumbin Wildlife Sanctuary (Gold Coast Hwy, Currumbin, tägl. 8–17 Uhr): großer Tierpark in natürlicher Umgebung mit Fütterungen und Darbietung kultureller Tänze und Gebräuche australischer Ureinwohner.

Der **Skywalk** (Tamborine Mountains, von Oxenford ca. 30 Min. Fahrzeit nach Westen, www.rainforestskywalk.com.au) ist ein in die Baumwipfel gehängter Stahlsteg mit Ausblick über das Blätterdach des Regenwaldes.

Aussicht   Vom **Q1** in Surfers Paradise, einem der höchsten Wohnhäuser der Welt (322 m), eröffnet sich von der Aussichtsplattform im 77. Stockwerk ein herrlicher Blick auf die Küste.

Infos   Gold Coast Tourism Bureau, Cavill Ave Mall, Surfers Paradise, Tel. 1-300309440, Mo–Fr 8.30–17.30 Uhr, Sa 9–17 Uhr, So 9–15.30 Uhr, www.goldcoast tourism.com.au.

Die Gold Coast aus der Luft

Unterkunft	*** **Flag Outrigger Resort,** 2007 Gold Coast Hwy, Burleigh Heads, Tel. 07-55351111; nur zwei Minuten zum Strand.
	****Vibe Hotel Gold Coast,** 42 Ferny Ave, Surfers Paradise, Tel. 07-55390444; modern eingerichtetes Hotel am Ufer des Nerang Rivers.
Essen und Trinken	**Oskars on Burleigh** (43 Goodwin Tce, Burleigh Heads) bietet beste australische Küche und Seafood direkt am Strand. Hauptgerichte ab A$ 25, tägl. geöffnet, Reservierung empfohlen, Tel. 07-55763722.
	Mermaids Dining Room and Bar (43 Goodwin Tce, Burleigh Heads, Tel. 07-55201177, tägl. Frühstück und Mittagessen, Do–So auch abends geöffnet), leckere Meeresfrüchte und Fischgerichte mit Blick aufs Wasser. Hauptgerichte ab A$ 25.
	Im **Bavarian Steakhouse** (Ecke Gold Coast Hwy/Cavill Ave, Surfers Paradise) gibt es gutes Essen in urig bayrischer Atmosphäre.
	Fisherman's Wharf in Main Beach serviert Fischgerichte im Imbiss-Stil.
Einkaufen	Das **Harbour Town Shopping Centre** (Ecke Gold Coast Hwy/Oxley Drv, Biggera Waters, tägl. geöffnet) bietet unzählige Markenshops. Edel-Marken, Designer-Boutiquen, Galerien und Restaurants sind in der neuen **Marina Mirage** zu finden (74 Seaworld Drv, Main Beach, tägl. 10–18 Uhr).
Anreise von Brisbane	Zur Gold Coast fahren regelmäßig der *Airtrain* (www.airtrain.com.au) ab Flughafen und der *QRCity Train* ab Bahnhof Brisbane;. Fahrzeit ca. 90 Min.

Byron Bay

Cape Byron und die Kleinstadt **Byron Bay** markieren den östlichsten Punkt des australischen Festlands. Wegen der bunten Mischung aus Lebenskünstlern, Hippies, Naturheilern und Krishna-Jüngern galt Byron Bay viele Jahre als Treffpunkt für alternatives Leben. Opulente Sommerresidenzen mit Ozeanblick zeigen jedoch, dass der australische „Geldadel" Ort und Lage ebenfalls für sich entdeckt hat.

Cape Byron
Lighthouse

Delfine und Wale	Von den Steilküsten können Delfine und mit etwas Glück auch Buckelwale (Juli bis November) beobachtet werden. Vom „Most Easterly Point of Australia", dem Leuchtturm am Cape Byron, bietet sich ein herrlicher Panoramablick auf den Pazifik. Der Rundwanderweg Cape Byron Walk lohnt sich auf jeden Fall!
Baden, Sonnen und Surfen	Der **Main Beach** eignet sich mit seiner meist gemäßigten Brandung gut zum Baden. Weniger Trubel herrscht am langen gestreckten **Belongil Beach** östlich vom Main Beach. Das Meer rund ums Kap ist wegen der Wellen und bisweilen starken Strömungen nur für erfahrene Surfer. Das Angebot an Outdoor-Aktivitäten ist vielfältig: Kite-Surfen, Body-Boarding, Ultralight-Flüge, Fallschirmspringen (inklusive Tandem-Sprünge), Tauchen, Schnorcheln und vieles mehr.
Infos	**Tourist Information Centre,** 80 Jonson St, Tel. 02-66808558, tägl. 9–17 Uhr, www.visitbyronbay.com.
Unterkunft	****** Lord Byron Resort,** 120 Jonson St, Tel. 02-66857444; zentral gelegenes Hotel der gehobenen Mittelklasse mit Pool. ****** Seaview House B&B,** 146 Lighthouse Rd, Tel. 02-66856468; komfortables Haus mit Blick über die Stadt. *** Cape Byron YHA,** Ecke Middleton/Byron Sts, Tel. 02-66858788; große Jugendherberge mit Pool, in der Nähe zum Strand.
Essen und Trinken	**Rae's on Watego's** (8 Marine Pde, Watego´s Beach, Tel. 02-66855366, www.raes.com.au). Hervorragende Küche mit noch besserem Ausblick, Hauptgerichte ab A$ 30, Reservierung empfehlenswert. **The Balcony Restaurant & Bar** (Ecke Lawson/Jonson Sts, Tel. 02-66809666, www.balcony.com.au). Bananenmilch zum Frühstück, Tapas und Austern, tolle Atmosphäre. Hauptgerichte ab A$ 25.
Anreise von Brisbane	Von Brisbane sind es 170 km. Der nächstgelegene Flughafen ist Ballina, doch Coolangatta an der Gold Coast wird häufiger angeflogen. Die Überlandbusse von Brisbane nach Sydney stoppen täglich in Byron Bay (Jonson St).

Von Brisbane nach Cairns

Überblick	Die abwechslungsreiche Tour von Brisbane nach Cairns führt durch unterschiedliche Klima- und Vegetationszonen, bietet tolle Strände, traumhafte Inseln und grüne Berglandschaften im Hinterland. Langweilige Streckenabschnitte, beispielsweise durch kilometerlange Zuckerrohrfelder, gibt es aber auch. Die **Sunshine Coast** mit der Feriensiedlung **Noosa** lohnt dank ihrer herrlichen Strände. Vor dem Küstenort **Hervey Bay** erstreckt sich **Fraser Island.** Mit ihren kilometerlangen Sandstränden, kristallklaren Binnenseen und ihrer reichhaltigen Fauna, ist die große Sandinsel ein ideales Ziel für einen ein- oder mehrtägigen Aufenthalt. In der Tropenzone faszinieren die Korallen- und Inselwelt des 2000 km langen **Great Barrier Reef.**

Ausgangspunkt für einen Ausflug in die Inselwelt der **Whitsunday Islands** ist Airlie Beach. **Townsville** und **Magnetic Island** mit verschwiegenen Buchten und einer reichen Tierwelt (Koalas) sind ein interessanter Zwischenstopp auf dem Weg nach Cairns.

Sunshine Coast

Die **Sunshine Coast** (www.sunshinecoast.org) erstreckt sich nördlich von Brisbane bis nach Noosa. Mit ihren langen Sandstränden und den gemütlichen Feriensiedlungen wie **Mooloolaba, Alexandra Headland** und **Maroochydore,** kommt dieser Küstenabschnitt europäischen Vorstellungen von Badeurlaub wesentlich näher als die mit Bettenburgen verbaute Gold Coast südlich von Brisbane. Golfspieler finden bei ganzjährig warmem Klima tolle Plätze und im Hinterland gibt es tatsächlich noch ruhige, landwirtschaftlich geprägte Gebiete. Abgesehen von den Weihnachtsferien ist die „Sonnenschein-Küste" nie wirklich überlaufen.

Glass House Mountains

Für Wanderfreunde und Fotografen ist der Abstecher in die **Glass House Mountains** an Tagen mit klarer Sicht ein Muss. Die bis zu 550 m hohen vulkanischen Bergsporne, die sich abrupt aus der Ebene erheben, sind schon aus großer Ferne erkennbar. 1770 sah Captain James Cook die erodierten Vulkanreste im Sonnenlicht schimmern und nannte sie Glass House Mountains. Die Ureinwohner deuten die Berge bis heute als eine Familie, die vor der Flut flieht. Der **Glass House Mountains National Park** ist mit Picknickplätzen und Wanderwegen ausgestattet. Ausgangspunkt für Wanderungen zu den Gipfeln ist die Ortschaft Glass House Mountains.

Glass House
Mountains

Nur wenige Kilometer nördlich der Ortschaft Beerwah liegt der durch seinen verstorbenen Gründer Steve Irwin international bekannte und gut ausgeschilderte **Australia Zoo**. Der Tierpark ist nicht nur für Kinder aufregend, denn hier ist echte „Interaktion" mit vielen Tierarten Australiens möglich. So kann man Koalas und Känguruhs streicheln und spektakuläre Krokodilfütterungen beobachten. (Steve Irwin Way, Beerwah, www.australiazoo.com.au, tägl. 9–17 Uhr, Erw. A$ 59, Kind A$ 35).

Anreise   Von der Sunshine Coast fahren regelmäßig Ausflugsbusse zum Zoo.

Noosa

Am nördlichen Ende der Sunshine Coast liegt *Noosa,* Sammelname für die Streusiedlungen Noosaville, Noosa Heads, Noosa Junction und Sunshine Beach. Die kleinen Orte, die noch in den 1970er Jahren vor allem Hippies und Surfer anzogen, haben sich zu modernen Ferienorten mit Villenvierteln am Meer und an den vielen Wasserstraßen gewandelt. Wegen des mediterranen Flairs ist Noosa ein beliebtes Ferienziel für Australier und ausländische Besucher.

2

Noosa Heads   Das an der Mündung des Noosa Rivers gelegene **Noosa Heads** bildet das exklusive, nördliche Ende der Sunshine Coast. Zentrum der Stadt ist die geschäftige Hastings Street mit ihren edlen Hotels, Boutiquen und Restaurants. Gleich dahinter erstreckt sich der überwachte Main Beach, der mit gemäßigter Brandung ideal zum Baden ist.

Noosa National Park   Eine Oase der Ruhe ist kleine **Noosa National Park** an der östlichen Landspitze. Er stellt eine Mischung aus dichtem Regenwald, Küstenlandschaft und malerischen Buchten dar. Die Park Road (Hastings St nach Osten) führt direkt zum Parkeingang und Infozentrum (tägl. 13–15 Uhr).

Am Kiosk/Infocentre sind Koalasichtungen angeschrieben und von den Felsklippen um die Alexandria Bay erblickt man manchmal Delfine. Der ausgeschilderte **Coastal Track** (5,4 km) führt Wanderer an der Küste entlang und bietet dabei herrliche Ausblicke.

Infos   **Noosa Information Centre,** Hastings St (direkt am Kreisverkehr), Noosa Heads, Tel. 1-800-448833, www.visitnoosa.com.au.

Unterkunft   ****** Netanya Noosa,** 75 Hastings St, Noosa Heads, Tel. 07-54474722; Hotel mit viel Komfort direkt am Strand.

*** Chez Noosa Resort Motel, 263 David Low Way, Noosa Junction, Tel. 07-54472027; günstiges Haus, auch für Selbstverpfleger.

* Halse Lodge (YHA), 2 Halse Lane (am Noosa Dr), Noosa Heads, Tel. 1-800-242567; Jugendherberge in historischem Gebäude nahe zum Strand. Reservierung sinnvoll!

Essen und Trinken

Sails Restaurant (75 Hasting St, Noosa Heads, Tel 07-54474235, www.sails noosa.com.au). Direkt am Strand neben dem Surfclub gelegenes Restaurant mit frischen Fischspezialitäten. Hauptgerichte ab A$ 30, Reservierung empfehlenswert.

Berardo´s Bistro on the Beach (On the Beach, Hasting St, Noosa Heads, Tel. 07-54480888, www.berardos.com.au). Entspanntes Bistro für Frühstück, Mittag- und Abendessen in herrlicher Lage. Hauptgerichte ab A$ 18.

Seafood on Hastings (2 Hastings St, Noosa Heads), Imbiss mit fangfrischem Fisch.

Fraser Coast

Hervey Bay

Fünf kleine Gemeinden (Point Vernon, Pialba, Scarness, Torquay, Urangan) bilden die Stadt **Hervey Bay.** Der Ort hat sich in den letzten 20 Jahren zu einem bedeutenden touristischen Zentrum entwickelt, was vor allem Fraser Island und den Walen zu verdanken ist. Lange Sandstrände, Buckel- und Pottwale (Aug–Nov) und die fast greifbare Nähe zu Fraser Island machen Hervey Bay zu einem wichtigen Ferienort an der Ostküste.

Esplanade

Einen Stadtkern sucht man in Hervey Bay vergebens. Zentrale Achse des Geschehens ist die fast 14 km lange Esplanade, die von Point Vernon bis nach Urangan verläuft. Hier reihen sich Hotels, Campingplätze, Backpacker-Hostels, Geschäfte, Restaurants und Tourveranstalter aneinander. Die Strandpromenade mit ihren Picknick- und Spielplätzen ist ideal, um sich die Füße zu vertreten und die vielerorts erhältlichen Fish & Chips zu genießen. Dank der geschützten Lage ist der Strand wunderbar zum Baden, Kajakfahren und Angeln geeignet.

Infos

Hervey Bay Tourism, 227Maryborough-Hervey Bay Rd, Hervey Bay, Tel 1-800811728, www.visitfrasercoast.com.au.

Unterkunft

***** **Peppers Pier Resort,** 569-571 Esplanade, Urangan, Tel. 07-41949700; schicke Anlage nahe am Wasser.

*** **Kondari Resort,** 49-63 Elizabeth St, Urangan, Tel. 07-41289702; Resort mit tropischem Garten und kurzem Weg zur Esplanade.

* **Colonial Village YHA,** 820 Harbour Drv, Urangan, Tel. 07-41251844; Jugendherberge mit großer Außenanlage.

Essen und Trinken

Pier Restaurant, 573 Esplanade, Urangan, Tel. 07-41289699, www.pierrestaurant.info, Mo–Sa ab 18 Uhr. Erste Adresse am Ort mit hervorragenden Seafood-Gerichten, samstags Livemusik, Hauptgerichte ab A$ 25; Reservierung sinnvoll.

Bayaroma, 428 Esplanade, Torquay, Tel. 07-41251515, einladendes Café für Frühstück und Mittagessen.

Touren   **Air Fraser Island** bietet Rundflüge über Fraser Island mit Strandstopp an (ab A$ 125, Tel. 07-41253600, www.airfraserisland.com.au).

Touren auf Fraser Island s. Fraser Island, Organisierte Touren.

Whale Watching-Touren werden von Mitte Juli bis Ende Oktober vom Boat Harbour in Urangan durchgeführt, Preis ab A$ 100, z.B. von **MV Spirit of Hervey Bay** (Tel. 1-800-642544, www.spiritofherveybay.com) oder **Whalesong Cruises** (Tel. 07-41256222, www.whalesong.com.au).

Fraser Island (Great Sandy National Park)

„K'gari" bzw. „Gurri" nennen die lokal ansässigen Kabi Aboriginals Fraser Island, was soviel wie „Paradiesinsel" bedeutet. Lange Strände, steile Sanddünen und kristallklare Süßwasserseen charakterisieren die größte Sandinsel der Welt. Rund 230 Vogel- und 25 Säugetierarten leben hier – Fraser Island ist Unesco-Weltnaturerbe. Der größte Teil des 124 km langen und bis zu 14 km breiten Eilands ist mit Eukalyptusbäumen, Gräsern und Sträuchern bewachsen. Farne, Palmen und riesige Kauri-Fichten bilden den artenreichen insularen Regenwald, der – einzigartig – nur auf Sand wächst.

2

Benannt wurde die Insel nach Eliza Fraser, Ehefrau eines Schiffskapitäns, die 1836 als Schiffbrüchige im Nordosten der Insel strandete. Bereits 1860 begann auf der Insel die Abholzung des Waldes. Insbesondere Baumarten wie die Hoop-Schmucktanne *(hoop pine)* und die Spießtanne *(kauri)* zählten zu den Favoriten der Holzindustrie. Selbst die riesigen *giant satinay* wurden gefällt, da deren Holz salzwasserresistent ist. Bis zur Übernahme der Insel durch die Nationalparkbehörde (1991) wurde noch selektive Holzwirtschaft betrieben. Auch die industrielle Sandförderung war bis 1975 ein florierendes Geschäft, bis Umweltschützer per Gerichtsentscheid einen Stopp erwirkten.

Auf
Fraser Island

Buckelwale an der Ostküste

Jedes Jahr im Winter ziehen die bis zu 17 Meter langen und an die 45 Tonnen schweren **Buckelwale** *(Humpback Whales)* entlang der Ost- und Westküste Australiens von der Antarktis in die subtropischen Gewässer. Im warmen Wasser des tropischen Nordens paaren sie sich und gebären ihre Jungen. Geschätzte 2000 Buckelwale wandern jährlich den rund 6000 km langen Weg entlang der Ostküste. Die ersten Gruppen treffen Mitte Juni am südlichen Ende des Great Barrier Reef ein und schwimmen in den kommenden Wochen am Riff entlang. Im September geht es dann zurück in die antarktischen Gewässer. Auf dem Rückweg pausieren einige der Bartenwale in der Bucht von Hervey Bay. Ende Oktober verlassen dann die letzten Wale die Küste Queenslands.

Intensiver Walfang hatte die großen Meeressäuger mit dem schwarzen Rücken und dem weißen Bauch Mitte des 20. Jahrhunderts nahezu ausgerottet. Allein an der Ostküste wurde die Population innerhalb von 13 Jahren von rund 10.000 auf 300 Exemplare dezimiert! Nach der Schließung der Walfangstationen auf Moreton Island und Byron Bay im Jahr 1962 und einem 1980 beschlossenen Schutzprogramm konnte sich der Bestand inzwischen wieder erholen. Auf der südlichen Hemisphäre wird derzeit von einer Population von etwa 5000 Tieren ausgegangen.

Whale Watching ist ein besonderes Erlebnis. Zu den Hotspots in Queensland zählen Hervey Bay, Point Lookout auf Stradbroke Island und Cape Byron in New South Wales. Auch auf einigen Riffinseln kann mit Walsichtungen gerechnet werden. Wer die mächtigen Säuger aus der Nähe beobachten will, sollte sich einer Bootstour anschließen. Meist werden die Wale per Flugzeug geortet und dann mit dem Boot angefahren. Dadurch sind Walsichtungen fast garantiert.

Tourismus ist seitdem das große Thema: Inzwischen kurven jährlich bis zu 20.000 Geländewagen durch die Dünen und am Strand entlang, was der sensiblen Natur ebenfalls schadet. Strikte Besucherquoten und höhere Permitkosten für Selbstfahrer bieten dem wilden Treiben seit ein paar Jahren erfolgreich Einhalt.

Touren
Fraser Explorer Tours, Tel. 1-800-249122, www.fraserexplorertours.com.au und
Tasman Venture, Tel. 1-800-620322, www.tasmanventure.com.au bieten Ein- und Mehrtagestouren auf der Insel an.

Aussie Trax, 56 Boat Harbour Drive, Hervey Bay, Tel. 1-800-062275, www.fraserisland4WD.com.au und **Fraser Magic 4WD Hire,** 5 Kruger Court, Urangang, Tel. 07-4125 6612, www.fraser4wdhire.com.au, vermieten Geländewagen mit und ohne Campingausstattung.

Über- ****** Kingfisher Bay Resort,** Tel. 1-800-072555; komfortables Öko-Resort an
nachtung der Westküste der Insel (kein Badestrand!), gutes, aber teures Restaurant.

*** Eurong Beach Resort, Tel. 07-41279122; älteres, ziemlich großes Feriendomizil, mit praktisch eingerichten Zimmern und Apartments. Direkt am Strand gelegen, mit Autovermietung.

Whitsunday Coast
Airlie Beach

Airlie Beach ist Ausgangsort für Ausflüge auf die Whitsunday Inseln. Im expandierenden Touristendorf Airlie Beach reihen sich Touranbieter, Cafés, Unterkünfte und Souvenirshops entlang der Hauptstraße aneinander. Abends ist viel Betrieb, tagsüber ist eher der Besuch der Strandanlage mit Schwimmbecken und Liegewiese angesagt. 10 km östlich von Airlie Beach in **Shute Harbour** starten Ausflugsboote, Wassertaxis und Segelyachten zu den vorgelagerten Whitsunday Islands.

Infos
Airlie Beach Tourist Information Centre, 277 Shute Harbour Rd, Airlie Beach, Tel. 07-49466665, www.tourismwhitsunday.com.

Unterkunft
**** Coral Sea Resort, 25 Oceanview Ave, Airlie Beach, Tel. 07-49466458; schönes Hotel an der Landspitze westlich des Zentrums.

*** Club Crocodile Airlie Beach, Shute Harbour Rd, Cannonvale, Tel. 07-49467155; große Ferienanlage 2 km östlich von Airlie Beach.

* Airlie Beach YHA, 394 Shute Harbour Rd, Airlie Beach, Tel. 1-800-247251; betriebsame Jugendherberge im Stadtzentrum.

Essen und
Trinken
Fish D'Vine (303 Shute Harbour Rd, Airlie Beach, Tel. 07-49480088). Lebhaftes Fischrestaurant und Bar mit gutem Preis-Leistungsverhältnis.

Déjà Vu (Waters Edge Resort, 4 Golden Orchid Dr, Tel. 07-49484309, Mi–So geöffnet), in polynesischem Ambiente werden asiatische und mediterrane Gerichte serviert. Hauptgerichte ab A$ 35, Reservierung sinnvoll.

Anreise   Nächster Flughafen ist Proserpine (35 km) oder Hamilton Island Airport. Überlandbusse stoppen an der Esplanande im Ort.

Whitsunday Islands

Ein Segeltörn durch die **Whitsunday Islands** zählt zu den besonderen Highlights der Ostküste. Weiße, fast puderartige Sandstrände, tiefblaues Wasser mit küstennahen Ausläufern des Great Barrier Reef und leuchtend grüner Regenwald prägen diese Trauminsel. Insgesamt 74 Inseln zählen zum tropischen Archipel, das Captain Cook an einem Pfingstsonntag *(whitsunday)* im Jahr 1770 entdeckte. Acht Inseln sind erschlossen und bieten eine Auswahl an festen Unterkünften. Die übrigen Inseln sind unbewohnt, teils mit Campingplätzen versehen und als Teil des Whitsunday Island National Park geschützt. Von Juli bis Oktober ziehen Wale in dieser Küstenregion vorbei.

Ausflüge und Touren   Tagesausflüge: **Fantasea Cruises,** (Tel. 07-4946511, www.fantasea.com.au); **Cruise Whitsundays** (Tel. 07-49464662, www.cruisewhitsundays.com.au)

Mehrtagestouren:
Aussie Adventure Sailing, Tel. 1-800-359554, www.aussiesailing.com.au;
Barefoot Cruises, Tel. 1-800-075042, www.barefootcruises.com.au.

Rundflüge: **Air Whitsundays,** Tel. 07-49469111, www.airwhitsunday.com.au.

Segeltörn zwischen den Whitsunday Islands

Hayman Island

Die nördlichste Insel der Whitsundays lockt mit herrlichen Sandstränden, idyllischen Buchten, Wanderwegen und einem der exklusivsten Resorts Australiens. In der Anlage logieren Prominente aus aller Welt, um sich beim Golfen, Wasserskifahren oder Windsurfen zu entspannen. Ein guter Schnorchel- und Tauchspot ist die Blue Pearl Bay an der Westküste der Insel.

Anreise   über Hamilton Island per Flugzeug, von dort weiter per Boot (ggf. mit dem resorteigenen Boot). Einige Tourenanbieter legen an der Blue Pearl Bay an.

Unterkunft   ***** **Hayman Resort,** Tel. 07-49401234, www.hayman.com.au. Trotz der hohen Preise (ab A$ 400/Nacht) ist die Anlage gut besucht und sollte daher vorab reserviert werden.

Hook Island

Südlich von Hayman Island liegt die mit 53 qkm zweitgrößte Insel der Whitsundays. Bis zu 454 m hohe Berge *(Hook Peak)* prägen ihre Topographie. Das günstige und einfache Resort am südöstlichen Zipfel der Insel wird täglich von einer Fähre angesteuert. Eine ordentliche Unterwassersicht hat man beim Schnorcheln direkt vom Strand weg oder trockenen Fußes im Underwater Observatory.

Unterkunft   *** **Hook Island Wilderness Lodge,** Tel. 07-49469380, www.hookisland resort.com.au; preisgünstige Unterkunft, Doppel- und Mehrbettzimmer, Campingplatz.

Whitsunday Island

Tropischer Regenwald, kurze Wanderwege und der paradiesische, 6 km lange Whitehaven Beach – angeblich der weißeste Strand der Welt – zeichnen die größte Insel des Archipels aus (109 qkm). Whitsunday Island wird von vielen Schiffen und auf Rundflügen angesteuert. Übernachten nur auf einfachsten Campingplätzen am Strand.

Daydream Island

Das nahe beim Festland gelegene Daydream Island ist ein typisches Tagesziel. Das Resort nimmt viel Fläche auf der kaum 1 km langen Insel ein. Schmale Sandstrände beeinträchtigen die Attraktivität. Wassertaxis und Fähren steuern Daydream Island täglich an.

Unterkunft   **** **Daydream Island Resort**, Tel. 07-49488488, www.daydreamisland.com

South Molle Island

Auf der dicht bewachsenen South Molle Island befindet sich ebenfalls eine Ferienanlage. Insbesondere Jugendliche und Familien urlauben hier gerne. Wanderpfade zu einsamen Stränden und Aussichtspunkten sind ausgeschildert. Auf die Insel gelangt man von Shute Harbour per Fähre oder Wassertaxi.

Unterkunft   *** **Adventure Island Resort,** Tel. 07-49469433, www.southmolleisland.com.au. Von Mehrbettzimmer bis zu Strandbungalows, viele Sportaktivitäten und Ausflüge.

Long Island

Die 11 km lange und 1,5 km breite Insel gehört überwiegend zum Whitsunday NP. Lohnende Wanderungen durch den Regenwald

Whitehaven
Beach,
Whitsunday
Island

nach Sandy Bay und Humpy Point sind ausgeschildert. Fähren und Wassertaxis verkehren täglich zur Insel. Die Insel eignet sich gut für einen Tagesausflug, da Wandern und Strandleben kombiniert werden können.

Unterkunft   **** **Long Island Resort,** Tel. 1-800-075125; gepflegte Anlage, auch mit großen Zimmern für Familien, direkt am Strand.

Hamilton Island

Hamilton Island ist der geographische Mittelpunkt der Whitsunday Inseln. Als eine der größten Inseln verfügt sie über einen Flughafen, Yachthafen, Läden, Restaurants, Bars und über 2000 Gästebetten, die sich auf drei Hotelblocks verteilen. Außerhalb des Resorts ist die Insel noch recht ursprünglich, und Wanderwege führen durch dichten Regenwald zu einsamen Stränden und Buchten.

Unterkunft   **** **Hamilton Island Resort,** Tel. 07-49469999, www.hamiltonisland.com.au; große Anlage mit Zimmern und Apartments in verschiedenen Preiskategorien. Direktflug ab Sydney und Brisbane.

Lindeman Island

Lindeman Island gehört zu den südlichen Whitsundays. 20 km Wanderwege sowie einsame Strände und Buchten werben für die Insel. Vom 210 m hohen Mount Oldfield bietet sich eine schöne Aussicht auf die Umgebung. Der größte Teil der Insel ist als Nationalpark ausgewiesen. Von Shute Harbour verkehrt eine Fähre zur Insel, ansonsten ist sie von Airlie Beach und Mackay per Flugzeug erreichbar. Ein Tagesausflug nach Lindeman ist ebenfalls möglich. Übernachten kann man derzeit nur auf den beiden Nationalpark-Zeltplätzen, die allerdings nur vom Wasser aus zugänglich sind.

Nord-Queensland

Townsville

Die 1864 gegründete Siedlung war zunächst Versorgungsstützpunkt und Verladehafen für die landwirtschaftlichen Erzeugnisse des Hinterlands. Mit den Goldfunden in Ravenswood und Charters Towers wuchs **Townsville** enorm schnell. Zu Beginn des Zweiten Weltkriegs war sie eine wichtige Hafenstadt und Stützpunkt australischer und amerikanischer Streitkräfte. Heute ist Townsville drittgrößte Stadt Queenslands und das bedeutendste Wirtschaftszentrum im tropischen Norden.

Die Silhouette der Stadt wird vom Felsberg **Castle Hill** (290 m) bestimmt. Von oben eröffnet sich ein schöner Panoramablick über die Universitätsstadt und die Cleveland Bay mit den neuen Hafenanlagen. Der schöne Stadtstrand, die langgezogene Promenade **„The Strand"**, die überschaubare Fußgängerzone mit architektonisch sehenswerten Gebäuden, das **Aquarium- und Museumszentrum Reef HQ** und die vorgelagerte **Insel Magnetic Island,** lassen zwei Tage in der Stadt schnell vergehen. Zudem sind Ausflüge an das Great Barrier Reef möglich. Aufgrund der etwa 60 km großen Entfernung von der Küste zum Riff ist die Unterwassersicht besser als beispielsweise vor Cairns.

Infos — **Flinders Mall Visitor Information Centre**, Fußgängerzone Flinders Mall, Tel. 1-800-801902, 9–17 Uhr, Sa/So 9–13 Uhr, www.townsvilleholidays.info

Essen und Trinken — **Watermark Townsville**, 72-74 The Strand, Tel. 07-47244281, www.watermarktownsville.com.au; stylisches Lokal direkt am Wasser mit moderner australischer Küche. Hauptgerichte ab A$ 30.

Townsville vom Wasser aus

The Balcony, 287 Flinders St Mall, Tel. 07-47724423. Salate, Grillgerichte, Kaffee und Kuchen, direkt in der Fußgängerzone.

Aqua, im Casinokomplex, Tel. 07-47222261; Büffet-Restaurant mit reichhaltiger Seafood-Auswahl; Reservierung empfohlen, Abendbüffet Erw. A$ 50.

Touren   **Adrenalin Snorkel & Dive,** 252 Walker St, Tel. 1-300-664600, www.adrenalin dive.com.au; Tagestouren an das Great Barrier Riff mit Tauch- und Schnorcheloptionen.

Raging Thunder Adventures, Cairns, Tel. 07-40307900, www.ragingthunder.com.au, Abenteuertouren ab Cairns und Townsville zum Rafting am Tully River.

Unterkunft   ****** Seagulls Resort,** 74 The Esplanade, Tel. 1-800-079929; empfehlenswertes Hotel mit tropischem Garten.

** Yongala Lodge, 11 Fryer St, Tel. 07-47724633; kleines Hotel in viktorianischem Stil, mit nettem Restaurant.

* Civic Guest House, 262 Walker St, Tel. 1-800-646619; sauberes Hostel mit Mehrbett- und Doppelzimmern und eigenem Tauchpool.

Rowes Bay Caravan Park, Heatley Parade, Tel. 07-47713576; großer Campingplatz mit Cabins direkt am Strand, ca. 3 km westlich des Stadtzentrums.

Anreise   Der Flughafen **Townsville Airport** (TSV) liegt 7 km westlich vom Zentrum. Überlandbusse stoppen am **Townsville Transitcentre** in der Innenstadt. Mit dem Zug erreicht man Townsville von Brisbane und Cairns aus.

Magnetic Island

Magnetic Island ist nur eine 20-minütige Fährfahrt von Townsville entfernt. Mit mehr als 22 Stränden, Korallenbewuchs in einsamen Buchten und vielen Wanderwegen ist die 52 qkm große Insel „Maggie" auf jeden Fall einen Tagesausflug wert. Auch wer einmal Koalas in freier Wildbahn entdecken möchte, sollte die Granitinsel besuchen. Getauft wurde das Eiland, wie zahlreiche andere Inseln an der Ostküste auch, von James Cook im Jahr 1770. Da er der Überzeugung war, die Insel würde seinen Kompass stören, benannte er sie kurzerhand Magnetic Island.

Achtung   Zwischen Oktober und April schwimmen rund um die Insel die gefährlichen *Box Jellyfish* bzw. *Marine Stingers* (Quallen). Empfehlenswert ist das Baden dann innerhalb der Netze in Picnic Bay und Horseshoe Bay.

Infos   **Island Travel Centre**, Nelly Bay, Tel. 07-47785155, www.magneticisland.info und www.magnetic-island.com.au

Unterkunft   ***** Magnetic Island Tropical Resort,** 56 Yates St, Nelly Bay, Tel. 07-47785955; komfortable Unterkunft mit kleinen Chalets in tropischem Garten.
* Bungalow Bay YHA, 40 Horseshoe Bay Rd, Horseshoe Bay, Tel. 07-47785577; beliebte Jugendherberge mit kleinen Hütten, Pool und Open-Air Bar.

Nelly Bay,
Magnetic
Island

Anreise   **Sunferries,** Tel. 07-47260800, www.sunferries.com.au; täglich mehrere Abfahrten ab City Terminal in der Flinders St East und ab Breakwater Ferry Terminal.

Unterwegs auf der Insel   **Magnetic Island Bus Services,** Tel. 07-47785130, www.sunbus.com.au. Die Buslinie pendelt von Picnic Bay über Arcadia in die Horseshoe Bay und zurück. Um 9 und 13 Uhr werden 3-stündige Inseltouren angeboten. Alternativ können Autos, Mini-Mokes, Motorroller und Fahrräder am Fähranleger gemietet werden.

Cairns

Die moderne und vom Tourismus beherrschte Hauptstadt des tropischen Nordens (165.000 Ew.) am Pazifik ist Sprungbrett für Touren zum Great Barrier Reef, in das Atherton Tableland, die Regenwälder sowie nach Cape York. Eine lebhafte Kneipen- und Backpackerszene, die multiethnische Einwohnerschaft und das tropische, immerwarme Klima ziehen Reisende aus aller Welt an.

1770 entdeckte Kapitän James Cook Trinity Bay. Mehr als hundert Jahre später wurde zwischen den Mangroven die Hafenstadt **Cairns** gegründet, um die Goldfelder im Inland zu versorgen. Nachdem einfachere Zugänge in das Hinterland weiter nördlich erschlossen wurden, wurde es schnell wieder ruhig um die Stadt. Erst 1880, mit dem Bau der Eisenbahntrasse von Cairns nach Herberton, erlebte die Stadt einen erneuten Aufschwung. Gold, Zinn und später Holz wurde an die Küste transportiert und verschifft. Ein starkes Bevölkerungswachstum bescherte der Zuckerrohranbau in den 1950er und 1960er Jahren. Mit der Eröffnung des internationalen Flughafens begann 1984 das Zeitalter des modernen Tourismus. Mit Enthusiasmus werden seitdem das Great Barrier Reef und der Regenwald als touristische Schwerpunkte vermarktet.

Unterkünfte
1 Novotel Cairns Oasis Resort
2 Central YHA
3 Bay Village Resort

Sehenswertes
1 The Pier
2 Lagoon
3 Cairns Regional Gallery
4 Cairns Museum
5 Reef Casino
6 Botanic Gardens
7 Mt Withfield Conservation Park
8 Tjapukai Aboriginal Culture Park

zum Cairns International Airport
und den nördlichen Stränden

Collins Ave

Trinity

Bay

Cairns
Harbour

Cairns
Central

Bahnhof

City
Place

Bus- und
Fährterminal

Trinity Wharf

Parramatta
Park

zum Bruce Hwy,
nach Gordonvale
und nach Townsville

Inlet

Trinity

Cairns
0 ───────── 1 km
⊥⊥⊥⊥⊥⊥⊥ = Fußgängerzone
© RKH VERLAG HERMANN

Stadtbesichtigung Cairns

Die Stadt selbst hat nicht allzu viele Sehenswürdigkeiten zu bieten.
Riff, Hinterland und die Strände im Norden sind die wesentlichen
Attraktionen.

2

Das Zentrum befindet sich südlich der Florence Street zwischen
Esplanade und Sheridan Street und kann zu Fuß schnell durchquert
werden. Der älteste Teil der Stadt ist die Gegend um die **Trinity
Wharf,** wo die Ausflugsboote zum Riff ablegen. Einige historische
Gebäude (um 1920 erbaut) sind noch an der Abbott Street und der
Ecke zwischen Spence und Lake Streets erhalten.

Lohnend ist ein ein Besuch der **Cairns Regional Gallery** (Ecke
Abbott/Shield Sts, www.cairnsregionalgallery.com.au, Mo–Sa 10–17
Uhr, So 13–17 Uhr, Erw. A$ 5). Lokale und internationale Künstler
stellen hier aus und im Gallery Shop lässt sich das eine oder andere
ausgefallene Reiseandenken erstehen. Im **Cairns Museum,** (Ecke
Lake/Shields Streets, www.cairnsmuseum.org.au, Mo–Sa 10–16 Uhr,
Erw. A$ 5), werden neben der Stadtgeschichte die Bräuche der ört-
lichen Aboriginal People sowie die kulturellen Einflüsse der chinesischen Einwanderer dargestellt.

An der **Strandpromenade** (Esplanade) kann man am künstlich
angelegten Stadtstrand in der Sonne dösen, in der Lagune baden,
oder in einem der zahlreichen Cafés oder Restaurants das Treiben genießen. Das große Gebäude **The Pier**, am südlichen Ende der
Esplanade, beherbergt Geschäfte, Bars und Restaurants.

Sehenswertes außerhalb des Zentrums

Zur Mittagszeit ist der **Flecker Botanic Gardens** (Collins Ave, Edge
Hill, tägl. 8.30–17 Uhr) ein schattiger Aufenthaltsort mit exotischen
Pflanzen. Gegenüber dem Botanischen Garten führen Wanderwege

in den **Mt Whitfield Conservation Park,** der die letzten Überreste tropischen Regenwalds der Stadt bewahrt hat. Kasuare und Wallabies sind in der ruhigen Umgebung heimisch.

Wer sich für die Gebräuche und Sitten der Ureinwohner interessiert, sollte einen Ausflug in den touristisch aufgemachten **Tjapukai Aboriginal Culture Park** unternehmen (Kamerunga Rd, Smithfield, etwa 15 km nördlich der Stadt, tägl. 9–17 Uhr, www.tjapukai.com.au, Erwachsene A$ 35, Kinder A$ 17,50).

Service Cairns

Infos
Tourism Tropical North Visitor Centre, 51 The Esplanade, Tel. 07-40513588, tägl. 8.30–18.30 Uhr, www.cairnsgreatbarrierreef.org.au.

Anreise
Der **Flughafen** liegt 7 km nördlich des Zentrums. **Sun Palm Transport** (Tel. 07-40872900, www.sunpalmtransport.com, einfach 12 A$) verkehrt regelmäßig zwischen Flughafen und den Unterkünften der Innenstadt.

Züge halten am Bahnhof, der Teil des großen Cairns Central Shopping Centre in der Bunda Street ist. **Überlandbusse** verkehren vom Busterminal am Trinity Wharf Transit Centre (Wharf St).

Öffentliche Verkehrsmittel
Sunbus (Tel. 07-40577411, www.sunbus.com.au) betreibt in und um die Stadt ein Busnetz. Die Strandgemeinden im Norden („Northern Beaches") werden ebenfalls angefahren. Fast alle lokalen Busse fahren vom Cairns City Place Transit Centre in der Lake Street ab.

Autovermietungen
Avis Cars, 135 Lake St, Tel. 07-40525911; Flughafen, Tel. 07-40359100;

Budget, 153 Lake St, Tel. 07-40488166; Flughafen, Tel. 07-40339777;

Hertz Cars, 147 Lake St, Tel. 07-40516399; Flughafen, Tel. 07-40359299;

Thrifty Cars, Ecke Sheridan/Aplin Sts.; Flughafen Tel. 1-300-367227.

Essen und Trinken
Barnacle Bills Seafood Inn, 103 Esplanade, Tel. 07-40512241, www.barnaclebills.com.au; gutes Fischrestaurant. Hauptgerichte ab A$ 30, Reservierung notwendig.

Bayleaf Balinese Restaurant; Ecke Lake/Gatton Sts, Tel. 07-40514622, www.bayvillage.com.au; ausgezeichnetes Lokal mit balinesischer Küche, sehr zu empfehlen, Hauptgerichte ab A$ 16, Reservierung sinnvoll.

Red Ochre Grill, 43 Shields St, Tel. 07-40510100, www.ochrerestaurant.com.au; hier werden Känguru, Krokodil, Fisch und allerlei „Bushtucker" serviert. Hauptgerichte ab A$ 35. Reservierung sinnvoll.

Woolshed Chargrill & Saloon Bar, 24 Shields St; Party-Bar mit günstigem Essen.

Great Barrier Reef

Touren
Reef Magic Cruises (Tel. 07-40311588, www.reefmagiccruises.com), schneller Katamaran mit Schnorchelmöglichkeiten, Einführungstauchkurse und Glasbodenboot.

Passions of Paradise (Tel. 1-800111346, www.passions.com.au), 25 m langer Segelkatamaran, der zum Michealmas Cay und Paradise Reef fährt. Schnorchelausrüstungen an Bord, Glasbodenbootfahrt möglich.

Reef Experience (Tel. 07-40515777, www.reefexperience.com.au), mehrtägige Schnorchel- und Tauchtrips auf einem modernen und schnellen Motorkatamaran.

Taucher am Great Barrier Reef

Tauchen

Pro Dive Cairns (116 Spence, Tel. 07-40315255, www.prodivecairns.com), bewährter Anbieter für Tauch- und Schnorchelexkursionen und Tauchkurse in deutscher und englischer Sprache; dreitägige Touren mit Übernachtung an Bord („Live-A-Board").

Mike Ball (143 Lake Street, Tel. 07-40530501, www.mikeball.com), mehrtägige Tauchexkursionen für erfahrene Taucher.

Atherton Tablands, Cape Tribulation und Cape York

Touren

Billy Tea Bush Safaris 77, www.billytea.com.au), Touren in Kleingruppen in Richtung Daintree/Cape Tribulation (Tagestour) und zum Cape York (8–12 Tage Campingtouren).

Kuranda Day Tour, der Klassiker, der von mehreren Anbietern offeriert wird: von Cairns mit dem Zug nach Kuranda und mit der Gondel „Skyrail" zurück, anschließend Besuch des Tjapukai Aboriginal Cultural Park. Buchbar in den Infobüros der Stadt oder an der Hotelrezeption.

Adventure Connection Australia (ACA, Tel. 07-40514777, www.aca-australia .com), in Cairns ansässiger Anbieter deutschsprachiger Touren.

Wilderness Challenge (Tel. 07-40556504, www.wilderness-challenge.com.au), mehrtägige Kleingruppentouren zum Cape York und durch das Gulf Savannah Country.

Rundflüge

Cairns Seaplanes (Tel. 07-40314307, www.cairnsseaplanes.com) fliegt direkt ans Riff und landet auf Sandbänken – ein Tipp für Leute, die bei Bootstouren seekrank werden.

Champagne Balloon Flights (Tel. 07-40399955, www.champagneballoons.com), Ballonfahrt über das Atherton Tableland.

Reefwatch Air Tours (Tel. 07-40359808, www.reefwatch.com), Flüge mit der Küstenwache zum Riff und über das Outback.

Unterkunft

**** Novotel Cairns Oasis Resort, 122 Lake St, Cairns, Tel. 07-40801888; gutes Hotel nahe der Uferpromenade, etwa 10 Gehminuten vom Zentrum. Poollandschaft und Sandstrand in tropischem Garten.

*** Bay Village Resort, Ecke Lake/Gatton Sts, Cairns, Tel. 07-40514622; empfehlenswertes Mittelklassehotel mit persönlicher Note unter österreichischer Leitung, unweit des Zentrums.

* Central YHA, 20–24 McLeod St, Tel. 07-40510772; zentral gelegenes Haus mit Schwimmbad und guter Ausstattung.

Tauchen in Australien

Die Vielfalt der Tauchplätze reicht von kalten, stürmischen Gewässern rund um Tasmanien und in Südaustralien bis hin zu warmen, ruhigen Plätzen am Great Barrier Reef. Tauchen *(Scuba-Diving)* ist in Down Under bei Einheimischen und Touristen eine sehr beliebte Sportart. Das Netz der Tauchschulen und Tauchtourenanbieter ist dicht, insbesondere im tropischen Norden in der Ferienmetropole Cairns. Neben dem artenreichen Tier- und Korallenbestand zählen Höhlen und Schiffswracks zu den Highlights der Unterwasserwelt vor Australiens 36.735 km langen Küstenlinie.

Voraussetzungen für das Tauchen

Ein gültiger, international anerkannter Tauchschein sowie das Logbuch müssen vor Antritt eines Tauchgangs und beim Ausleihen von Equipment vorgelegt werden. Wer einen Tauchschein in Australien erwerben möchte, muss mindestens 12 Jahre alt sein und eine tauchärztliche Gesundheitsuntersuchung („Medical") vorweisen.

Tauchkurse

In Australien und im pazifischen Raum dominieren die Tauchverbände PADI und SSI. Die Inhalte der Ausbildungen sind mehr oder weniger identisch und die Verbände erkennen die Lizenzen gegenseitig an. Vom Schnuppertauchen bis hin zur Tauchlehrer-Ausbildung bieten die zahlreichen Tauchschulen allerlei Kurse an. Tauchkurse dauern bis zu fünf Tage und kosten zwischen A$ 300 und A$ 700.

Tauchplätze

Das Great Barrier Reef ist die Traumdestination für Taucher aus aller Welt. Vor Townsville locken neben dem Riff interessante Schiffswracks, Heron Island zählt zu den besten Plätzen am Riff. In New South Wales werden in Byron Bay und Jervis Bay Tauchgänge angeboten. Seerobben sind in Victoria im Wilsons Promontory NP zu beobachten und entlang der Südküste ist Wracktauchen in Warrnambool und an der Bellarine Peninsula angesagt. Für unerschrockene Taucher werden bei Port Lincoln Käfigtauchgänge mit Weißen Haien angeboten. In Westaustralien gibt es im Süden zahlreiche Wracktauchgebiete. Das Ningaloo Reef ist der Tauchtipp in Westaustralien und gilt als die Alternative zum riesigen Great Barrier Reef. Die Sicht ist meist gut und Mantarochen und Walhaie ziehen von April bis Juni vorbei. Das 300 km vor der Küste von Broome befindliche Rowley Shoals Atoll zählt zu den zehn besten Tauchplätze der Welt, mit Sichtweiten bis zu 60 Meter. Für erfahrene Taucher bieten die Tauchgründe rund um Tasmanien viele Schiffswracks, Unterwasserhöhlen, Steilwände, Seetangwälder, Robben und Delfine.

Umgebungsziele von Cairns

Green Island

Die kleine, recht dicht bewachsene Insel ist die am einfachsten erreichbare Riffinsel. Rundherum lässt es sich direkt vom Strand weg schnorcheln. Aufgrund der Nähe zum Festland und einer relativ hohen Besucherzahl ist das Wasser indes eher trübe und die Korallenwelt nicht mehr die beste. Im Underwater Observatory lassen sich die Fische trockenen Fußes bewundern, und das „Marineland Melanesia" ist eine Mischung aus Aquarium, Zoo und Kunstausstellung. Das komfortable Green Island Resort (Tel. 07-40313300, www.greenislandresort.com) leidet unter dem Einfluss des starken Tagestourismus.

Von Cairns fahren täglich Ausflugsboote zur Insel (Big Cat: Tel. 07-40510444, www.bigcat-cruises.com.au; Great Adventures: Tel. 07-40449944, www.greatadventures.com.au, ab A$ 80).

Fitzroy Island

Im Gegensatz zu Green Island ist Fitzroy Island eine „kontinentale" Insel und keine Koralleninsel. Trotzdem befinden sich rund um die Insel Korallenstöcke zum Schnorcheln und Tauchen. Das dicht bewaldete Eiland (45 Min. Fahrzeit) vor der Küste ist beliebt bei Tagesgästen. Das *** Fitzroy Island Resort bietet schöne Zimmer, größere Suiten und eine Campingmöglichkeit (Tel. 07-40446700, www.fitzroyisland.com). Von und zur Insel verkehren mehrmals täglich Fähren (Raging Thunder, Tel. 07-40307900, www.ragingthunder.com.au, A$ 60).

Marlin Coast – Northern Beaches

Der 26 km lange Abschnitt nördlich von Cairns wird Marlin Coast genannt. Die Strandorte Machans Beach, Yorkeys Knob, Trinity Beach, Clifton Beach, Palm Cove und Ellis Beach gehören noch alle zur Stadt Cairns. Daher werden sie auch von den lokalen Bussen angesteuert

Green Island

(s. Cairns, Öffentliche Verkehrsmittel). Die Strände sind meist bewacht und verfügen von November bis April über Quallennetze. Strandhotels, Apartmentunterkünfte und edle Wohnviertel prägen die Vororte.

Port Douglas

Das 1877 gegründete Hafenstädtchen Port Douglas am Dickson Inlet hat sich zu einer noblen Touristendestination entwickelt. Schicke Boutiquen, feine Restaurants und Ausflugsagenturen säumen die kurze Hauptstraße.

Das am Ortseingang liegende **Wildlife Habitat** (Port Douglas Rd, tägl. 8–17 Uhr, www.wildlifehabitat.com.au), ist ein sehenswerter Tierpark inmitten des Regenwaldes. Morgens findet das unvergessliche „Breakfast with the Birds" statt, ein Frühstück inmitten der Tiere (8–10.30 Uhr, A$ 45). Herrlich lang und einsam ist der **Four Mile Beach** in der Trinity Bay. Fußwege führen zwischen den Hotelanlagen zum Strand. Im Anzac Park bietet die Holzkirche **„St Mary's by the Sea",** die nach einem verheerenden Zyklon 1911 wieder aufgebaut wurde, eine romantische Kulisse vor dem Wasser.

Infos

Port Douglas Tourist Information, 23 Macrossan St, Tel. 07-40994588, tägl. 8.30–17.30 Uhr, www.pddt.com.au.

Essen und Trinken

On the Inlet, 3 Inlet St, Tel. 07-40995255; ausgezeichnetes Fischrestaurant am Wasser. Hauptgerichte ab A$ 26.

Zinc, Ecke Macrossan/Davidson Sts, Tel. 07-40996260; lebhafte Mischung aus Café, Restaurant und Bar, mit guten Speisen und Snacks. Hauptgerichte ab A$ 27.

Der Hafen von Port Douglas

Court House Hotel, Ecke Macrossan/Wharf Sts; einladendes Lokal mit Biergartenatmosphäre, Live-Musik am Wochenende.

Touren   **Poseidon Cruises,** Ecke Macrossan/Grant Sts, Tel. 1-800-085674, www.poseidon-cruises.com.au; empfehlenswerte Riff-Ausflüge per Katamaran mit Schnorchel- und Tauchoptionen, A$ 200. Der Vorteil in Port Douglas ist die Nähe zum Riff und die gute Wasserqualität mit ausgezeichneten Sichtweiten.

Quicksilver Cruises, (Tel. 07-40995050, www.quicksilver-cruises.com) bietet auf einem großen Katamaran Riff-Touren an (ca. 100 Passagiere, mit Riff-Plattform und Glasboden, A$ 205).

Australian Natural History Safaris, (Tel. 07-40941600, www.anhs.com.au); die Touren mit David Armbrust, einem exzellenten Kenner der Tierwelt, gehören zu den eindrucksvollsten Regenwald-Erlebnissen.

Unterkunft   ***** **Sheraton Mirage**, Davidson St, Tel. 07-40995888; Luxus-Resort mit allem Komfort – immer noch eine Referenz.

**** **Ramada Resort Port Douglas,** Port Douglas Rd, Tel. 07-40304333; komfortable Anlage, ca. 5 Min. zum Strand und 3 km ins Zentrum.

Port O'Call Lodge YHA, Port St, Tel. 07-40995422; große Jugendherberge, fünf Gehminuten zum Strand.

Tipp: Einige Kilometer südlich von Port Douglas befindet sich die luxuriöse **Thala Beach Lodge** (Oak Beach Tel. 07-40985700, www.thala.com), eine Bungalow-Anlage inmitten des Regenwaldes mit Zugang zum einsamen Oak Beach. Ein idealer Ort, um sich so richtig verwöhnen zu lassen. Mietwagen empfehlenswert.

Cape Tribulation und der Daintree Regenwald

„Kulki" lautet der traditionelle Name von **Cape Tribulation.** Den europäischen Namen erhielt die Landspitze 1770 von Kapitän Cook, nachdem er auf ein Riff vor der Küste aufgelaufen war („tribulation", auf Deutsch „leiden"). Heute gehören „Cape Trib" im Daintree Rainforest zu den wichtigsten Ausflugszielen nördlich von Cairns. Der kilometerlange weiße Sandstrand, von Palmen und Farnen gesäumt, ist ein echtes Highlight. Großes Manko: Man sollte nicht baden, da in den Flussmündungen und im Meer Salzwasserkrokodile auftauchen können. Unterkünfte, ein Kiosk mit Imbissbude, Wanderwege zum Strand und das Info-Zentrum „Bat House" mit Fledermausgehege bilden das sehr lebhafte „Dorf". Von Cairns sind es 140 km (ca. 2,5 h Fahrzeit) bis nach Cape Trip und in den Daintree Regenwald, zahlreiche Touranbieter haben Tagestouren im Programm (s. Cairns Touren).

Unterkunft   **** **Ferntree Rainforest Lodge,** Camelot St, Tel. 07-40980033; www.ferntreerainforestlodge.com.au; komfortable Regenwald-Lodge mit Bungalows und gutem Restaurant.

PK's Jungle Village, Cape Tribulation Rd, Tel. 07-40980040, www.pksjunglevillage.com; die Institution am Cape Trib für Backpacker – ein großes und lebhaftes Hostel mit Ausflugsangeboten.

Atherthon Tablelands

Grüne Landschaften, saftige Wiesen, herrliche Badeseen mit klaren Wasserfällen und einladende Dörfer sind die landschaftlichen Besonderheiten des zur Great Dividing Range zählenden Tafellands. Die Kombination aus Tropenzone und Höhenlage (400 bis 1000 m) sorgt für ein angenehmes Klima. Im Gegensatz zum Küstentiefland kommt es nachts zu einem nennenswerten und durchaus angenehmen Temperaturrückgang. Vulkanische Aktivitäten haben die Landschaft markant und hügelreich geformt.

Kuranda

Die kleine und touristisch gut erschlossene Gemeinde ist eine Mischung aus Hippie-Kultur, Kommerz und beeindruckender Natur. Das einst ruhige Bergdorf wird heute von Tagesbesucher auf den beliebten Cairns-Kuranda-Touren angesteuert (Hinfahrt mit dem Nostalgie-Zug, Rückfahrt mit der „Skyrail"-Gondel, oder umgekehrt).

Insbesondere der Blick über den Regenwald bis zur Küste und der flippige **Kuranda Market** (Therwine St, tägl. 9–16 Uhr), auf dem schönes Kunsthandwerk aber auch Kitschiges feilgeboten werden, sind die Hauptanziehungspunkte des Dorfes. Im **Australian Butterfly Sanctuary** (8 Rob Vievers Drv, beim Markt, tägl. 10–16 Uhr) kommen Schmetterlingsliebhaber auf ihre Kosten. In der riesigen, begehbaren Vogelvoliere **Kuranda Birdworld** (Heritage Markets, tägl. 9–16 Uhr) kann man über 40 Regenwaldvogelarten beobachten. Etwas außerhalb der Stadt, im **Rainforeststation Nature Park** (Kuranda Range Road, tägl. 9–16 Uhr), gibt es gleich mehrere Attraktionen: einen Zoo, ein interaktives Museum für Aboriginalkunst und Regenwaldtouren.

Atherton
Tablelands

Kuranda
Savannah-
lander

Lohnend ist die Fahrt oder die Wanderung zu den Aussichts-punkten **Barron Falls Lookout** und **Wrights Lookout.** Von dort bie-tet sich ein guter Blick auf die Wasserfälle und die beeindruckende Barron Gorge. Beide Lookouts sind über die Barron Falls Road er-reichbar. Eine weitere Attraktion ist die **Gondelfahrt mit der Skyrail** über den Regenwald. Unterwegs werden Zwischenstopps einge-legt, bei denen kurze Spaziergänge und Führungen mit den Rangern unternommen werden können. Die Station der Skyrail befindet sich beim Bahnhof in Kuranda. Die Gondelfahrt endet an der Caravonica-Talstation in Smithfield, nördlich von Cairns (tägl. 8.30–17.30 Uhr, Tel. 07-40381555, www.skyrail.com.au).

Infos   **Visitor Information Centre**, Centenary Park, Tel. 07-40937593. www.kuranda.org, tägl. 10–16 Uhr.

Anreise   Wer von Cairns kommt, sollte mit der nostalgischen **Kuranda Scenic Railway** anreisen. Sie schlängelt sich auf einer Strecke von 34 km über 300 Höhenmeter durch etliche Tunnels und über schwindelerregende Holzbrücken hinauf in die Tablelands. Die Bahn fährt zweimal täglich ab Cairns Train Station (Bunda St, Tel. 07-40369288, www.ksr.com.au, A$ 47 einfach, A$ 71 H/R). Zurückfahren kann man auch mit der Gondel oder dem Bus (A$ 115).

Die **Busse** von Transnorth fahren mehrmals täglich die Strecke Cairns – Kuranda – Cairns (www.transnorth.com.au, A$ 8).

Northern Territory

Überblick

Das **Northern Territory** nimmt ein Sechstel der Fläche des Fünften Kontinents ein und ist Heimat von etwa 230.000 Australiern, davon ein Viertel indigene. Die Hauptstadt **Darwin** (127.500 Ew.) ist mit ihrem internationalen Flughafen das Eingangstor in Australiens tropischen Norden. In Zentralaustralien ist **Alice Springs** mit 30.000 Einwohnern die größte Stadt. Sie ist der ideale Ausgangspunkt für Touren in das Rote Zentrum.

Das Klima im „Territory" ist von zwei Extremen geprägt. Im nördlichen Teil, dem „Top End", herrschen tropische Temperaturen. Während der Regenzeit, von November bis März, kommt es zu starken, monsunartigen Regenfällen (sog. „Wet Season"). Im Zentrum („Red Centre") herrscht hingegen typisches Wüstenklima: Im Sommer extreme Trockenheit mit heißen Tagen und warmen Nächten und im Winter warme Tage und kalte Nächte.

Highlights

Zu den Hauptattraktionen des Territory zählen der **Kakadu Nationalpark** im Top End sowie der **Uluru-Kata Tjuta Nationalpark** im Zentrum (Ayers Rock und Olgas).

Internet

Fremdenverkehrsbüro: www.travelnt.com
Nationalparkbehörde: www.nt.gov.au.

Gemälde am
Bowali Visitor
Centre,
Kakadu NP

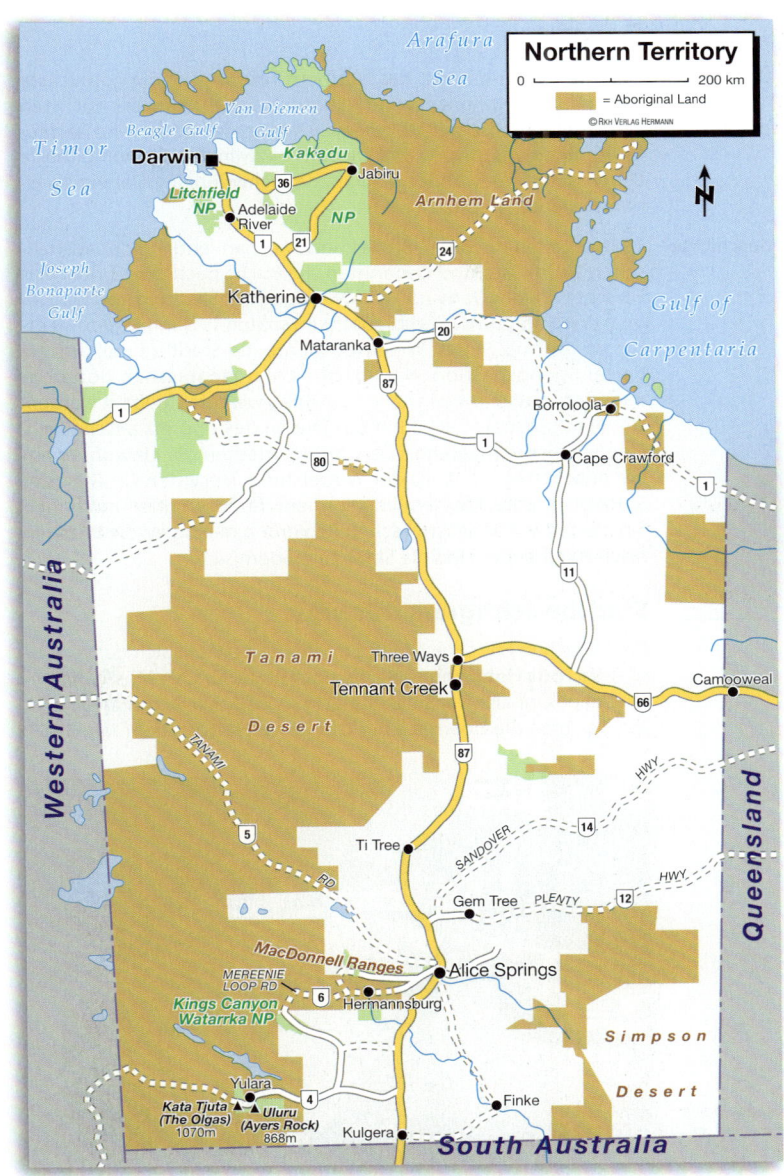

Northern Territory
0 ————— 200 km
= Aboriginal Land
© RKH VERLAG HERMANN

Darwin

Überblick

Darwin, die Hauptstadt des Northern Territory, ist die nördlichste Großstadt des Kontinents und klimatisch die Stadt mit der höchsten jährlichen Durchschnittstemperatur. Moderne Hotels, gute Restaurants, attraktive Open-Air-Märkte und der zwanglose, unkomplizierte Lebensstil der Bewohner machen das schwül-heiße Darwin zu einem beliebten Reiseziel.

Geschichte

1839 segelten die Briten Stokes und Wickham entlang der australischen Nordküste und benannten die Bucht nach dem britischen Forscher Charles Darwin. Die Entwicklung der Siedlung Port Darwin ging erst während des Goldrauschs im späten 19. Jahrhundert sichtbar voran. Im Zweiten Weltkrieg diente die Stadt als militärische Verteidigungsbastion. Nach zahlreichen japanischen Bombenangriffen musste Darwin nach dem Krieg wiederaufgebaut werden. Der Film „Australia" schildert das Drama des Angriffs anschaulich. Eine weitere verheerende Zerstörung erlebten die Einwohner am Weihnachtstag 1974, als der Wirbelsturm *Tracy* den Großteil der Stadt platt fegte. Mit dem Engagement der Einwohner und hohen Finanzspritzen der australischen Regierung gelang es, die Wunden rasch zu schließen und die Stadt zu modernisieren.

Stadtbesichtigung Darwin

Am südlichen Ende der Smith Street Mall befindet sich das historische **Victoria Hotel** von 1894, das noch heute für Live-Musik und gutes Bier bekannt ist. Der Smith Street in südöstlicher Richtung folgend, erreicht man die Überreste der **Old Town Hall** aus dem Jahr 1883.

Stadtrundfahrt auf altmodische Art

Darwin

0 ————— 200 m

||||| = Fußgängerzone

© RKH VERLAG HERMANN

1 Sehenswertes

1 Victoria Hotel
2 Old Town Hall
3 Browns Mart Theatre
4 Christ Church Cathedral
5 Old Court House
6 Police Station
7 Survivors Lookout
8 Government House
9 Old Admiralty House
10 Lyons Cottage
11 WWII Oil Storage Tunnels
12 Indo-Pacific Marine
13 Australian Pearling Exhibition
14 Stones Hill Wharf
15 Aquascene
16 Botanic Gardens
17 Museum & Art Gallery of NT
18 Crocodylus Park
19 East Pt Reserve
20 Crocosaurus Cove

⬆ Unterkünfte

1 Travelodge Mirambeena Resort
2 Chilli's Backpacker
3 Palms City Resort
4 Shady Glen CP
5 Medina Grand Darwin

Trotz ihrer Massivbauweise wurde sie vom Wirbelsturm „Tracy" völlig zerstört. Gleich nebenan steht **Browns Mart** (1880), einst die Börse der Minengesellschaften und heute ein kleines Theaterhaus.

Weitere geschichtsträchtige Gebäude findet man an der Ecke Smith Street/Esplanade. Das **Old Court House** und die **Police Station** wurden 1884 erbaut und nach erheblichen Schäden durch „Tracy" wieder aufgebaut. Nur wenige Schritte weiter, in Richtung Südwesten, erstrahlt das **Government House** in frischem Weiß. Auffälliger ist jedoch das moderne **Northern Territory Parliament House** (Besichtigung kostenlos). Entlang der Esplanade nach Norden ist noch das im tropischen Stil erbaute **Old Admiralty House** sehenswert. Es ist übrigens eines der wenigen Gebäude, das den Wirbelsturm fast unbeschadet überstanden hat. Heute gibt es dort ein gutes Restaurant mit schönem Garten (s. Essen und Trinken). **Lyons Cottage** ist der steinerne Bungalow nebenan. Er wurde 1925 für Mitarbeiter der British-Australian Telegraph Company aus heimischem Gestein erbaut – damals eine Seltenheit in den Tropen. Interessante Schautafeln im Inneren sind einen kurzen Besuch wert.

Der **Bicentennial Park** ist die schattige und grüne Oase entlang des Wassers. Durch den Park lässt es sich angenehm bis zur Bucht **Doctors Gully** spazieren. Hier kommen bei Flut hunderte Fische zur Fütterung (u.a. Barramundis und Welse). Die täglichen Fütterungszeiten von **Aquascene** richten sich nach der Flut. Die Öffnungszeiten erfährt man über das Tourist Office (Tel. 08-89817837, www.aquascene.com.au, A$ 11). Wer die gefährlichen Leistenkrokodile („Salties") hautnah, aber nicht in ihrer natürlichen Umgebung sehen will, besucht am besten das Aquarium **Crocosaurus Cove** (Ecke

Darwin
Waterfront
und Wharf
Precinct

Mitchell/Peel Sts; tägl. 9–19 Uhr, A$ 28, www.croccove.com). Den besonderen Kick verspricht der „Cage of Death", ein Tauchgang in einem durchsichtigen Käfig (1 Pers/2 Pers A$ 120/160).

Wharf Precinct
Am südlichen Ende der Innenstadt befindet sich die aufwendig restaurierte Werftanlage **Darwin Wharf Precinct** (Stokes Hill Wharf). Am Eingang, gegenüber vom modernen **Darwin Convention Centre,** liegt das **Indo-Pacific Marine Museum** (Apr–Okt tägl. 10–17 Uhr, Nov–März tägl. 9–13 Uhr, A$ 20). In riesigen Aquarien ist die Unterwasserwelt der Timorsee mit ihren farbenprächtigen Korallen und Fischen nachgebildet. Nebenan wird in der **Australian Pearling Exhibition** (tägl. 10–17 Uhr) die Geschichte der Perlenindustrie präsentiert. Zur Abkühlen nach einem Stadtrundgang laden die modernen Swimming-Lagoons ein (tägl. 10-18 Uhr). Die **Stokes Hill Wharf** ist mit Souvenirshops, Cafés und Restaurants ein netter Ort, um abends unter freiem Himmel zu speisen und zu flanieren.

Sehenswertes außerhalb des Zentrums

Museum & Art Gallery of the NT
In den tropischen Gärten in Fannie Bay befindet sich die hervorragende Ausstellung zur Aboriginalkultur, maritimen Archäologie und zur Geschichte des Northern Territory (Conacher St, Fannie Bay, www.magnt.nt.gov.au, Mo–Fr 9–17 Uhr, Sa–So 10–17 Uhr, Eintritt frei).
    Erreichbar ist das Museum mit Bus Nr. 4 vom Busbahnhof in Darwin, Haltestelle Conacher St.

Service Darwin

Information **Tourism Top End Visitor Information Centre,** Ecke Smith/Bennett Sts, Tel. 08-89806000, www.tourismtopend.com.au. Mo–Fr 8.30–17Uhr, Sa 9–15 Uhr, So 10–15 Uhr.

Notfall **Notruf:** (Polizei, Feuerwehr, Rettungsdienst) Tel. 000

Polizei: West Lane, Tel. 08-89223344.

Krankenhaus: Royal Darwin Hospital, Rocklands Drv, Casuarina, Tel. 08-89228888.

Verkehr

Flughafen Der **Darwin Airport** (www.darwinairport.com.au) liegt 13 km vom Stadtzentrum entfernt. Der **Airport Shuttle Bus** fährt direkt zu den Hotels der Innenstadt sowie zum zentralen Transit Centre und zurück (A$ 16 einfach, Tel. 08-89815066). Eine **Taxifahrt** in die Stadt kostet zwischen A$ 25 und A$ 30 (Tel. 08-89813777).

Eisenbahn Die Schienenstrecke des **„Ghan"** führt von Adelaide über Alice Springs bis in das Top End. Der Zug erreicht die Stadt am Dienstag- und Freitagnachmittag und fährt am Mittwoch- und Samstagvormittag wieder zurück. Der Bahnhof liegt ca. 15 km außerhalb der Innenstadt (Berrimah Rd, www.gsr.com.au).

Überland-busse	Die Busse von **Greyhound** verkehren ab/zum Transit Centre (69 Mitchell St, täglich 8.30–18 Uhr, www.greyhound.com.au).
Öffentliche Verkehrs-mittel	Das überschaubare Stadtzentrum kann leicht zu Fuß erkundet werden. Vom Zentrum in die Vororte fahren Busse. Das Busterminal im CBD befindet sich in der Harry Chan Avenue. Einzelfahrscheine im Bus.
Mietwagen	**Avis Car Rental,** 89 Smith St, Tel. 08-89819922; Flughafen, Tel. 08-89450662

Budget Cars, Ecke Daly St/Doctors Gully Rd und Flughafen, Tel. 08-89819800

Hertz Cars, Mitchell Centre, 55-59 Mitchell St und Flughafen, Tel. 08-89410944

Thrifty Cars, 64 Stuart Hwy, Stuart Park, Tel. 08-89240000; Flughafen, Tel. 08-89242480.

Unterkunft

***** **Medina Grand Darwin,** Eastern Wing 1 Kitchener Drv, Tel. 02-93566061; neues Hotel an der Waterfront, dekoriert mit zeitgenössischer Aboriginal-Kunst.

**** **Travelodge Mirambeena Resort,** 64 Cavenagh St, Tel. 08-89460111; empfehlenswertes Hotel mit schönem Garten und Pool. Auch Selbstversorger-Apartments.

*** **Palms City Resort,** 64 Esplanade, Tel. 08-89829200; moderne Anlage mit kleinen Villen und schöner Gartenanlage, direkt im Zentrum.

* **Chilli's Backpackers**, 69A Mitchell St, Tel. 08-89415800; sauberes Hostel im Zentrum.

Shady Glen Caravan Park, Ecke Stuart Hwy/Farrell Crescent, Winnellie, Tel. 08-89843330; großer Platz am Highway, 10 km außerhalb.

Essen und Trinken

Über 60 Nationalitäten sorgen für eine umfassende kulinarische Auswahl. Spezialitäten sind Gerichte mit Fleisch vom Kamel, Känguru, Krokodil oder Büffel oder Fischteller vom Barramundi. Eine große Auswahl an Gaststätten und Cafés gibt es in der Mitchell und Smith Street sowie an der Wharf. Hinweis: Trotz des tropischen Flairs sind Badeschlappen und ärmellose Shirts in vielen Restaurants verpönt und führen zum „Nicht-Einlass".

Char Restaurant @ Admiralty, Ecke Esplanade/Knuckey St, Tel. 08- 89814544, www.chardarwin.com.au; sehr gute Fisch- und Fleischgerichte in historischem Ambiente. Hauptgerichte ab A$ 30, Reservierung sinnvoll.

Pee Wee's at the Point, Alec Fong Lim Drv, East Point Reserve, Fannie Bay, Tel. 08-89816868, www.peewees.com.au; direkt am Wasser wird moderne australische Küche serviert. Hauptgerichte ab A$ 35, Reservierung sinnvoll.

The Jetty Restaurant, The Pumphouse, Stokes Hill Wharf; Seafood und Steaks sowie Salate stehen am Büffet zur Auswahl. Ideal auch für Familien. Büffet ab A$ 25.

Tim's Surf'n Turf, Ecke Smith St/Packard Place, Mo–Fr 11.30–14 Uhr tägl. 17.30-21 Uhr; Fisch und Fleischgerichte zu günstigen Preisen. Hauptgerichte ab A$ 17.

The Deck Bar, 22 Mitchell St, gegenüber Parliament House; beliebte Bar mit großer Terrasse unter schattigen Bäumen. Coole Drinks und ansprechende Auswahl an Gerichten, von Austern über Pizza bis Kängurufilet.

Char
Restaurant

Unterhaltung

Darwin ist eine lebhafte Stadt, insbesondere das Nachtleben in den Pubs und Hotels ist ausgelassen und laut. Die kostenlose Broschüren „This Week in Darwin" und „Off the Leash" sowie die Internetplattform www.offtheleash .net.au informieren über aktuelle Veranstaltungen im Top End.

Musik und Theater

Im **Darwin Entertainment Centre** (93 Mitchell St, Tel. 08-89803333, www.darwinentertainment.com.au) werden Theaterstücke, Rockopern und Konzerte geboten. Im **Brown's Mart** (12 Smith St, Tel. 08-89815522) gibt es Theater- und Tanzaufführungen.

Open-Air-Kino

Darwins legendäres **Deck Chair Cinema** (Tel. 08-89810700, www.deckchair-cinema.com.au) liegt zwischen Parliament House und Hafen. Das mit Liege-stühlen ausgestattete Freiluftkino ist einfach ideal, um sich in Darwins warmen Nächten zu vergnügen (April–Nov). Insektenspray nicht vergessen!

Live-Musik

Live-Bands spielen in **Shenannigans Irish Pub** (69 Mitchell St) und im **Top End Hotel** (Ecke Mitchell/Daly Sts).

Festivals

Juli: Beer Can Regatta (www.beercanregatta.org.au); witzige Boote aus Bierdosen fahren in der Fannie Bay um die Wette.

August: Festival of Darwin (www.darwinfestival.org.au); Musikgruppen, Umzüge und Happenings in der Innenstadt.

Oktober: World Solar Challenge (www.wsc.org.au); Solarfahrzeuge liefern sich ein ökologisches Langstreckenrennen.

Einkaufen

In der Fußgängerzone und den Parallelstraßen bieten viele Geschäfte **Aboriginalkunst** an. Rindenmalereien aus dem Arnhemland sowie Bilder der Tiwis von Bathurst und Melville Island sind dabei die Besonderheiten in Darwin. Wer Glück hat, kann zum Künstler direkt Kontakt aufnehmen.

The Mall

Märkte   Der **Mindil Beach Sunset Market** ist unbedingt einen Besuch wert (letzter
                    Donnerstag im April bis letzter Donnerstag im Okt, Do 17–22 Uhr und So 16–
                    21 Uhr, www.mindil.com.au). Bei Sonnenuntergang am Strand kann man
                    Kunstgegenstände, asiatische Snacks, Massagen sowie allerlei Musik und
                    Unterhaltung genießen. Anfahrt: Bus Linie 4 oder Shuttlebus ab Darwin
                    Busterminal (s. Verkehr).

Touren

Stadt- und   **Darwin Day Tours** (Tel. 1-800-811633, www.darwindaytours.com.au) bietet
Hafenrund-   Halbtagestouren zu den Sehenswürdigkeiten der Stadt an.
fahrten
                    Darwin Walking & Bicycle Tours (Tel. 08-89810227) bringt auf einer Rad-
                    oder Wandertour Besuchern die Stadt und ihre Geschichte näher.

                    Darwin Harbour Cruises (Tel. 08-89423131, www.darwinharbourcruises
                    .com.au, A$ 70) schippert seine Gäste während des Sonnenuntergangs mit
                    Segel- und Motorschiffen durch den Hafen.

„Top End"-   **Touren in Kakadu NP, Litchfield NP, Katherine NP, Arnhemland und Tiwi**
Touren   **Islands**

                    Hinweis: Tagesausflüge lohnen nur in den Litchfield NP, alle anderen National-
                    parks liegen zu weit weg. Allein der Kakadu NP ist 250 km entfernt.

                    Adventure Tours (Tel. 08-89361300, www.adventuretours.com.au) bietet
                    preiswerte 3–6-tägige Campingsafaris in die Nationalparks, von Darwin nach
                    Alice Springs, kleine Gruppen, eher für junges Publikum.

                    Aussie Adventures (Tel. 1-300 721365, www.aussieadventures.com.au)
                    haben Touren nach Bathurst Island/Tiwi Island und vermittelt einen Einblick
                    in das Leben der *Tiwi People* – lohnend! Außerdem Tagestouren in Lichfield
                    NP und Mehrtagestouren in den Kakadu NP.

Rundflüge   **Albatross Helicopters** (Tel. 08-89725666, www.albatrosshelicopters.com.au);
                    Rundflüge über den Kakadu Nationalpark und über Darwin.

Umgebungsziele von Darwin

Kakadu National Park

Der Kakadu National Park ist der größte Nationalpark Australiens und aufgrund seiner Besonderheiten auch UNESCO-Weltnaturerbe: Eine abwechslungsreiche Flora (1600 Pflanzenarten) und Fauna (mehr als 280 Vogelarten, 60 Säugetierspezies, 120 Reptilienarten und zahlreiche Fischarten) sowie ein enormer Reichtum einzigartiger Aboriginalkultur beeindrucken Besucher aus aller Welt. Die grandiose Landschaft besticht mit rauen Steilwänden, spektakulären Schluchten, brausenden Wasserfällen und weitläufigem Schwemmland und Feuchtgebieten. Trotz steigender Besucherzahlen entsteht im Nationalpark nie das Gefühl drangvoller Enge – dafür ist das Gebiet zu groß. Bei einer morgendlichen oder abendlichen Bootsfahrt auf dem East Alligator River oder der Yellow Water Lagune kommt man den mächtigen Leistenkrokodile ("Salties") und seltenen Vogelarten ganz nah. Auf Wanderungen zu den Felszeichnungen am Ubirr und Nourlangie Rock wird die über 20.000 Jahre alte Aboriginalkultur lebendig.

Sehenswertes **Jabiru** ist die "Hauptstadt" des Parks und Versorgungszentrum für die umliegenden Ortschaften, Aboriginal-Communities und Touristen.

Sehenswert sind die Felsmalereien am **Nourlangie Rock.** Sie zählen zu den schönsten des Parks, auf einem 1,5 km langen Rundwanderweg können einige Malereien besichtigt werden. Der kurze Aufstieg zum Gunwarddehwardde-Aussichtspunkt wird durch einen schönen Blick auf die Arnhemland-Abbruchkante *(Escarpment)* belohnt. Nur mit Allradfahrzeug und in der Trockenzeit sind die zwei

Nourlangie
Rock

Wasserfälle **Jim Jim** und **Twin Falls** erreichbar. Große Wassermassen stürzen hier nach der Regenzeit über die Sandsteinkanten – ein beeindruckendes Schauspiel! Beachten Sie auf jeden Fall die Krokodilwarntafeln!

Das **Warradjan Aboriginal Cultural Centre** (tägl. von 9–17 Uhr) informiert über zahlreiche Aspekte der Aboriginalkultur und beleuchtet die Geschichte der Kakadu-Region. Die Ortschaft **Cooinda** besteht aus kaum mehr als Hotel, Campingplatz, Tankstelle und Laden. Ein Muss ist die Bootstour **Yellow Water Cruise.** Die Fahrt auf der Inlandlagune des South Alligator Rivers gewährt den besten Blick auf Seeadler, Großstörche *(jabirus)*, Eisvögel *(kingfisher)*, Wasserschildkröten, Krokodile und die Pflanzen der Feuchtgebiete (1 bzw. 2-stündige Touren, mehrmals täglich, Tickets sind in der Gagudju Lodge oder online erhältlich, Tel. 1-800 500401, www.gagudju-dreaming.com, Reservierung für Sonnenaufgang und -untergangsfahrt empfohlen). Alternativ kann man Randgebiete zu Fuß auf Holzstegen erkunden.

Information   **Bowali Visitor Centre**, Jabiru, Tel. 08-89381120, www.kakadu.com.au; tägl. 8–17 Uhr. Wandertipps, Straßenzustände und weitreichende Informationen zu Kultur, Geologie, Flora und Fauna.

Park Pass: Für den Besuch des Parks ist ein Pass notwendig (A$ 25 p.P. ab 16 Jahren). Verkaufsstellen: Bowali Visitor Centre, Aurora, Gagudju Lodge, Mary River Roadhouse, Visitor Centre Darwin und Katherine.

Unterkunft   ****** Gagudju Crocodile Holiday Inn**, Flinders St, Jabiru, Tel. 1-800500401. Das Hotel in Krokodilform gilt als das beste im Park.

*** Gagudju Lodge and Caravan Park Cooinda, Tel. 1-800500401; Motel, Jugendherberge, sowie Stellplätze nahe der Yellow Water Lagune.

*** Kakadu Lodge and Caravan Park, Jabiru Drive, Jabiru, Tel. 08-89792422; Hotelzimmer, Backpackerunterkunft, Stellplätze und einen kühlen Pool.

Das krokodilförmige Gagudju-Hotel in Jabiru

Krokodile

Seit über 200 Mio. Jahren leben Krokodile auf der Erde. Die 22 überlebenden Arten unterscheiden sich kaum von ihren prähistorischen Vorfahren. Man differenziert bei Krokodilen drei Familien: Alligatoren, Gaviale und die echten Krokodile, zu denen auch die in Australien lebenden **Leistenkrokodile** (Saltwater Crocodiles oder kurz „Salties") und **Süßwasserkrokodile** (Freshwater oder Johnston Crocodiles oder kurz „Freshies") zählen. Ihre Verbreitungsgebiete erstrecken sich über den gesamten tropischen Norden und entlang der Küste Queenslands, wo sich ihre Lebensräume teilweise überschneiden. Es leben jedoch niemals Salties und Freshies am selben Ort.

Die späten Verwandten der Dinosaurier sind nachtaktiv und wandern weite Wege, wenn ihre Wasserstellen austrocknen. Als wechselwarme Tiere passen sie ihre Körpertemperatur (30–33 °C) der Umgebungstemperatur an. Das klappt aber nur in begrenztem Ausmaß, deswegen verbringen sie die besonders heißen Tage im Wasser oder im Schatten. An kühleren Tagen liegen sie mit aufgesperrtem Maul, um durch Verdunstung ihre Temperatur zu senken, in der Sonne am Ufer. Erbeutet wird alles, was sich bewegt. Die Opfer werden unter Wasser gezerrt und ertränkt. Anschließend wird die Beute zerrissen und in kleinen Stücken verzehrt. Große Beutetiere werden unter Wasser versteckt und erst nach ihrer Verwesung verspeist. Beide Arten sind geschützt und seit dem Jagdverbot von 1971 nicht mehr in ihrer Existenz bedroht.

Das **Süßwasserkrokodil** ist endemisch in Australien, und ist in tropischen Süßgewässern heimisch. Das etwa 2 m lange Freshie hat im Vergleich zum Leistenkrokodil eine längere und schmalere Schnauze und ist meist ungefährlich für den Menschen. Das gefürchtete **Leistenkrokodil** wird bis zu 7 m lang und ist die größte und gefährlichste Krokodilart der Erde. Salties leben sowohl im Salz- als auch im Süßwasser und schwimmen bis zu 1000 km vor den Küsten und bis zu 200 km flussaufwärts. In Gebieten mit Leistenkrokodilen ist größte Vorsicht geboten und Warnschilder sind dringend zu beachten. In Ufernähe und im Wasser hat ein Mensch gegen die gefährlichen Räuber keine Chance!

Wer sich Krokodile in aller Ruhe aus nächster Nähe ansehen möchte, sollte eine **Krokodilfarm** besuchen (z.B. Crocosaurus Cove in Darwin/NT).

Litchfield National Park

100 km südlich von Darwin befindet sich der über 1400 qkm große **Litchfield National Park.** Im Vergleich zum Kakadu NP ist die Vegetation zum größten Teil üppig tropisch. Charakteristisch sind große Termitenhügel (*Magnetic Termite Mounds*), die verstreut in der Landschaft stehen. Die bis zu vier Meter hohen „Bergsäulen" sind eindrucksvolle Fotomotive. Wasserfälle und natürliche Pools laden zum krokodilfreien Baden ein. Die Straßen zu den Hauptattraktionen im Park sind gut ausgebaut. Für bestimmte Routen (Lost City, Tjaynera Falls) ist allerdings ein Allradfahrzeug erforderlich. In der Regenzeit (Okt–April) kann es zur Schließung von Zufahrtsstraßen kommen.

Information Ein Besucherzentrum wird derzeit an den Wangi Falls gebaut. An der Parkeinfahrt informieren jedoch Schautafeln über Wanderwege und Campingplätze. Die Internetseite www.litchfieldnationalpark.com ist hilfreich. In der Ortschaft Batchelor befindet sich ein kleines Visitor Centre (Tel. 08-89760444). Straßenzustände unter Tel. 08-89223394.

Unterkunft *** **Batchelor Resort and Caravan Village**, 47–49 Rum Jungle Rd, Batchelor, Tel. 08-89760123; Hotel und Campingplatz.

Katherine

Katherine, gut drei Autostunden südlich von Darwin am Stuart Highway gelegen, ist die drittgrößte Stadt des Northern Territory und Servicezentrum und Touristenstadt zugleich. Das **Katherine Museum** (Giles St, im alten Flughafen, tägl. 9–16 Uhr) vermittelt die Geschichte der Region. In der **School of the Air** (Giles St, Touren Mai–Okt, Mo–Fr 9, 10 und 11 Uhr, Tel. 08-89721833) kann man den Schulunterricht von Kindern über Funk mitverfolgen.

Katherine Gorge

Einen Ausflug in den 29 km östlich von Katherine gelegenen **Nitmiluk Nationalpark** gehört auf jeden Fall in das Reiseprogramm. Hauptattraktion ist die **Katherine Gorge,** ein System aus 13 spektakulären Schluchten mit hohen Sandsteinwänden und zahlreichen kulturelle Stätten sowie Felsmalereien der Aboriginal People. Die Schlucht kann auf verschiedene Weise erkundet werden: zu Fuß auf den markierten Wanderwegen, auf einer Bootstour, paddelnd im Mietkanu oder mit dem Helikopter.

Infos

Katherine Visitor Centre, Ecke Lindsay St/Katherine Tce, Tel. 1-800-653142, www.visitkatherine.com.au.

Informationen zum NP (Wanderungen, Kanuvermietung und Bootstouren) direkt im modern gestalteten **Nitmiluk Visitor Centre** am Parkeingang. Dort erfährt der Besucher auch Wissenswertes über Geologie, Aboriginalkultur und Landschaft des Parks (Tel. 08-89721886, tägl. 7–19 Uhr).

Unterkunft

*** Best Western Pine Tree Motel, 3 Third St, Tel. 08-89722533; kleines Stadthotel mit Pool.

* Palm Court Kookabura Backpackers, Ecke Third/Giles Sts, Tel. 08-89722722; Hostel in einem alten Motel mit Schwimmbad.

Katherine Low Level Caravan Park, 3649 Shadforth Rd, Tel. 08-89723962; schattiger Platz, 5 km westlich der Stadt in Richtung Kununarra.

Touren

Travel North (6 Katherine Terrace, Tel. 1-800-089103, www.travelnorth.com.au) bietet Touren in und um Katherine sowie in den Kakadu National Park an.

Alice Springs

Mit rund 30.000 Einwohnern ist Alice Springs die zweitgrößte Stadt des Northern Territory und „Hauptstadt" im Roten Herz des Kontinents. Die ehemalige Pionierstadt am Todd River, die bei ihrer Gründung nur eine einfache Telegrafenstation war, hat sich zu einer modernen Outback-Stadt entwickelt. Mit interessanten Sehenswürdigkeiten, einer großen Auswahl an Unterkünften, vielen Veranstaltungen, Einkaufsmöglichkeiten und guten Restaurants ist „The Alice", wie die Stadt von den Australiern genannt wird, mehr als nur der Ausgangspunkt für Touren zum berühmten Ayers Rock.

Der Sommer in Alice Springs ist tagsüber extrem heiß, nachts kühlt es auf etwa 25 °C ab. Im Winter ist es trocken und mit Tagestemperaturen von 20–25 °C sehr angenehm. Die Nächte sind allerdings mit Temperaturen um den Gefrierpunkt empfindlich kalt.

Geschichte

Die Region ist seit/wurde vor über 30.000 Jahren von der Ethnie der **Aranda** bewohnt. Zwischen dem einzigen Wasserloch in Alice und den Wasserquellen in der Bergkette der MacDonnell Ranges zogen sie umher.

Nachdem die Küsten erschlossen worden waren, galt der Ehrgeiz der Kolonialherren der Erschließung des Landesinneren. Die Eisenbahn sollte den Kontinent von Süd nach Nord durchqueren. Zuvor wurde aber eine Überland-Telegrafenlinie (1871) gebaut, die durch das heutige Alice Springs führte. Bald darauf kamen die ersten Europäer in das Zentrum und ließen sich am Todd River nieder. Ihnen folgten afghanische Kameltreiber, Missionare und Minenarbeiter – die Gemeinde wurde von der südaustralischen Regierung im Januar 1889 **Stuart** genannt. 1926 lebten gerade einmal 40 Einwohner in Stuart. Der Aufschwung erfolgte durch die Fertigstellung der **Bahn-**

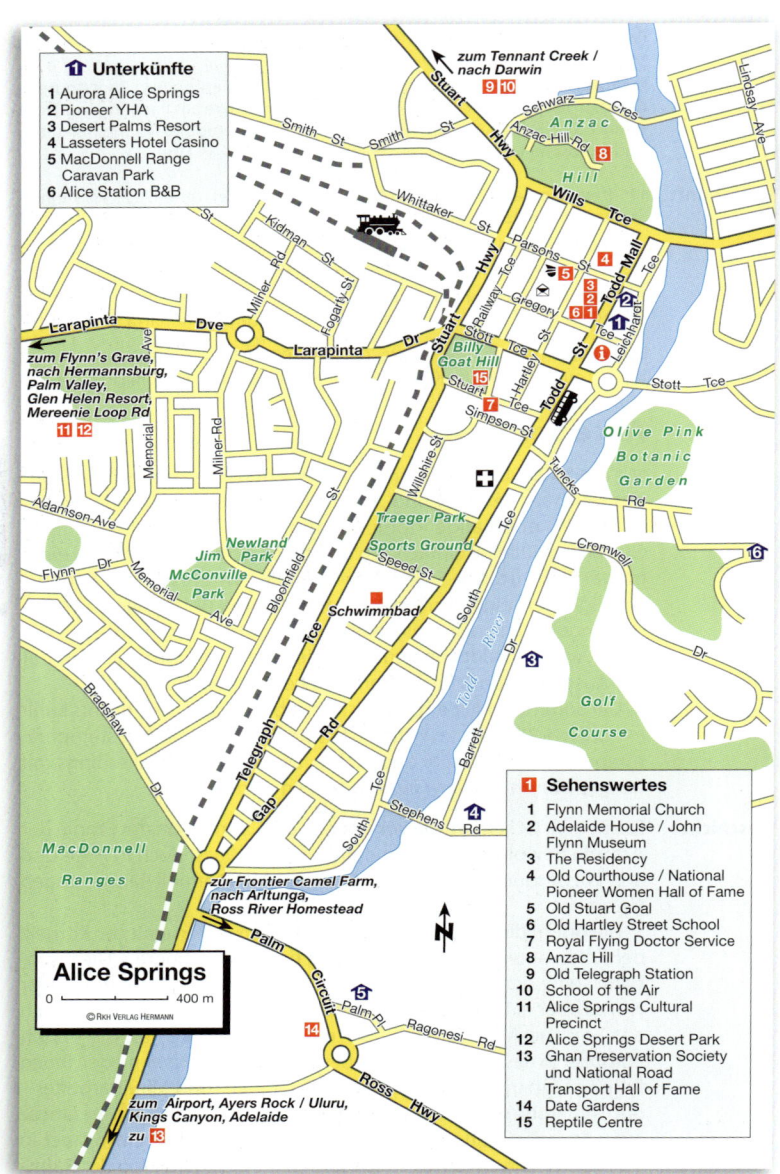

Unterkünfte

1 Aurora Alice Springs
2 Pioneer YHA
3 Desert Palms Resort
4 Lasseters Hotel Casino
5 MacDonnell Range
  Caravan Park
6 Alice Station B&B

Sehenswertes

1 Flynn Memorial Church
2 Adelaide House / John
  Flynn Museum
3 The Residency
4 Old Courthouse / National
  Pioneer Women Hall of Fame
5 Old Stuart Goal
6 Old Hartley Street School
7 Royal Flying Doctor Service
8 Anzac Hill
9 Old Telegraph Station
10 School of the Air
11 Alice Springs Cultural
   Precinct
12 Alice Springs Desert Park
13 Ghan Preservation Society
   und National Road
   Transport Hall of Fame
14 Date Gardens
15 Reptile Centre

Alice Springs

0 ⊢——⊣ 400 m

© RKH VERLAG HERMANN

linie im Jahr 1929, die fortan Adelaide mit dem Roten Zentrum verband. 1933 wurde die Stadt offiziell in **Alice Springs** umbenannt. Mit der durchgängigen Asphaltierung des Stuart Highway („Explorer´s Highway") im Jahr 1987 begann der Tourismus zu florieren.

Stadtbesichtigung Alice Springs

Beginnt man den Rundgang am Visitor Centre in der **Todd Mall**, so fällt linker Hand die 1956 eröffnete **Flynn Memorial Church** auf. Die Kirche wurde als Denkmal für den Gründer der Fliegenden Ärzte, John Flynn, errichtet. Schräg dahinter ist das von Flynn entwickelte **Adelaide House,** das von 1926 bis 1939 als Buschkrankenhaus diente. Heute ist dort das **John Flynn Memorial Museum** (Mo–Fr 10–16 Uhr, Sa 10–12 Uhr).

Das schlichte Haus **The Residency** in der Parson Street, wurde 1927 für den Gouverneur als Regierungssitz erbaut. Heute werden Ausstellungen zur europäischen Geschichte gezeigt (tägl. 10–17 Uhr, Eintritt frei). An der Ecke zur Hartley Street steht das **Old Courthouse,** das seit 1994 die **National Pioneer Women Hall of Fame** beheimatet. Zahlreiche Fotos dokumentieren die beeindruckenden Leistungen der zentralaustralischen Pionierfrauen (tägl. 10–17 Uhr, Eintritt frei). 1909 wurde das **Old Stuart Town Goal,** das älteste Gebäude der Stadt, in der Parsons Street fertiggestellt. Bis 1939 diente es als Gefängnis, heute steht es zur Besichtigung offen (Mo–Sa 10–12.30 Uhr).

An der *Stuart Terrace*, etwa 5 Gehminuten südlich vom Zentrum, hat der **Royal Flying Doctor Service (RFDS)** seine älteste Niederlassung. Auf den kurzweiligen und informativen Touren werden Arbeitsweise und Organisation der Fliegenden Ärzte erklärt (Mo–Sa 9–17 Uhr, So 13–17 Uhr, www.flyingdoctor.org.au, A$ 7 Erw.). Gleich

Alte Telegrafenstation in Alice Springs

gegenüber des RFDS befindet sich das **Reptile Centre** (9 Stuart Tce, tägl. 9.30–17 Uhr, www.reptilecentre.com.au). Hier sind mehr als 100 Reptilienarten zu beobachten.

Sehenswertes außerhalb des Zentrums

Aussichts-punkt

Vom **Anzac Hill** am Nordende der Stadt hat man einen ausgezeichneten Blick auf Alice Springs und die hoch aufragenden McDonnell Ranges.

3,5 km nördlich der Stadt liegt in einem großen Park die **Old Telegraph Station.** Der Gebäudekomplex wurde 1870–1872 errichtet und zwischenzeitlich gut restauriert. Er zeigt die Geschichte der für das Outback einst so wichtigen Telegrafenleitung (Gebäude tägl. 8–17 Uhr, Park tägl. 8–21 Uhr).

Die **School of the Air,** Australiens erste Funk-Schule, arbeitet seit 1950. Die Schüler auf den weit entfernt liegenden Farmen wurden einst nur über Funk und heute zunehmend über das Internet unterrichtet. Die Schule liegt 4 km nordwestlich der Innenstadt, der öffentliche Bus *(north-bound line)* hält direkt vor der Schule; (80 Head St, Besichtigungen Mo–Sa 8.30–16.30 Uhr, So 13.30–16.30 Uhr, www.assoa.nt.edu.au, A$ 7,50).

Museen und Galerien

Einen halben Tag Zeit sollten Sie sich für den Besuch des **Alice Springs Cultural Precinct** nehmen (tägl. 10–17 Uhr) und seiner Museen und Galerien. Das **Araluen Centre** präsentiert Kunst- und Kulturgegenstände der Schwarzaustralier. Im **Central Australian Aviation Museum** sind Flugzeuge und Dokumente der Flugpioniere ausgestellt. Das wissenschaftliche **Museum of Central Australia** erzählt die Naturgeschichte Zentralaustraliens. Interessant sind die kleinen Kunsthandwerkerstudios, in denen sich die Künstler bei der Arbeit über die Schulter schauen lassen.

Blick vom Anzac Hill

Wüste im „Kleinformat"	Empfehlenswert: Zehn Autominuten westlich der Stadt liegt der **Alice Springs Desert Park,** er zeigt Pflanzen, Tiere und Landschaften Zentralaustraliens in kompakter und anschaulicher Weise. Ein 2 km langer Fußweg führt den Besucher durch die typischen Landschaftsformen des ariden Australiens; Wegen des frühen Sonnenuntergangs sollten Sie im Winter spätestens um 15 Uhr vor Ort sein (tägl. 7.30–17 Uhr, www.alicespringsdesertpark.com.au, A$ 20).

Service Alice Springs

Infos	**Central Australian Tourism Visitor Centre**, 60 Gregory Terrace, Tel. 08-89525800, Mo–Fr 8.30–17.30 Uhr, Sa/So 9–16 Uhr, www.centralaustralian tourism.com.
Notfall	**Notruf** (Polizei, Feuerwehr, Rettungsdienst) Tel. 000. **Polizei:** Parsons St, Tel. 08-89518888. **Krankenhaus:** Alice Springs Hospital, Gap Rd, Tel. 08-89517777.

Verkehr

Flughafen	Der Flughafen liegt 14 km südlich der Stadt am Stuart Highway (www.alice-airport.com.au). Der **Alice Springs Airport Shuttle** (Tel. 1-800-621188, www.buslink.com.au) pendelt zwischen dem Airport und den Unterkünften der Stadt (A$ 19). Eine **Taxifahrt** zum Flughafen kostet etwa A$ 30 (Taxi-Tel. 08-89530979).
Züge und Überlandbusse	Der **Bahnhof** liegt westlich des Zentrums an der Railway Tce. Der Fernzug „The Ghan" (Adelaide – Alice Springs – Darwin) verkehrt Mo/Do/So. Information: Tel. 132147 oder 08-82134592, www.railaustralia.com.au. Die **Greyhound-Überlandbusse** fahren vom Coach Terminal ab (113 Todd St, www.greyhound.com.au).

„The Ghan" beim Halt in Alice Springs

Öffentliche Verkehrs- mittel	Der zentrale Busterminal befindet sich vor dem Yepernye Einkaufszentrum in der Hartley Street. Der öffentliche **Busverkehr** (Tel. 08-89500500) bedient auch die äußeren Stadtteile. Sonntags und an Feiertagen fahren keine Busse!
Mietwagen	**Avis Rental Car,** 52 Hartley St, Tel. 08-8953553; Flughafen Tel. 08-89523694
	Budget Car Rental, Capricorn Centre, Gregory Tce, Tel. 08-89528899 Flughafen Tel. 08-89528899;
	Hertz NT Cars, 76 Hartley St, Tel. 08-89522644; Flughafen Tel. 08-89528697
	Thrifty Cars, Ecke Stott Tce/Hartley St, Tel. 08-89529999; Flughafen Tel. 08-89555233

Unterkunft

**** Lasseters Hotel Casino, 93 Barrett Drv, Tel. 08-89507777; First-Class-Hotel, etwa 2,5 km vom Zentrum entfernt. Im benachbarten Casino gibt es Spieltische und „einarmige Banditen".

*** Aurora Alice Springs, 11 Leichhardt Tce, Tel. 08-89506666; an die Fußgängerzone angrenzendes Mittelklassehotel mit Pool und einem ausgezeichneten Restaurant (Red Ochre Grill, s. Essen und Trinken).

** Desert Palms Resort, 74 Barrett Drv, Tel. 08-89525977; einfache Bungalow-Anlage mit schönem Garten und Pool, ca. 2 km außerhalb des Zentrums.

****Alice Station B&B, 25 The Fairway, Tel. 08-89536600; familiengeführte Unterkunft mit Kängurus im Garten, südöstlich der Innenstadt.

* Pioneer YHA, Ecke Parsons St/Leichhardt Tce, Tel. 08-89528855; große Jugendherberge im Zentrum.

MacDonnell Range Holiday Park, Palm Place, Tel. 08-89526111; gepflegter Big4-Campingplatz mit Cabins, am südlichen Ende der Stadt.

Essen und Trinken

Red Ochre Grill (Todd Mall, Tel. 08-89529614, www.redochrealice.com.au), hier gibt es von Barramundi über Krokodil bis hin zu Bush-Tucker schmackhafte Gericht. Hauptgerichte ab A$ 27.

Overlanders Steakhouse (72 Hartley St, Tel. 08- 89522159), rustikales Steakhouse mit schmackhaften Fleischgerichten, Hauptgerichte ab A$ 22.

Oscar's Café (Todd Mall, Cinema Complex, Tel. 08-89530930, tägl. ab 9 Uhr) bietet Seafood-Gerichte (mitten im Outback!) und leichte Speisen zu fairen Preisen an.

Im **Café des Royal Flying Doctor Service** (Stuart Tce, s. Stadtbesichtigung) gibt es selbstgebackenen Kuchen der Ehrenamtlichen und kühle Getränke im schattigen Garten.

Unterhaltung

Musik/ Theater	Im **Sounds of Starlight Theatre** (40 Todd Mall, Tel. 08-89530826, www.soundsofstarlight.com) spielt der Didergidoo Virtuose Andrew Langford. Das **Araluen Arts Centre** (Larapinta Drive, Tel. 08-89511120) hat Theater, Filme sowie Konzerte auf dem Programm.
Festivals	**Juli: Camel Cup,** ein spektakuläres Kamelrennen mit Volksfest.

August: Henley on Todd Regatta, *das* Event in der Stadt! Im trockenen Flussbett „fahren" Teams in kuriosen, bodenlosen Booten um die Wette (www.henleyontodd.com.au).

Einkaufen

Aboriginal-Kunst wird in zahlreichen Galerien der Fußgängerzone verkauft. Wer lieber direkt beim Künstler kaufen möchte, findet eine große Auswahl, insbesondere an ungerahmten, auf Canvas gemalten und damit leicht transportierbaren Bildern im CAAMA Shop (101 Todd St, Mo–Fr geöffnet) und in der Mbantua Gallery (71 Gregory Tce).

Tipp: Kaufen Sie sich spätestens hier ein **Fliegennetz!** Die Fliegenplage dauert von September bis April und ist vor allem außerhalb der Stadtgrenze sehr lästig. Netze gibt es in den Kaufhäusern und Souvenirshops.

Touren

In und um Alice Springs

Stadtrundfahrten bietet **Alice Wanderer** an (74 Palm Crescent, Tel. 08-8952-211, www.alicewanderer.com.au).

Dreamtime Tours (Tel. 08-89555095, www.rstours.com.au) schildert auf Halbtagestouren eindrücklich Geschichte und Lebensweise der Warlpiri-Aboriginal People.

Outback Ballooning (Tel. 08-89528723, www.outbackballooning.com.au) veranstaltet in den frühen Morgenstunden Heißluftballonfahrten über das Outback, ein zwar teures, doch sehr lohnendes Erlebnis (ab A$ 290).

Alice Springs Helicopters (Tel. 08-89529800 www.alicespringshelicopters.com.au, ab A$ 150) bietet Rundflüge rund um Alice Springs und über die West MacDonnell Ranges an.

Red Centre Touren

AAT Kings (Tel. 08-89521700, www.aatkings.com) organisiert ein- und mehrtägige Bustouren mit Hotelübernachtungen von Alice Springs zum Ayers Rock und Umgebung.

Adventure Tours (Tel. 08-81328230, www.adventuretours.com.au) bietet mehrtägige Campingsafaris durch das Red Centre an. Die günstigen Touren sprechen eher Backpacker an, die teuren „Camping in Style"-Touren mit Übernachtung in feststehenden Zelten sind auch für komfortorientierte Reisende eine gute Wahl.

Wayoutback Safaris (Tel. 08-89524324, www.wayoutback.com.au), rustikale Campingtouren und geführte Wanderungen auf dem Larapinta Trail.

3

Red Centre

Überblick   Rote Erde, ein meist strahlend blauer Himmel und die Aboriginal-
Kultur sind die Kennzeichen des „Red Centre". Das Rote Zentrum hat
wesentlich mehr als nur den weltbekannten Ayers Rock (Uluru) zu
bieten: spektakuläre Schluchten, eine außergewöhnliche Flora und
Fauna und einsame Outbackpisten machen Zentralaustralien zu einem Ziel, das einen mindestens viertägigen Aufenthalt verdient.

West MacDonnell Ranges

Die westlich von Alice Springs aufragende und rund 160 km lange
Bergkette der **West MacDonnell Ranges** wirkt wie ein faszinieren-
der Fremdkörper in der ansonsten flachen Landschaft. Seit 1992 als
Nationalpark geschützt, wird das Bergmassiv von tiefen Schluchten
zerklüftet. Die teils ganzjährig wasserführenden Teiche bieten der
Tier- und Pflanzenwelt ein geschütztes Refugium und sind für
Besucher ein ideales Gebiet für Camping und Wanderungen.

Anfahrt   Die Straße von Alice Springs entlang der westlichen Bergkette ist bis
Glen Helen asphaltiert. Die besondere Herausforderung, die bis zu
1500 m hohen Berge intensiv zu erkunden, bietet sich dem enga-
gierten Fernwanderer auf dem 223 km langen Wanderweg Larapinta
Trail (www.nt.gov.au/ipe/pwcnt oder www.larapintatrail.com.au).

Palm Valley/Finke Gorge National Park

Das idyllische **Palm Valley** ist Heimat seltener Pflanzenarten wie
etwa der Marienpalme (Red Cabbage Palm). Der bis zu 26 m hohe
Baum hatte seinen Ursprung in den feuchteren Perioden Zentralaustraliens vor 5000 Jahren. Der **Arankaia Walk** (2 km) und der
Mpulungkinya Walk (5 km) führen vom Parkplatz durch das oa-
sengleiche, dicht bewachsene Tal. Häufig sind neugierige Warane unter den Felsen am Wegesrand auszumachen.

Anfahrt   Valley, Teil des Finke Gorge National Park, liegt 138 km westlich von
Alice Springs und ist nur mit einem Geländewagen mit hoher
Bodenfreiheit erreichbar. Im Park gibt es einen Campingplatz. Weitere
Infos unter www.nt.gov.au/parks.

Kings Canyon (Watarrka National Park)

Hauptattraktion des **Watarrka National Parks** ist Australiens größte
und tiefste Schlucht, der **Kings Canyon.** Von bis zu 300 m hohen, roten Felswänden hat man grandiose Ausblicke. Der lange und bei
Hitze sehr anstrengende **Kings Canyon Rim Walk** (6 km, Rundweg)
führt entlang des Abgrundes zu den Gesteinsformationen **Lost City**

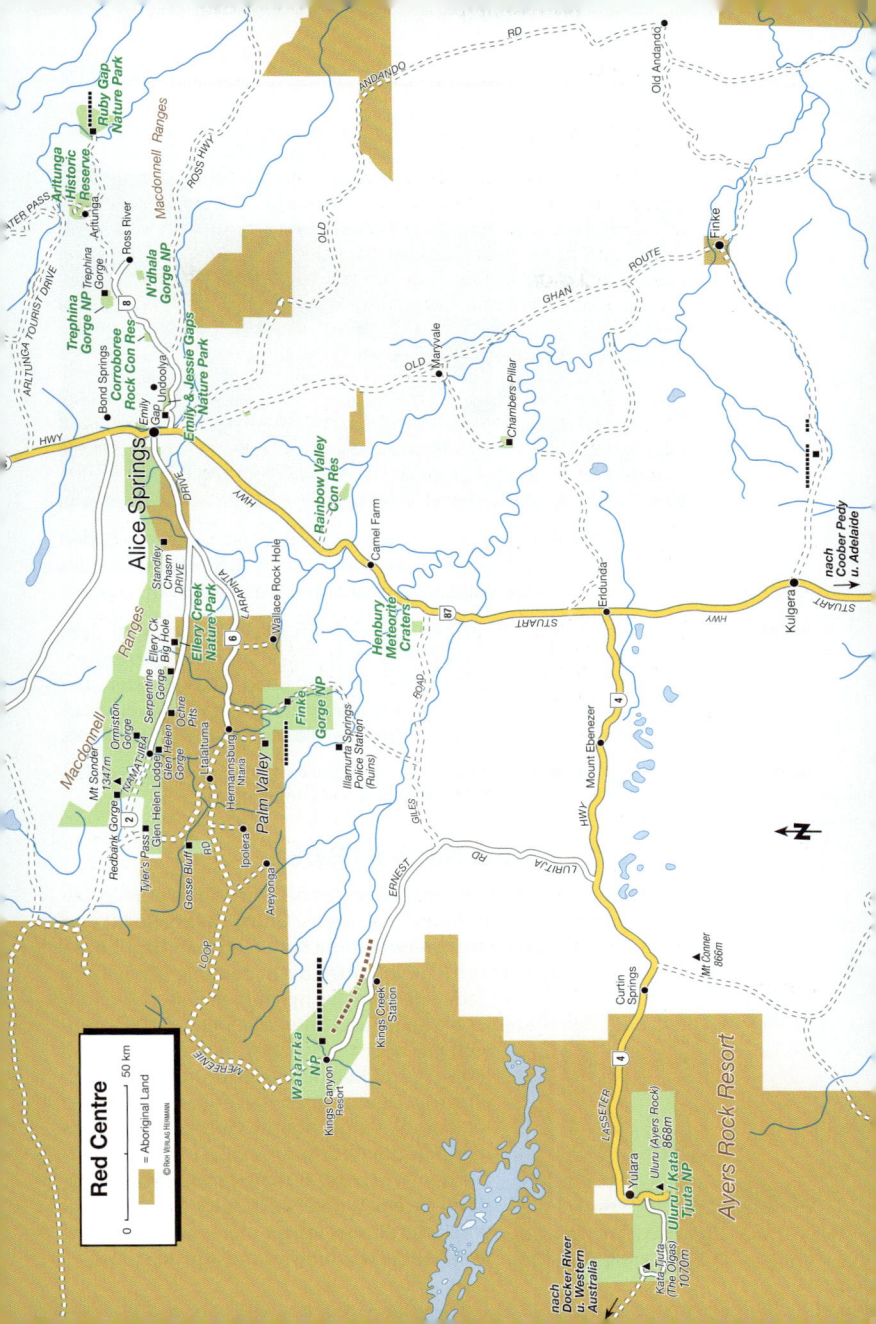

Red Centre

	= Aboriginal Land

0 ———— 50 km

© DER VERLAG HERMANN

RD

ANDANDO

Old Andando

Ruby Gap Nature Park

Arltunga Historic Reserve

Arltunga

WATER PASS

Water Pass

Bond Springs

Trephina Gorge NP Trephina Gorge

ROSS HWY

Ross River

Macdonnell Ranges

ARLTUNGA TOURIST DRIVE

8

Corroboree Rock Con Res

N'dhala Gorge NP

Finke

HWY

ROUTE

GHAN

Emily & Jessie Gaps Nature Park

Emily Gap Undoolya

Emily

OLD

Maryvale

OLD

Chambers Pillar

Alice Springs

HWY

DRIVE

Rainbow Valley Con Res

Camel Farm

TARAK

Standley Chasm

DRIVE

Wallace Rock Hole

Camel Farm

Finke

nach Coober Pedy u. Adelaide

STUART

Macdonnell Ranges

6

Ellery Ck Big Hole

A

Serpentine Gorge

Ormiston Gorge

Mt Sonder 1347m

Ellery Creek Nature Park

Ochre Pits

Glen Helen Gorge

Henbury Meteorite Craters

Erldunda

87

STUART

Kulgera

2

Redbank Gorge

Glen Helen Lodge

TANAMI RD

Finke Gorge NP

Ntaria

Hermannsburg

Palm Valley

Illamurta Springs Police Station (Ruins)

GILES

4

Mount Ebenezer

HWY

N

Tyler's Pass

Gosse Bluff

RD

Ipolera

Areyonga

ERNEST

ROAD

LURITJA

Mt Conner 866m

LOOP

Kings Creek Station

MEREENIE

Watarrka NP

Kings Canyon Resort

Curtin Springs

4

HWY

Ayers Rock Resort

nach Docker River u. Western Australia

Yulara

LASSETER

Uluru (Ayers Rock) 868m

Uluru / Kata Tjuta NP

Kata Tjuta (The Olgas) 1070m

Kings Canyon

und **Garden of Eden,** ein geschütztes Tal mit Teich, der zum Baden einlädt. Der kürzere **Kings Creek Walk** (2 km H/R) führt am Fuße des Canyons durch den Wald zu permanenten Wasserlöchern.

Anfahrt   Der Nationalpark liegt genau zwischen Alice Springs und dem Uluru/Katja Tjuta National Park. Von Alice Springs kann man entweder über die Schotterpiste Mereenie Loop Road (320 km) oder über den asphaltierten Stuart Highway (460 km) fahren. Vom Ayers Rock Resort benötigt man etwa drei Stunden Fahrzeit zum Kings Canyon.

Unterkunft   ***Kings Canyon Resort** (Tel. 08-89567442, www.kingscanyonresort.com.au, Reservierung sehr zu empfehlen), Hotel und Campingplatz.

Uluru-Kata Tjuta National Park

Der Nationalpark im Land der Anangu ist berühmt für zwei der größten Natur- und Kulturschätze Australiens: **Uluru (Ayers Rock)** und **Kata Tjuta (Olgas).** Das hervorragende Kulturzentrum **Uluru Kata Tjuta Cultural Centre** im Park vermittelt die Bedeutung der heiligen Stätten. Die Wanderpfade am Fuße des mächtigen Felsens vermitteln detailliert die regionale Kultur und Natur.

Thorny Devil

Die Tier- und Pflanzenwelt im Park ist ausgesprochen reichhaltig. So leben zum Beispiel Dornteufel-Eidechsen (Thorny Devil), Rote Riesenkängurus (Red Kangaroo), Bergkängurus (Euros) und Dingos hier. Für die Aborigines haben die gelb blühenden Witchetty-Büsche große Bedeutung, da in ihrem Wurzelwerk fette Larven (sog. Witchetty Grubs) leben, die eine wichtige eiweißhaltige Nahrungsgrundlage darstellen.

Uluru (Ayers Rock)

Das bekannteste und wohl meistfotografierte Wahrzeichen Australiens ist 348 m (867 m ü.M.) hoch und hat mit einem Umfang von 9,4 km beeindruckende Ausmaße. Geologen sind sich einig, dass der Fels streng genommen kein Monolith ist, da er sich unterirdisch fortsetzt. Andererseits denkt man beim bloßen Blick auf den sichtbaren Teil des Felsens unweigerlich an einen Monolithen.

Wander-
wege
Für viele Besucher ist die Besteigung des Felsens ein Höhepunkt ihres Aufenthaltes. Wer den Willen und den Geist der australischen Ureinwohner respektiert, nimmt vom anstrengenden und nicht ganz ungefährlichen Aufstieg Abstand. Die Umrundung des Uluru auf dem **Base Walk** (10 km, ca. 3 h) mit seinen Höhlen, Verwerfungen und heiligen Stätten (Felsmalereien u.a.) ist ohnehin die authentischere Erfahrung. Mehr Hintergrundwissen erlangt man auf einer geführten Wanderung auf dem **Mala Walk** (2 km, Nov–März 9 Uhr, Apr–Okt 10 Uhr). **The Mutitujulu Walk** (1 km, an der Südseite des Berges) vermittelt ebenso die Schönheit und Geheimnisse des roten Felsens.

Natürlich kann der Fels auch per Fahrzeug auf der Ringstraße umrundet werden. Zahlreiche Parkplätze und kurze Spaziergänge führen ebenfalls zu markanten Stellen. Für die Beobachtung des Sonnenuntergangs sind **„Sunset Viewing Areas"** ausgewiesen. Dort ist der Blick auf den immensen Felsen tatsächlich am besten, auch wenn der Trubel groß sein kann. Die dramatische Farbveränderung des Gesteins im Licht der untergehenden Sonne entschädigt für die Mühen der weiten Anreise. Den Sonnenaufgang sieht man am besten von der Aussichtsplattform **Talinguru Nyakunytjaku.**

Kata Tjuta (Olgas)

43 km westlich des Uluru liegt Kata Tjuta. Die Gebirgsformation aus 36 Kuppen mit einer Gesamtausdehnung von 36 qkm und einer maximalen Höhe von 546 m (1065 m ü.M.) wird von den Ureinwohnern

Kata Tjuta

Kata Tjuta genannt, was so viel bedeutet wie „viele Köpfe". Das Alter
der Felsdome wird auf mehrere Millionen Jahre geschätzt. Vor 2002
wurden die Berge noch als „die Olgas" bezeichnet. Der Name
stammte vom Forscher Ernest Giles, der 1872 seiner Unterstützerin
Königin Olga von Württemberg, seinen Dank ausdrücken wollte.

Die **Kata Tjuta Dune Viewing Area** bietet eine gute Aussicht über
die rote Felslandschaft. Bei der Rundwanderung durch das **Valley of
the Winds** (7 km, anstrengend, viel Wasser mitnehmen!) oder der kür-
zern Variante zur **Olga Gorge** (2 km) erlebt man die beeindruckenden Proportionen von Kata Tjuta und beginnt zu verstehen, warum
die lokalen Anangus das Gebiet noch immer als Ehrfurcht einflö-
ßend empfinden. **Hinweis:** Die Wanderwege werden aus Sicherheits-
gründen ab einer Temperatur von 36 °C gesperrt.

Infos   **Uluru-Kata Tjuta Cultural Centre,** Tel. 08-89561128, tägl. 7–17.30 Uhr,
Informationsschalter mit Hinweisen zum Park und zu geführten Touren
(www.deh.gov.au/parks/uluru).

Das **Parkticket** kostet A$ 25 p.P. und ist 3 Tage gültig. Verkauf an der
Parkeinfahrt und im **Cultural Centre.**

Anreise   Der Nationalpark liegt 440 km südwestlich von Alice Springs und ist über den
Stuart und Lasseter Highway erreichbar. Nächster Flughafen ist der Ayers
Rock Airport (AYQ). Vom Resort fahren Shuttlebusse in den Nationalpark (Tel.
08-89562019, www.uluruexpress.com.au, ab A$ 50).

Ayers Rock Resort/Yulara

Bei der Einfahrt in das 1984 erbaute Yulara, das heute offiziell nur
noch **Ayers Rock Resort** genannt wird, erlebt der Outback-Reisende
zunächst einen kleinen Zivilisationsschock. Hotels, Einkaufszentrum,
Visitor Centre und zahlreiche Touristen, Autos und Busse zeichnen

das Resort aus. Der vom australischen Architekten Philipp Cox entworfene und mehrfach ausgezeichnete Komplex soll in seiner baulichen Art ein Beispiel für umweltverträglichen Tourismus sein.

Das **Ayers Rock Resort Observatory** ist eine vorzügliche Sternwarte und eine Empfehlung, um den nächtlichen Sternenhimmel erklärt zu bekommen.

Orientierung

Alle Gebäude sind durch eine Rundstraße miteinander verbunden. Diese wird von einem kostenlosen Bus von 10.30–18 Uhr u. 18.30–0.30 Uhr befahren.

Infos

Im **Visitor Centre** (Tel. 08-89577377, tägl. 8.30–19.30 Uhr) beim Desert Gardens Hotel gibt es Informationen über Geographie, Flora und Fauna und zur Aboriginal-Kultur. Touren in den Nationalpark bucht man am besten im Tours & Information Centre im Einkaufszentrum.

Übernachtung

Eine Zimmerreservierung sollte aufgrund der begrenzten Kapazitäten und der großen Nachfrage immer vorgenommen werden!

***** Longitude 131˚**, Tel. 08-89577131; 15 exklusive Zeltunterkünfte 3 km außerhalb von Yulara. Die einzigen Unterkünfte mit Blick auf den Ayers Rock!

***** Sails in the Desert und ****Desert Gardens Hotel**, Tel. 08-89577714; komfortable Hotels, die auch gerne von Busgruppen genutzt werden.

*** Outback Pioneer Hotel & Lodge**, Tel. 08-89577605; ein gleichfalls nicht billiges Hotel mit angeschlossenem Backpacker-Hostel, kleines Restaurant, Bar, Schwimmbad.

Ayers Rock Campground, Tel. 08-89577001; großer Campingplatz mit Cabins (für bis zu 6 Personen), Pool und Kiosk.

Touren

Anangu Tours, Tel. 08-89503030, www.ananguwaai.com.au; empfehlenswerte Touren von Aboriginals/zur Aboriginal-Kultur in kleinen Gruppen.

Uluru Camel Tours (Tel. 08-89563333, www.ulurucameltours.com.au) veranstaltet Kamelausritte in Richtung Ayers Rock.

Sounds of Silence Dinner, Tel. 02-93391000 – das berühmte Abendessen unter Sternen, ab A$ 165 pro Person.

Rundflüge in Helikoptern und Kleinflugzeugen sind im Visitor Centre buchbar. **Outback Ballooning** organisiert jetzt auch Ballonfahrten zum Ayers Rock (www.outbackballooning.com.au, Tel. 08-89528723).

Mietwagen

Hertz Cars, (Tel. 08-89562244, www.hertz.com.au) und **Thrifty** (Tel. 08-89562556, www.thrifty.com.au) haben Stationen am Flughafen und im Resort.

Anreise

Der **Connellan Airport** liegt 4 km nördlich des Resort. Qantas und Virgin Blue fliegen von mehreren Städten in das Rote Zentrum. AAT Kings (s. Touren Alice Springs) bietet tägliche Bustransfers von Alice Springs nach Yulara an (A$ 125).

South Australia

Überblick   Mit einer Ausdehnung von 984.000 qkm und einer 3700 km langen Küstenlinie ist Südaustralien (SA) der drittgrößte Bundesstaat Australiens. Auf der gesamten Fläche leben gerade mal 1,6 Mio. Menschen, davon 1,2 Mio. in der Hauptstadt Adelaide. South Australia, der trockenste Staat des trockensten Kontinents, teilt sich in zwei gegensätzliche Hälften: Im Süden der stark besiedelte und durch den Murray River meist bestens bewässerte Teil mit der Hauptstadt Adelaide und im Norden das kaum bevölkerte, extrem trockene und wüstenhafte Outback. Landschaftlich bietet Südaustralien dadurch eine große Abwechslung. Schroffe Steilküsten im Westen an der Great Australian Bight, verführerische Strände an der Küste und fruchtbare Regionen im Hinterland (Weinbau, Obstanbau) kennzeichnen den Süden. Dort herrscht mediterranes Klima mit warmen Sommern und kühlen Wintern. Über 80% der Staatsfläche wird indes dem kargen Outback zugerechnet, einer Mischung aus Grassteppe und Wüste.

Highlights   Zu den Highlights Südaustraliens zählen die landschaftlichen Schönheiten der Flinders Ranges, das skurrile Opalstädtchen Coober Pedy, die saftig grünen Hügel des Weinanbaugebiets Barossa Valley, die Tiervielfalt auf Kangaroo Island und die Hauptstadt Adelaide.

Internet   **Fremdenverkehrsbüro:**
www.southaustralia.com und www.tourism.sa.gov.au

Nationalparks:
www.environment.sa.gov.au oder www.parks.sa.gov.au

Rawnsley Park
Station, Flinders
Ranges

Coober Pedy

Die Opalstadt **Coober Pedy** zählt zu den bekanntesten „Outback-nestern" Australiens. Immer wieder wird in den Medien über die kleine Gemeinde mit ihren opalbesessenen Einwohnern berichtet. Der Name der Stadt („kupa piti") stammt von den Aborigines und bedeutet nichts weiter als „weißer Mann im Loch". Das beschreibt den Ort ausgesprochen treffend: mehr als die Hälfte der 4000 Einwohner leben in unterirdischen „Dugouts" oder suchen unter Tage nach den regenbogenfarbenen Edelsteinen. Wegen der extremen Außen-temperaturen im Outback – im Sommer steigt das Quecksilber auf bis zu 50 °C, in Winternächten sinkt es bis auf den Gefrierpunkt –

sind die Wohnhöhlen in der tonigen Erde mit konstanten Raum-
temperaturen von ca. 22 °C ideale Unterkünfte. Neben den Dugouts
zerlöchern über 250.000 Minenschächte die Region.

1915 fand der 14 Jahre alte Willie Hutchison in der trockenen Landschaft den ersten Opal. Die Kunde verbreitete sich schnell und bald
darauf kamen Glücksuchende aus aller Welt in die Gegend. Bis heute
verleiht das bunt gemischte Völkchen dem kuriosen Nest seinen besonderen Charme. An der Methode des Opalsuchens hat sich seitdem wenig verändert. Löcher werden in die Erde gesprengt, um den
Edelstein zu finden. Der Abraum wird mit gigantischen „Staub-
saugern" an der Oberfläche zu charakteristischen „Maulwurfshügeln"
aufgeschüttet. Die Löcher werden in der Regel nicht wieder zuge-
schüttet, sodass bei Rundgängen Vorsicht geboten ist.

Touristen können ihr Glück auf den staubigen Abraumhalden der
Minen versuchen und mit Sieb und Schaufel nach den Edelsteinen
suchen („noodling"). Im Visitor Centre gibt es dazu das notwendige
Equipment.

Infos   **Vistor Centre**, Hutchison St, Tel. 1-800-637076 oder 08-86725298, Mo–Fr
8.30–17 Uhr Sa/So 10–13 Uhr, www.opalcapitaloftheworld.com.au.

Unterkunft   ***** Desert Cave Hotel**, Hutchison St, Tel. 08-86725688; bestes Hotel der Stadt,
Zimmer über und unter der Erde, Pool.

* Radekas Dugout Motel & Backpackers, Hutchison St, Tel. 08-86725223;
Budget-Unterkunft mit vielen Aktivitäten.

Stuart Range CP, Yanikas Drv, Tel. 08-86725179; schattenarmer und staubiger Campingplatz.

Touren   Das pure Outbackerlebnis bietet der Tagesausflug **„Mail Run"**. Mit dem
Postboten geht es im Geländewagen auf einer etwa 800 km langen Tour zu
abgelegenen Outback-Farmen (Tel. 08-86725226, www.mailruntour.com,
frühzeitig buchen!).

Coober Pedy Scienic Flights (Opal Air, Bryant Road, Tel. 08-86723067,
www.cooberpedyscenicflights.com) bietet Rundflüge an.

Wer mehr zur Suche und Verarbeitung von Opalen wissen möchte, sollte an
der **Riba's Evening Mine Tour** teilnehmen (Wiliam Creek Rd, 4 km südlich am
Stuart Hwy, tägl. 19.30 Uhr, Tel. 08-86725614, vorher anmelden).

Anreise   Coober Pedy liegt 846 km nördlich von Adelaide und 685 km südlich von
Alice Springs am Stuart Highway. Greyhound Busse stoppen täglich in Coober
Pedy. Der kleine Flughafen wird mehrmals wöchentlich von Adelaide ange-
flogen. Der Ghan Zug hält in Manguri Station, 47 km westlich der Stadt.
Transfers können arrangiert werden (www.gsr.com.au).

Opale

In den Binnenmeeren des großen australischen Beckens lagerten sich in der Kreidezeit (135–70 Mio. Jahre vor heute.) und den nachfolgenden Jahrmillionen Kalk, Sandstein und Ton ab. Aus diesen Schichten laugten unterirdische Rinnsale und Grundwasserläufe Kieselsäure aus. Diese floss durch die Spalten der Sedimente und sammelte sich zu kleinen und großen Linsen auf der undurchlässigen Ton-schicht. Durch fortlaufende Wasseranreicherung und -verdunstung entstand ein Gel, das sich letztendlich zum Opal verfestigte. Sucht man Opale, so forscht man tatsächlich nach opalführenden Hohlräumen ehemaliger Meere, Vulkane, Wasser-läufe und Seen.

Das außergewöhnliche Farbenspiel des Opals beruht auf der Struktur des Mine-rals. Die regelmäßig angeordneten Silziumdioxidkügelchen, deren Durchmesser in etwa der Wellenlänge des sichtbaren Lichts entspricht und Wasser, das in den Zwischenräumen lagert, lassen den Opal leuchten. Wenn Licht auf die Anordnung trifft, wird es gebeugt und in seine Spektralfarben zerlegt.

Aufgrund der Farbvielfalt spricht man auch von Regenbogensteinen. 95% aller weltweit geförderten Opale stammen aus Australien. Der Großteil wird nach Asien verkauft und dort zu Schmuck verarbeitet.

Am wertvollsten sind die Schwarzen Opale, die in Lightning Ridge in New South Wales gefunden werden. Auf der Preisskala folgen die Boulder-Opale aus Queens-land. Die größte Menge bilden die günstigsten Edelsteine, die hellen Light Opals, die aus Coober Peedy, Andamooka (SA) und White Cliffs (NSW) stammen. Neben den Solid Opals werden auch Doubletten verkauft, die dünne Opalschicht wird dann mit einem dunklen Untergrund beklebt. Bei Tripletten wird auf die Opalschicht noch eine Quarzlage aufgebracht, um die Farbintensität der Steine zu erhöhen.

4

Warnschild bei den Opalfeldern

Adelaide

Überblick   Die Hauptstadt Südaustraliens mit ihrem mediterranen Klima ist übersichtlich – der britische Stadtplaner William Light legte sie im Jahr 1837 auf einer Quadratmeile schachbrettförmig an. Auf den ersten Blick wirkt Adelaide eher steif, wegen des Stadtmusters und der „strengen" Architektur. Doch bald erlebt der Besucher den gemütlichen und kosmopolitschen Charakter der Metropole mit ihren vielen Parkanlagen rund um das Geschäftsviertel und wegen des kulturellen Erbes der vielen Einwanderer (vor allem aus Mitteleuropa). Dank der guten touristischen Infrastruktur (Flughafen, Auto- und Campervermietungen) ist Adelaide ein idealer Ausgangspunkt für Touren in die Flinders Ranges, nach Kangaroo Island oder zur Great Ocean Road in Richtung Melbourne. Planen Sie für die Stadt und Ausflüge in die Umgebung mindestens zwei Tage ein.

Geschichte   Nachdem die südaustralische Küste 1627 erstmals von Holländern erblickt wurde, folgte die nähere Erforschung erst 1802 durch Matthew Flinders und Nicholas Baudin. Nach der Erforschung des Inlands beschloss die britische Regierung, diesen Teil Australiens für freie Siedler zu erschließen. Bis dahin lebte eine Gruppe der Kaurna-Aborigines friedlich im Flachland der Adelaide Plains. **Hindmarsh** landete 1836 in der Holiday Bay, dem heutigen Glenelg, und proklamierte den Staat Südaustralien. Der angereiste Stadtplaner William Light hegte visionäre Pläne für eine perfekte Stadt für freie Bürger und setzte diese mit rechtwinkligen Blocks, breiten Boulvards und eleganten Plätzen um. Benannt wurde die Siedlung am Torrens River schließlich nach Adelheid von Sachsen-Meiningen, die Ehefrau des britischen Königs William IV.

Mit der Entdeckung der Bodenschätze im Hinterland in den 1880er Jahren gewann Adelaide als Ausfuhrhafen weitere Bedeutung. Nach dem Zweiten Weltkrieg entwickelte sich die Stadt zur Kunst- und Kulturmetropole Australiens.

1 Sehenswertes

1 Casino
2 Parliament House
3 Old Parliament House
4 Festival Centre
5 Elder Park
6 Adelaide Oval
7 Gouvernment House
8 State Library
9 Migration Museum
10 SA Museum
11 Art Gallery of SA
12 University of Adelaide
13 Botanic Gardens
14 Bicentennial Museum
15 Zoo
16 National Wine Centre
17 Tandanya (National Aboriginal Culture Institute)
18 Rundle Mall
19 Edmund Wright House
20 Town Hall
21 General Post Office
22 St Francis Xavier Cathedral
23 Supreme Court
24 Central Market

A Weitere Adressen

A St Peters Cathedral
B BASS
C Lion Arts Centre / Jam Factory
D SA Visitor & Travel Centre
E Auskunft öffentl. Verkehrsmittel (Passenger Transport Info Centre)
F Venue Tix
G Autoclub

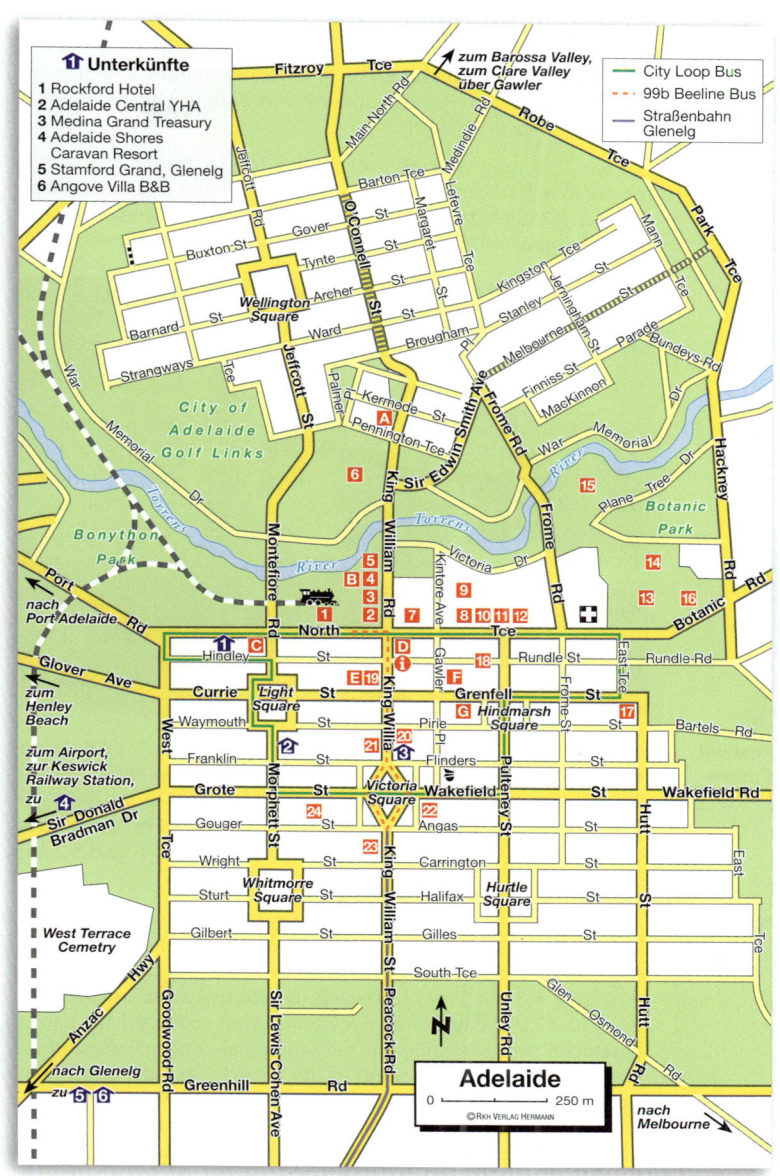

Unterkünfte

1 Rockford Hotel
2 Adelaide Central YHA
3 Medina Grand Treasury
4 Adelaide Shores Caravan Resort
5 Stamford Grand, Glenelg
6 Angove Villa B&B

City Loop Bus
99b Beeline Bus
Straßenbahn Glenelg

Adelaide

0 ————— 250 m

©RKH VERLAG HERMANN

Stadtbesichtigung Adelaide

Weil die Sehenswürdigkeiten recht dicht beieinander liegen, kann Adelaide bestens zu Fuß erkundet werden. Zudem verkehren Gratis-Busse (s. Service/Verkehr).

Pracht-straße North Terrace

An der Ecke King William Street/North Terrace befinden sich das prachtvolle **Parliament House** und das schlichte **Old Parliament House.** Westlich davon liegt der im neoklassizistischen Stil erbaute **Stadtbahnhof** (1929), heute ein **Spielcasino** (s. Service/Unterhaltung).

Festival Centre

Festival Centre

Nördlich vom Old Parliament House befindet sich das **Adelaide Festival Centre** (tägl. geöffnet), die „kantige" und weniger spektakuläre „Antwort" auf Sydneys Opernhaus. Der 1977 eröffnete Komplex, in dem alle zwei Jahre das berühmte **Adelaide Festival of Arts** stattfindet, ist außerhalb der Festspielwochen Musik- und Schauspielhaus.

Museen und Gallerien

An der Northern Terrace, östlich der King William Road, reihen sich weitere Prachtbauten: Das älteste öffentliche Gebäude der Stadt, das **Gouvernment House** (1855), weiter die **State Library** (Mo–Fr 9.30–18 Uhr, Sa/So 12–17 Uhr) sowie das **South Australian Museum** (tägl. 10–17 Uhr, Eintritt frei, www.samuseum.sa.gov.au). Die naturgeschichtliche Sammlung und die Aboriginal-Kulturgalerie sind sehenswert. Ebenfalls kostenfrei ist der Besuch der 1881 eröffneten **Art Gallery of South Australia** (tägl. 10–17 Uhr, www.artgallery. sa.gov.au) mit Werken nationaler und internationaler Künstler. Neben der Art Gallery ist die **University of Adelaide.** Nördlich der State

Library liegt das **Migration Museum** (Mo–Fr 10–17 Uhr, Sa/So 13–
17 Uhr, www.history.sa.gov.au, Eintritt frei) mit einer Ausstellung zur
Geschichte der nach South Australia Eingewanderten.

Wine Centre Im **National Wine Centre of Australia** (Ecke Botanic/Hackney Rd,
www.wineaustralia.com.au, tägl. 10–18 Uhr, Eintritt frei) werden
Weine angeboten und man erfährt Näheres über Weinanbau und -
verarbeitung in Südaustralien.

Das **Tandanya National Aboriginal Cultural Institut** (253 Grenfell
St, www.tandanya.com.au, tägl. 10–17 Uhr, Vorführungen Di–Sa 12
Uhr, Eintritt frei) vermittelt eindrucksvoll den Alltag der Kaurna
Aboriginal People. Bei einem Besuch der innovativen Ausstellung,
den Darbietungen und der Galerie sind zwei Stunden schnell ver-
gangen. Im Café gibt es „Bushtucker" – authentische Spezialitäten
der Aboriginal-Küche.

Shopping Nach so viel Kultur lockt die lebhafte Einkaufsmeile **Rundle Mall.**
Kneipen, Kaufhäuser, Boutiquen und Cafés schmücken die älteste
Fußgängerzone Australiens, Künstlerskulpturen und Straßenmusi-
kanten sorgen für ein entspanntes Ambiente.

King William Auf Höhe der Pirie Street
Road wurde im Renaissancestil die
imposante Town Hall erbaut
(1836–1866). Schräg gegenüber befindet sich das General Post Office mit einem
mächtigen Uhrturm.

Unterbrochen wird die
King William Road vom großen **Victoria Square** mit
dem zentralen Springbrun-
nen und schattenspenden-
den Bäumen. Umgeben ist   St. Francis Xavier Cathedral
der Platz von der **St. Francis
Xavier Cathedral** (1856) und klassizistischem **Supreme Court** (1868).
Vom südlichen Ende des Platzes fährt die Straßenbahn Adelaides
zum Strandort **Glenelg.**

Sehenswürdigkeiten außerhalb der City
Glenelg

Adelaides bekanntester Stadtstrand befindet sich im Vorort **Glenelg,**
11 km südwestlich der Innenstadt. Von der Tramstation zum Meer
passiert man die 1875 erbaute **Town Hall** (mit Glockenturm) und das
majestätische **Courthouse** (1933). Die Skyline dominiert das luxuriöse

„Grand Hotel". Auf der Hauptstraße Jetty Road herrscht in den Shops geschäftiges Treiben, Cafés laden zum Verweilen ein. Eine kürzere Version der heute 215 m langen „Jetty" entstand bereits 1859.

Anfahrt   Mit der Straßenbahn ab Victoria Square (ca. 30 Min.).

Port Adelaide

Port Adelaide ist der Ursprung südaustralischer Seefahrtsgeschichte. Mit seinen kolonialen Gebäuden und dem Seefahrts- und Eisenbahnmuseum (beide tägl. 10–17 Uhr) ist der Vorort einen Besuch wert. In die ehemaligen Lagerhäuser sind inzwischen gemütliche Cafés und Geschäfte eingezogen. Besonders attraktiv ist der lebhafte Trödel-, Ess- und Fischmarkt **Fishermen's Wharf Markets** (So 9–17 Uhr).

Anfahrt   Der Vorort liegt 13 km nordwestlich der Innenstadt und ist mit dem Zug ab Central Station (North Tce) oder mit Bus Nr. 151 oder 153 ab North Tce erreichbar.

Service Adelaide

Infos   **Rundle Mall Visitor Information Centre**, Ecke Rundle Mall/King William St, Tel. 08-82037611, Mo–Do 10–17 Uhr, Fr 10–20 Uhr, Sa/So 11–15 Uhr. Hier beginnen auch die kostenlosen Stadtrundgänge Mo–Fr um 9.30 Uhr.

Im Internet   www.southaustralia.com.au, www.citysearch.com.au

Notfall   **Notruf:** Tel. 000

Polizei: 60 Wakefield St, Tel. 08-81725000 oder Tel. 131444
Krankenhaus: Royal Adelaide Hospital, North Tce, Tel. 08-82224000

Glenelg

_____ **Verkehr**

Flughafen

Der Flughafen liegt 8 km westlich der Innenstadt. Der **Skylink Airport Shuttle** (Tel. 1-300383783, www.skylinkadelaide.com, A$ 10) verkehrt zwischen den Terminals und vielen Hotels. Der öffentliche **JetBus** verkehrt alle 15 Min. zwischen Flughafen und City (A$ 4,60, tägl. 5–23.30 Uhr, www.adelaidemetro.com.au). Eine **Taxifahrt** kostet etwa A$ 25 (Airport-Taxis Tel. 13-2211).

Züge und Überland-busse

Ab **Keswick Rail Terminal** (Richmond Rd, Keswick), 3 km westlich des Central Business District (CBD), verkehren die Fernzüge Overland, Ghan und der Indian Pacific sowie die Züge der V-Line (Speedlink nach Sydney). Fahrpläne und Tickets sind im Bahnhof oder bei Great Southern Railway erhältlich (Tel. 132147, www.gsr.com.au oder www.trainway.com.au).

Alle **Überlandbusse** verkehren ab der **Central Bus Station** in 101–111 Franklin Street (www.greyhound.com.au).

Öffentliche Verkehrs-mittel

Die beiden **Gratis-Buslinien** *Bee-Line* (99B) und *City Loop* (99C) fahren zu den wichtigsten Sehenswürdigkeiten im CBD. Die Straßenbahnen zwischen der South und North Tcs können tagsüber kostenlos genutzt werden. In die Vororte verkehren Busse und Bahnen (www.adelaidemetro.com.au). Nach Glenelg fährt alle 15 Min. die Straßenbahn (Fahrzeit 30 Min.). Einzel- und Tageskarten (A$ 8,80) sind in Bussen, Straßenbahnen und in manchen Zügen (Münzautomat) erhältlich.

Mietwagen

Avis Car Rental, 136 North Tce, Tel. 08-84105727; Flughafen Tel. 08-82344558;

Budget Car Rental, 274 North Tce, Tel. 08-84187300; Flughafen Tel. 08-82344900;

Hertz Cars, 233 Morphett St, Tel. 08-82344566; Flughafen Tel. 08-82312856;

Thrifty Car Rental, 296 Hindley St, Tel. 08-82118788; Flughafen Tel. 08-82344554.

_____ **Unterkunft**

**** Medina Grand Treasury, 2 Flinders St, Tel. 08-81120000; neues Apartmenthotel im historischen Treasury Building mit geräumigen Wohneinheiten.

**** Stamford Grand Glenelg, Mosley Square, Glenelg, Tel. 08-83761222; Hotel im Badevorort Glenelg, verfügt über allen Komfort, mit der Straßenbahn nur 30 Min. bis zur City.

**** Angove Villa B&B, 14 Angove Rd, Glenelg South, Tel. 08-83766421; schöne Villa in Strandnähe.

*** Rockford Hotel, 164 Hindley St, Tel. 08-82118255; zentral gelegenes, modernes Hotel.

* Adelaide Central YHA, 135 Waymouth St, Tel. 08-84143001; moderne Jugendherberge nahe dem Zentrum.

Adelaide Shores Caravan Resort, 1 Military Rd, West Beach, Tel. 1-800-444567 oder 08-83557320; empfehlenswerter, gut ausgestatteter Campingplatz direkt am Strand. Es gibt auch Bungalows und Cabins.

4

_____ **Essen und Trinken**

Das Angebot an Restaurants ist groß und von den europäischen und asiatischen Einwanderer geprägt. Zwischen Gouger und Grote Street befinden sich über 40 **China-Restaurants**. In der Hindley Street dominieren **italienische** und **libanesische** Gaststätten. In der Rundle Street (östliches Ende) gibt es **Weinkneipen, Freiluft-Cafés** und gut besuchte **Pubs**.

Red Ochre Grill, War Memorial Drv, North Adelaide, Tel. 08-8218555, www.redochre.com.au, bietet typisch australische Küche mit Känguru und Emu in schickem Ambiente und Blick auf den Torrens River. Hauptgerichte ab A$ 30, Reservierung sinnvoll.

House of Chow, 82 Hutt St, Tel. 08-82236181, www.houseofchow.com.au; chinesische Küche, Hauptgerichte ab A$ 22.

Stanley's Seafood Restaurant, 76 Gouger St; große Auswahl guter Fischgerichte, Hauptgerichte ab A$ 20.

Amalfi, 29 Frome St, beliebter Italiener mit Pizza und Pasta zu moderaten Preisen.

Universal Wine Bar, 285 Rundle St, besticht durch eine ausgezeichnete Weinkarte.

The Bull and Bear Ale House, 89 King William St; beliebter Pub mit außergewöhnlicher Karte, nicht nur für Börsenmakler!

_____ **Unterhaltung**

Größtes kulturelles Ereignis der Stadt ist das **Adelaide Festival,** das alle zwei Jahre (gerade Jahreszahl) im Festival Centre stattfindet (Ecke North Tce/King William St, Tel. 08-82168600, www.afct.org.au). Großer Andrang! Karten für die Events möglichst früh buchen!

Klassische Musik, Tanz, Theater
In den Sälen des **Festival Centre** gibt es ganzjährig ein kulturelles Angebot mit Theater, Oper, Ballet und Konzerten. Klassische Konzerte finden in der **Elder Hall** der Universität statt, Oper, Theater und moderner Tanz in **Her Majesty's Theatre** (58 Grote St), **Lions Arts Centres** (Ecke North Terrace/Morphett St) und **Arts Theatre** (53 Angas St).

Tickets sind bei **BASS** (Adelaide Festival Centre, King William Rd, Tel. 131246, www.bass.net.au) oder bei **VenueTix** (Da Costa Arcade, Ecke Grenfell St/Gawler Place Tel. 08-82258888, www.venuetix.com.au) erhältlich.

Casino
SkyCity Adelaide Casino (North Tce, mit Restaurants und Bars) in historischem Ambiente. Tagsüber ist die Atmosphäre und Kleiderordnung locker, abends achtet man jedoch auf den „Dress-Code" (Jacket und Krawatte erwünscht).

Live-Musik
In der kostenlosen Musikzeitung *Rip it Up* sind sämtliche Live-Musik-Auftritte verzeichnet (www.ripitup.com.au).

Im **Austral Hotel** (205 Rundle St) spielen freitags Livebands, im **Exeter Hotel** (246 Rundle St), einem herrlichen, alten Pub, gibt es an den Wochenenden Live-Musik und im **Cargo Club** (213 Hindley St) wird Jazz, Kabarett, Soul und Reggae in lässiger Atmosphäre geboten.

Festivals
Januar: Schützenfest, Volksfest der Deutsch-Australier im Bonython Park; www.schutzenfest.com.au.

Februar/März: Adelaide Fringe Festival. Alternative zum großen Adelaide Festival mit bekannten und neuen Künstlern; www.adelaidefringe.com.au.

März (alle zwei Jahre, gerade Jahreszahl): Adelaide Festival, dreiwöchiges Kulturprogramm mit internationalen Künstlern; www.adelaidefestival.com.au.

Oktober: Glenelg Jazz Festival – Jazz vom Feinsten im Strandvorort.

Einkaufen

Die Fußgängerzone Rundle Mall und die Adelaide Arcade sind das Einkaufszentrum der Stadt. Typische Souvenirs aus Südaustralien sind Opale, Wein und Aboriginal-Kunst. Eine große Auswahl an **Edelsteinen** gibt es im Opal Field Gems Mine & Museum (33 King William St) und bei Southern Cross Opals (114 King William St). Wer eine gute Flasche **Wein** möchte, findet ein riesiges Sortiment im National Wine Centre (s. Infos, beim Kauf größerer Mengen auch Versand nach Europa). **Aboriginalkunstwerke** sind im Tandanya Centre (253 Grenfell St) käuflich. **Designer-Ware,** Glas, Keramik und Textilien werden in der Jam Factory (19 Morphett St) angeboten.

Märkte

Der **Central Market** (Gouger St, Di, Do, Fr, Sa) ist ein quirliger Treffpunkt mit Gemüse- und Obstständen, Imbissbuden, asiatischen Spezialitäten und gemütlichen Cafés.

Touren

Stadtrund-fahrten

Halbtägige Stadtrundfahrten bei **Adelaide Sightseeing** (Tel. 1300 769 762, www.adelaidesightseeing.com.au) und **AAT Kings** (www.aatkings.com.au). **Tourabout Adelaide** (Tel. 08-83331111, www.touraboutadelaide.com.au) bietet Fußgängertouren an (auch deutschsprachig).

Touren in die Umgebung

Gray Line Adelaide (Tel. 1-300-858687, www.grayline.com.au.), Tagestouren mit Reisebussen in das Barossa Valley, Clare Valley, Flinders Ranges und zum Murray River.

Banksia Adventures (Tel. 08 8285 5033, www.banksiaadventures.com.au) bietet Touren in die Flinders Ranges, nach Kangaroo Island und entlang der Great Ocean Road an.

Magic Tours (Tel. 03-53420527, www.magictours.com.au) ist spezialisiert auf deutschsprachige Touren entlang der Great Ocean Road bis Melbourne. (Touren nach Kangaroo Island s. Umgebungsziele von Adelaide).

Umgebungsziele von Adelaide

Barossa Valley

Die eine Autostunde von Adelaide entfernte Weinregion **Barossa Valley** ist die berühmteste Australiens. In den über 50 Weingütern werden vorzügliche Sorten wie Shiraz, Cabernet, Semillon, Chardonnay und Riesling gekeltert. Zu den bekanntesten Betrieben zählen Peter Lehmann, Orlando Wines, Penfold's und Yalumba, Australiens älteste Winzerei in Familienbesitz. Hinweisschilder mit der Aufschrift „Cellardoors" weisen auf mögliche Weinproben hin.

William Light, der Stadtvater Adelaides, benannte das Tal in Anlehnung an das südspanische Tal „Valle del Bar Rosa". Der deutsche Einfluss im Gebiet zeigt sich in zahlreichen lutherischen Kirchen, der traditionellen Musik und in der Handwerkskunst. Ersichtlich ist dies vor allem bei Bäckern und Metzgern, die noch immer nach deutschen Rezepturen arbeiten. Besonders unterhaltsam ist ein Besuch im Barossa Valley während des Barossa Vintage Festival zu Ostern (in Jahren mit ungerader Jahreszahl) oder des Freiluft-Events Barossa Under the Stars im Februar.

Infos   **Gawler Visitor Information Centre,** 2 Lyndoch Rd, Tel. 08-85226814, www.barossa.com.

Barossa Wine & Visitor Information Centre, 66–68 Murray St, Tanunda, Tel. 1-300-852982.

Unterkunft   ****** Novotel Barossa Valley Resort**, Golf Links Rd, Rowland Flat, Tel. 08-85240000; modernes Hotel mit Golfplatz und vielen Freizeitangeboten.

* Barossa Doubles d'Vine, Barossa Valley Way, Nuriootpa, Tel. 08-85622260; familiäres Hostel am Weinberg.

Barossa Valley
Weingut

Barossa Valley Tourist Park CP, Penrice Rd, Nuriootpa, Tel. 08-85621404; ruhiger Platz mit Cabins.

Anreise   Wer keine geführte Tour unternimmt, sollte mit einem Mietwagen das Tal erkunden. Die direkteste Strecke (70 km) von Adelaide führt über die Main North Road durch die Ortschaften Elizabeth und Gawler. **Barossa Valley Coaches** (Tel. 08-85643022, www.bvcoach.com) fährt täglich von Adelaide in das Barossa Valley.

Kangaroo Island

Kangaroo Island ist die drittgrößte Insel Australiens. Nur 50 Schiffsminuten durch die Backstairs Passage vom Festland (Cape Jervis) bzw. 30 Flugminuten von Adelaide entfernt, genießt sie dank leichter Erreichbarkeit hohe Popularität. Das 155 km lange und 55 km breite Eiland zeichnet sich durch Steilküsten, geschützte Sandbuchten, bizarre Felsformationen und eine reiche Tierwelt aus.

Abgetrennt vom Festland blieb Kangaroo Island von einer frühen Erschließung durch die ersten Siedler weitgehend verschont. So blieb die Flora und Fauna vor äußeren Einflüssen bewahrt. Große Teile der Insel mit ihren endemischen Arten stehen unter Naturschutz. Im gesamten Westteil wurde der **Flinders Chase National Park** eingerichtet. Zusätzlich bilden kleinere Conservation Parks weitere Schutzgebiete. Kangaroo Island besitzt die größte Koala-Population Australiens. Die Tiere sind so zahlreich, dass ihre Nahrungsgrundlage – die Blätter der Eukalyptus-Bäume – in manchen Gegenden rar werden. Viele Bäume sind regelrecht kahlgefressen. Mittlerweile wurden Sterilisationskampagnen initiiert, um die Vermehrung der Beuteltiere zu vermindern.

Für einen Besuch sollten mindestens zwei bis drei Tage eingeplant werden. Wer nicht mit dem eigenen Fahrzeug anreist (von den meisten Vermietern gestattet), sollte auf der Insel einen Wagen mieten oder sich einer organisierten Tour (ab/bis Adelaide) anschließen (s. Touren). In Kangaroo Island ist es stets ein paar Grad kühler als in Adelaide.

Penneshaw und Kingscote

Die Autofähre von Cape Jervis steuert die kleine Ortschaft **Penneshaw** an. Das **Penneshaw Penguin Centre** (Lloyd Collins Reserve, im Winter 19.30–20.30 Uhr, im Sommer 20.30–21.30 Uhr) veranstaltet abendliche Touren zur Kolonie der Weißflügelpinguine (Little Penguins). Direkt am Fährterminal lockt bei warmem Wetter die geschützte **Hog Bay** mit schönen Sandstränden.

In der Inselhauptstadt **Kingscote** gibt es Banken, Shops, ein Internet-Café und ein Krankenhaus. In Nähe des Ozone Seafront Hotel (in Richtung Fähranleger) hat sich ebenfalls eine kleine Kolonie

Weißflügelpinguine niedergelassen. Abendliche Führungen werden vom Penguin Centre angeboten (www.kipenguincentre.com.au). Täglich um 17 Uhr werden nördlich der Kingscote Wharf die großen und immer hungrigen **Pelikane** gefüttert.

Südküste

Reich an Sehenswürdigkeiten ist vor allem die Südküste der Insel. Im **Seal Bay Conservation Park** hat sich eine Kolonie von rund 500 seltenen australischen Seelöwen niedergelassen. In Obhut eines Rangers kann man sich den Tieren nähern (Touren von 9–17 Uhr, Dez–Jan bis 19 Uhr, Eintritt A$ 30).

Flinders Chase National Park

Fast der gesamte Westen der Insel ist als **Flinders Chase National Park** ausgewiesen. Gleich am Parkeingang befindet sich das informative Flinders Chase Visitor Centre (tägl. 9–17 Uhr, Tel. 08-85597235). Auf der Grasfläche rund um das Besucherzentrum halten sich oft Kängurus und Wallabies auf, in den Bäumen dösen Koalas. Morgens und abends empfiehlt sich die 4,5 km (H/R) lange Wanderung zum **Platypus Waterhole,** wo Sie mit etwas Glück die scheuen Schnabeltiere beobachten können. Unterwegs sollten Sie in den hohen Eukalyptusbäumen nach Koalas Ausschau halten. Über die Piste Shackle Road erreicht man die Teiche auch mit dem Auto.

Südlich des Visitor Centres liegt **Cape du Couedic** mit dem 1909 erbauten Leuchtturm. Spektakulär ist der Anblick des von Wasser, Wind und Wetter gemeißelten Felsbogens **Admiral's Arch,** nur wenige Schritte vom Leuchtturm entfernt. Unterhalb des Felsbogens tummeln sich neuseeländische Pelzrobben. Noch imposanter sind die **Remarkable Rocks.** Die mächtigen rostroten Granitfelsen erheben sich als bizarr verwitterte Skulpturen auf einer angehobenen Landzunge – perfekte Fotomotive zu allen Tageszeiten!

Seal Bay
Conservation
Park

Remarkable
Rocks

Infos   **Gateway Visitor Information Centre,** Howard Drv, Penneshaw, Tel. 08-85531185, Mo–Fr 9–17 Uhr, Sa/So 10–16 Uhr, www.tourkangarooisland.com.au; Verkauf des für alle Besucher erforderlichen **Island-Pass:** Der Pass berechtigt zum Eintritt in alle Parks der Insel und zur Teilnahme an geführten Rangertouren in Seal Bay, Kelly Hill Caves, Cape Borda Lighthouse und Cape Willoughby Lightstation (Erw. A$ 64, Fam. A$ 174).

Anreise   Von Adelaide fliegt **Regional Express** (www.regionalexpress.com.au, Tel. 131713) mehrmals täglich nach Kingscote (KGI) und zurück. Transfers vom Flughafen zu den Hotels mit **Kangaroo Island Transfers** (Tel. 04-27887575) oder **Smartcar** (Tel. 1-300-887121).

Kangaroo Island SeaLink (Tel. 131301, www.sealink.com.au) fährt je nach Saisonzeit zwei- bis viermal am Tag mit zwei großen Autofähren von Cape Jervis nach Penneshaw und zurück.

Mietwagen   Die Vermieter bringen die Fahrzeuge zum Flughafen oder zur Fähre.

Budget (Tel. 08-85533133, www.budgetki.com)

Hertz (Tel.133039, www.hertz.com.au)

Flour Cask Bay Sanctuary 4WD Hire
(Tel. 08-85537278, www.eco-sanctuaries.com)

Touren   **KI Sealink** (s. Anreise). Bustouren und Selbstfahrertouren ab/bis Adelaide.

Exceptional Kangaroo Island (Tel. 08-85539119, exceptionalkangarooisland.com), Kleingruppen- und Privattouren im Geländewagen.

Adventure Tours (Tel. 08-81328230, www.adventuretours.com.au), preiswerte 1- bis 6-Tages-Touren ab Adelaide.

Unterkunft   ****** Kangaroo Island Wilderness Resort,** 1 South Coast Rd, Flinders Chase (am Rand des Flinders Chase NP), Tel. 08-85597275; schöne Unterkunft inmitten der Natur, gute Lage im Westen der Insel.

*** Aurora Ozone Hotel, Ecke Commercial Rd/Chapman Tce, Kingscote, Tel. 08-85532011; Mittelklassehotel an der Promenade der Hauptstadt, Pinguinbeobachtung am Abend.

4

*** B&B Stranraer Homestead, Wheatons Rd, Mac Gillivray via Kingscote, Tel. 08-85538235, www.stranraer.com.au; schmucke Landresidenz mit Gourmet-Essen. Der Besitzer führt seine Gäste gerne über die Insel.

* Kangaroo Island YHA, 33 Middle Tce, Penneshaw, Tel. 08-85531344; Jugendherberge in der Nähe des Fähranlegers.

Western KI Caravan Park & Wildlife Reserve, South Coast Rd, Karratta, Tel. 08-85597201; Campingplatz am Eingang des Flinders Chase NP, mit Cabins.

Flinders Ranges

Die **Flinders Ranges** zählen zu den ältesten Landschaften der Erde. Spektakuläre Schluchten, ausgetrocknete Flussbetten, rostrote Erde, atemberaubende Felsformationen und eine reiche Tierwelt machen den Reiz der „Flinders" aus.

Wilpena Pound, ein riesiges natürliches Amphitheater, ist der touristische Mittelpunkt der Flinders Ranges und des gleichnamigen Nationalparks. Wanderungen oder Rundflüge über das 80 kqm Felsbecken gehören unbedingt zu empfehlenswerten Programmpunkten.

Nördlich des Flinders Ranges NP liegt das private **Arkaroola Resort and Wilderness Sanctuary.** Neben dem zwei Millonen Jahre alten Felsgebirge gibt es zwei hervorragende Sternwarten, geführte Touren (Sillers Lookout Tour) und Rundflüge. Viele Gründe, diese etwas längere Zusatzetappe auf sich zu nehmen (Tel. 08-86484848, www.arkaroola.com.au).

Infos   **Wilpena Visitor Centre** (tägl. 8–18 Uhr, Tel. 08-86480048), Wanderkarten, Infomaterial zur Geologie, aber auch Rundflugtickets und Mietfahrräder sind hier erhältlich.

Rundflug
über den
Wilpena
Pound

Unterkunft ****** Wilpena Pound Resort** (Tel. 08-86480004,www.wilpenapound.com.au),
direkt im Zentrum des Nationalparks, Hotel mit Pool, Restaurant, Shop und
Campingplatz.

* bis **** Rawnsley Park Station (Tel. 08-86480008, www.rawnsleypark
.com.au), südlich des NP. Auf der Farm werden neben Motelzimmern auch die
schönen „Eco-Villas" angeboten. Außerdem gibt es einen Campingplatz. Die
Besitzer bieten Allradtouren, Rundflüge, Pferderitte und Mountainbiketouren
an.

***** Arkaba Station (Tel. 02-9571-6399, www.arkabastation.com), die luxuriöse Farm gehört zur Kette der „Luxury Lodges of Autralia" und befindet
sich am Südrand den Nationalparks. Touren über das Farmgelände und weitere Aktivitäten werden angeboten.

* bis *** Mawson Lodge/Arkaroola (s.o. Arkaroola)

Anreise Wilpena Pound liegt 430 km nördlich von Adelaide. Der nächste Flughafen
ist in Port Augusta. Zweimal wöchenlich fährt ein Bus von Adelaide über
Wilpena nach Arkaroola und zurück (Genesis Tours, Tel. 08-85524000,
www.genesistours.com.au). Touren ab Adelaide s. Service Adelaide/Touren.

4

Victoria

Überblick   Bergige Regionen im Nordosten, Halbwüsten im Nordwesten und eine prächtige Küstenlandschaft im Süden zeichnen den Bundesstaat aus. Gärten und Parks haben Victoria den Beinamen „Garden State" eingebracht. Australiens zweitkleinster Bundesstaat ist der am dichtesten besiedelte und am stärksten industrialisierte. Auf 227.600 qkm Fläche leben rund 5,5 Mio. Einwohner, davon allein 4 Mio. in der Hauptstadt Melbourne.

Klimatisch liegt Victoria in der gemäßigten Zone der südlichen Hemisphäre. Das Wetter wird stark vom Meer beeinflusst und ist sehr wechselhaft. Heftige Regenfälle mit Überschwemmungen und sommerliche Hitzeperioden mit verheerenden Dürreperioden und Buschbränden sind dabei die Extreme.

Highlights   Zu den Hauptsehenswürdigkeiten Victorias zählen neben der Metropole Melbourne die beeindruckende Küstenlandschaft mit der Great Ocean Road, der Wilsons Promontory National Park und die Viktorianischen Alpen.

Im Internet   **Tourism Victoria:**
www.visitmelbourne.com und www.tourism.vic.gov.au
Nationalparkbehörde: www.parkweb.vic.gov.au

Melbourne

Überblick   Die recht junge Stadt am Yarra River ist berühmt für ihr kosmopolitsches Flair: Vollbesetzte Straßencafés, hupende Autos, gehetzte Geschäftsleute, überfüllte Straßenbahnen und ein internationales Sprachengewirr sind die ersten Eindrücke bei einem Bummel durch die Innenstadt. Alte viktorianische Gebäude und moderne Wolkenkratzer aus Stahl und Glas erzeugen in den schachbrettförmig angelegten Straßen eine europäisch anmutende Mischung. Von der in den Medien beschworenen Konkurrenz zu Sydney ist in Melbourne nichts zu spüren. Die Finanz- und Kulturmetropole Australiens muss sich mit ihren zahlreichen Galerien, Museen und Theatern nicht verstecken.

Melbourne bietet eine enorme Vielfalt an internationalen Restaurants und Einkaufsmöglichkeiten. Folgt man den grünen Parkanlagen stadtauswärts, so gelangt man zum Strandvorort St Kilda.

Geschichte   Im Mai 1835 „kaufte" der Brite John Batman nach weißer Siedlermanier den am Ufer des Yarra Rivers ansässigen Woiworung-Aborigines gegen ein paar Wolldecken, Messer, Hemden und Spiegel

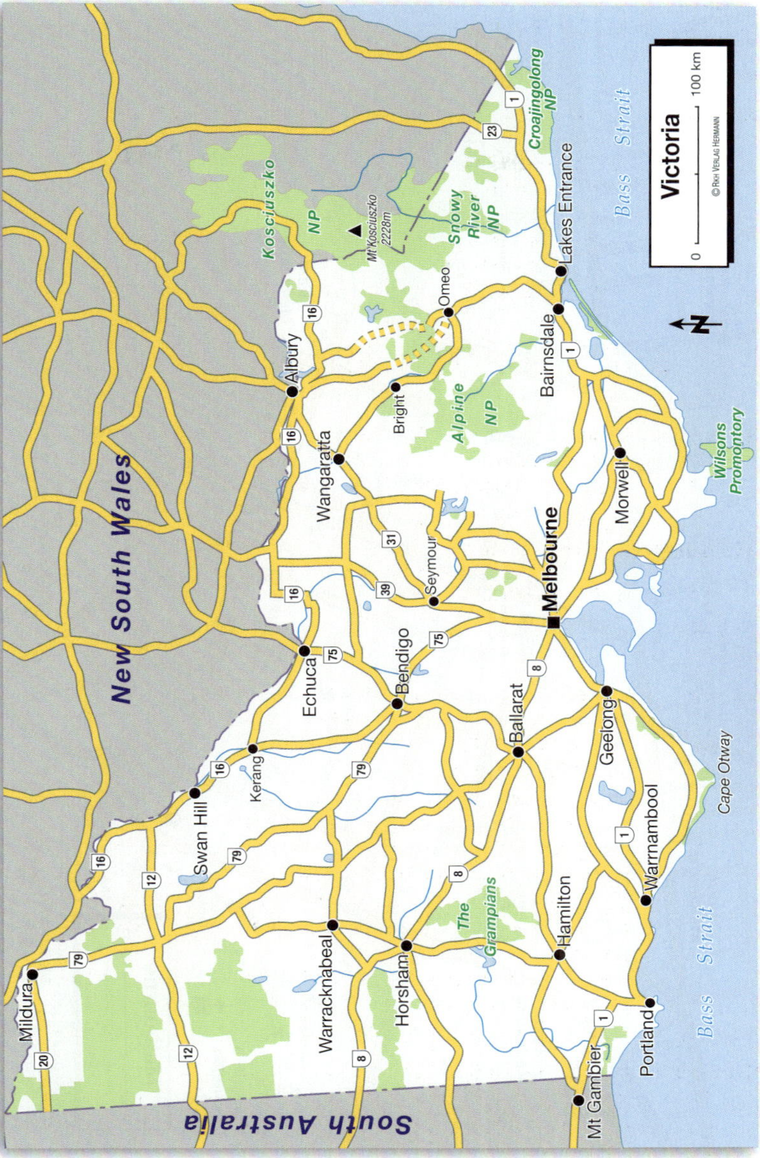

Victoria

0 ————— 100 km

©RV Verlag Hermann

New South Wales

South Australia

Kosciuszko NP

Mt Kosciuszko
2228m

Snowy River NP

Croajingolong NP

Bass Strait

Lakes Entrance

Bairnsdale

Albury

Omeo

Bright

Alpine NP

Wangaratta

Morwell

Wilsons Promontory

Seymour

Melbourne

Bendigo

Echuca

Kerang

Swan Hill

Ballarat

Geelong

Cape Otway

Warrnambool

The Grampians

Hamilton

Warracknabeal

Horsham

Mildura

Portland

Mt Gambier

Bass Strait

16
23
1
16
31
39
16
75
75
16
8
79
79
16
12
79
20
12
8
8
1
1

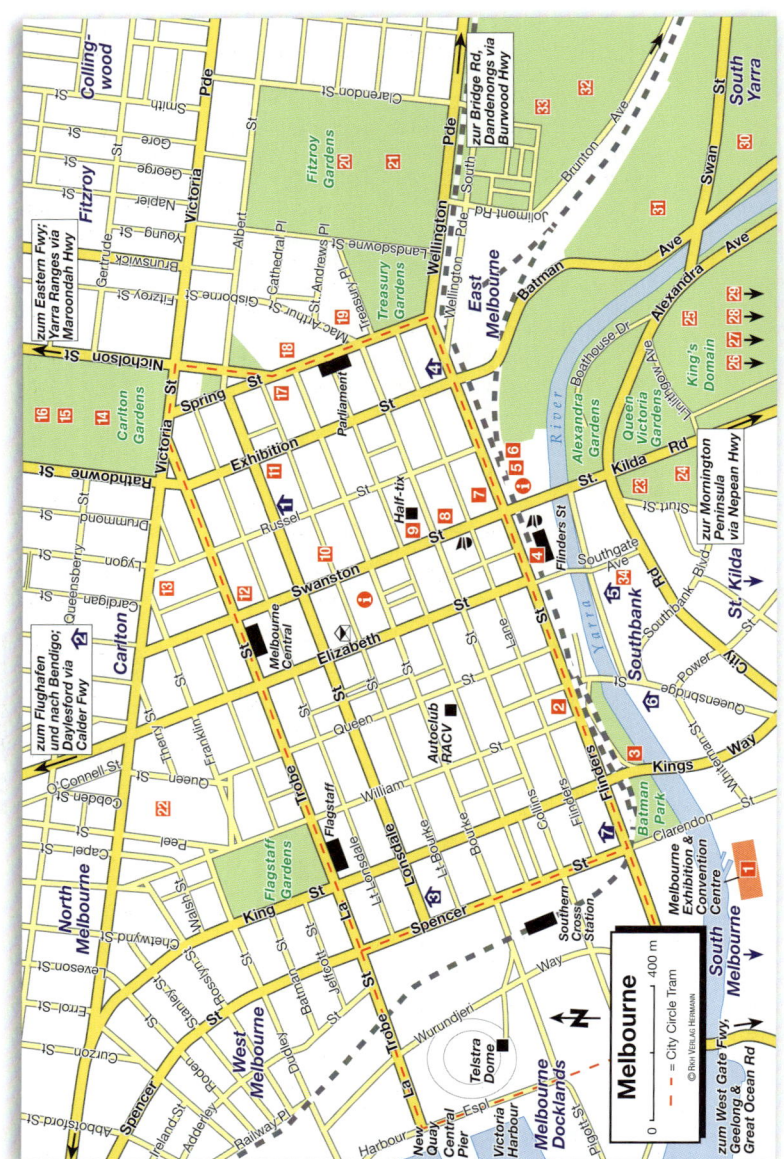

Melbourne

0 _____ 400 m

••• = City Circle Tram

© REISE VERLAG HERRMANN

ein großes Stück Land ab. Stolz darauf, keine Sträflingskolonie zu sein, wurde trotz des offiziell ungültigen Kaufvertrags im Jahr 1837 die Stadt gegründet und nach dem damaligen englischen Premierminister Lord Melbourne benannt.

Mit den Goldfunden in Ballarat und Bendigo nahm eine rasante Entwicklung ihren Lauf. Der Hafen wurde der wichtigste Umschlagplatz, Banken und Bergbauunternehmen ließen sich nieder. Bereits 1860 lebten eine halbe Million Menschen in Melbourne. Mit der Weltausstellung 1880 erlangte die Stadt weltweit Bekanntheit. Von 1901 bis 1927 war Melbourne sogar die offizielle Hauptstadt Australiens. Nach dem Zweiten Weltkrieg bereicherte der starke Einwandererstrom aus aller Welt die Kultur Melbournes. 1956 folgten die ersten Olympischen Spiele in der südlichen Hemisphäre. Ehrgeizige Bauprojekte wie das South Gate Centre am Yarra River, der Federation Square oder das neue Stadtviertel Docklands sind Ausdruck wirtschaftlichen Wohlstands.

Stadtbesichtigung Melbourne

Im Central Business District (CBD) ist alles zu Fuß bzw. mit den kostenlosen Straßenbahnlinien erreichbar (s. Service/Verkehr).

Flinders Street

Als Ausgangspunkt eines Stadtrundganges eignet sich das sehenswerte und interaktiv gestaltete **Immigration Museum** (400 Flinders St, tägl. 10–16 Uhr) im früheren Zollhaus.

Für Freunde der Unterwasserwelt ist das **Melbourne Aquarium** am Nordufer des Yarra interessant, das aber, wie leider viele Attraktionen, einen recht hohen Eintrittspreis verlangt (Ecke Queens Wharf Rd/Kings Way, tägl. 9.30–18 Uhr, A$ 36). Entlang der Flinders Street in östlicher Richtung trifft man auf die **Flinders Street Railway**

1 Sehenswertes		**🏠 Unterkünfte**
1 Melbourne Exhibition & Convention Centre	19 Gold Treasury Museum	1 Mantra on Russell
2 Immigration Museum	20 Fitzroy Gardens	2 Melbourne Holiday Park CP
3 Melbourne Aquarium	21 Captain Cook's Cottage	3 Ibis Little Burke St
4 Flinders St Railway Station	22 Queen Victoria Market	4 Hotel Lindrum
5 Federation Sq	23 Victorian Arts Centre	5 Travellodge Southbank
6 The Ian Potter Centre	24 National Gallery of Victoria	6 Crown Towers
7 St Pauls Cathedral	25 Sidney Myer Music Bowl	7 Melbourne Central YHA
8 City Square	26 Shrine of Remembrance	
9 Town Hall	27 La Trobe Cottage	
10 Chinatown	28 Government House	
11 Chinese Museum	29 Royal Botanic Gardens	
12 State Library	30 Olympic Park	
13 Old Melbourne Goal	31 National Tennis Centre	
14 Carltons Gardens	32 Melbourne Cricket Ground	
15 Royal Exhibition Building	33 Australian Gallery of Sport / Olympic Museum	
16 Melbourne Museum	34 Eureka Skydeck 88	
17 Princess Theatre		
18 State Parliament House		

Station, eines der schönsten Bahnhofsgebäude Australiens. Östlich gegenüber das **Visitor Centre** und die futuristisch anmutende Gebäudearchitektur des **Federation Square. The Ian Potter Centre – NGV Australia** besitzt eine hervorragende Sammlung nationaler Kunst mit Aboriginal-Sektion (Di–So 10–17 Uhr, Eintritt frei).

Swanston St und Melbourne Museum

Der Swanston Street nach Norden folgend passiert man den City Square und erreicht die neoklassizistische **Melbourne Town Hall,** erbaut im Jahr 1870. Zwei Häuserblocks weiter taucht man in die engen und dicht bevölkerten Gassen von Melbournes **Chinatown** ein (Little Collins St). Ausgezeichnete Restaurants und asiatische Läden stimmen auf „Multikulti-Melbourne" ein. Den übernächsten Häuserblock dominiert die **State Library.** Sie ist die älteste öffentliche Bibliothek Australiens und weist den enormen Bestand von über 12 Mio. Büchern auf.

Im 1862 erbaute **Old Melbourne Goal** erwartet Sie ein Museum mit Gefägniszellen und Galgen (377 Russel St, tägl. 9.30–17 Uhr, A$ 22, www.oldmelbournegaol.com.au). Gruselig ist die Nachttour!

Nur wenige Schritte vom Gefängnis entfernt ist Erholung in den grünen *Carlton Gardens* angesagt. Hinter dem prachtvollen **Royal Exhibition Building,** das für die Weltausstellung 1861 erbaut wurde, liegt das neue **Melbourne Museum** (tägl. 10–17 Uhr, www.museum .vic.gov.au, A$ 10). Seine beeindruckende Architektur und die interaktive Ausstellung sind sehenswert.

Blick auf die Innenstadt von Southbank

Spring Street und Fitzroy Gardens

In erhöhter Lage fällt das **State Parliament House** mit seiner säulenbewehrten Fassade ins Auge. Der Bau des Parlamentshauses wurde 1856 in der Glanzzeit des Goldrauschs begonnen und stetig erweitert. Von 1901 bis 1927 dienten die Hallen als Regierungssitz für das australische Parlament. Seither tagt hier das Landesparlament Victorias. Bei einer kostenlosen Führung (außerhalb der Sitzungszeiten) können Sie die reich verzierten Räumlichkeiten besichtigen (Tel. 03-96518483, www.parliament.vic.gov.au).

Im ältesten Gebäude der Stadt, dem **Old Treasury House** (1858), ist das **City Museum** (So–Fr 10–16 Uhr, A$ 9). Es dokumentiert u.a. die Geschichte des Goldrausches.

Inmitten der ruhigen Parkanlage **Fitzroy Gardens** wurde **Captain Cook's Cottage** wiederaufgebaut, sein 1755 in England erbautes Wohnhaus. 1934 schickte man es vom englischen Yorkshire in über 300 Kisten auf den Fünften Kontinent. Es beherbergt eine kleine Ausstellung über den weitgereisten Entdecker (tägl. 9–17 Uhr).

Auf dem Queen Victoria Market

Queen Victoria Market

Ein Muss ist der Besuch des seit 1869 stattfindenden **Queen Victoria Market** (s. Service Melbourne/Einkaufen). Sonntags herrscht Volksfeststimmung, dann untermalen Straßenmusikanten und Schausteller die herrliche Atmosphäre. Hungrigen Besuchern bietet der *Lower Market* eine reiche Auswahl an Snacks und Leckereien. Rund um die Markthallen gibt es gemütliche Straßencafés.

Mit dem kostenlosen Tourist Shuttle Bus oder mit allen Straßenbahnlinien entlang der William St und Elizabeth St nach Norden ist der Markt leicht erreichbar.

Southbank

Vom Federation Square/Flinders Street Station gelangt man über die geschwungene Princess Bridge an das südliche Yarra Ufer. Die in den 1990er Jahren neu gestaltete **Uferpromenade Southbank**

lädt zum Bummeln ein mit Unterhaltungs-, Hotel- und Einkaufs-
komplex. Abends müssen hungrige Mägen nicht lange nach einer
passenden Einkehrmöglichkeit suchen.

Die beste Aussicht hat man vom 300 m hohen **Eureka Skydeck
88,** der höchsten Aussichtsplattform der Südhalbkugel (Riverside
Quay, tägl. 10–22 Uhr, A$ 17,50).

Der schnurgeraden **St Kilda Road** nach Süden folgend erstreckt
sich rechterhand das Kunst- und Kulturviertel mit dem **Victorian
Arts Centre** und der aufwendig renovierten **National Gallery of
Victoria** (180 St Kilda Rd, Mo–Do 9–17 Uhr, Fr bis 21 Uhr, Sa/So bis
18 Uhr, Eintritt frei).

Sehenswürdigkeiten außerhalb der Innenstadt

Melbourne Zoo
Der 1862 eröffnete Tierpark, 3 km nördlich der City (Elliot Ave, Parkville, tägl. 9–17 Uhr, www.zoo.org.au), war der erste Australiens. Er
zählt zugleich zu den ältesten Zoos der Welt. Neben den in Australien
heimischen Arten werden afrikanische und asiatische Tiere gehalten.

Anfahrt: Der Zoo (Stop 25) ist mit der Straßenbahnlinie 55 von der
William Street erreichbar.

Carlton
Little Italy nennen die Melbournians den von Espresso- und Pasta-
Geruch erfüllten, nördlich der Innenstadt gelegenen Stadtteil *Carlton*.
Das Zentrum italienischer Kultur und Küche ist die **Lygon Street.** In
ihren umliegenden Straßen stehen wunderschöne Gebäude in ko-
lonialem Stil. Kleine Buch- und Antiquitätenläden laden zum Stöbern
ein. Die University of Melbourne (Carltons Gardens) ist die zweitäl-
teste Universität Australiens (1852) und für Besucher geöffnet.

Anfahrt: Mit der Tram 1 oder 22 von der Swanston Street bis zum
Stopp 112 direkt ins Herz der Lygon Street.

St. Kilda
Melbournes Strandvorort **St. Kilda** zählt zum Pflichtprogramm für
Besucher, zumindest bei gutem Wetter. Mit der Straßenbahn Nr. 16
oder 96 ab Swanston Street geht es gemütlich dorthin. Schrille
Kneipen und Shops, eine ausgelassene Backpackerszene und na-
türlich das Strandleben machen den lebensfrohen Vorort zu einem

Strand
von St. Kilda

Blick von der
Webb Bridge,
Docklands

interessanten Ziel. Sonntags findet entlang der **Esplanade** ein Trödelmarkt mit Straßenmusikanten statt. Zum Ausruhen bieten sich die Straßencafés in der Acland Street an. Der Vergnügungspark **Luna Park** (Lower Esplande, Fr–So geöffnet) bietet neben modernen Anlagen auch traditionelle Fahrgeschäfte und eine Geisterbahn.

Docklands Mit viel Aufwand wurden die alten, fast vergessenen Hafenanlagen westlich der City in ein modernes Vergnügungs-, Wohn- und Geschäftsviertel umgewandelt. Insgesamt wirkt das neue Areal recht verlassen und steril. Nur wenige Restaurants und Bars entlang des Wassers laden zum Verweilen ein, dafür zahlreiche Outlets zum Shoppen.

Anfahrt: Die kostenlose City Circle Tram stoppt direkt an der Harbour Esplanade und der Tourist Shuttle hält am Infocentre der Docklands (www.docklands.com).

Williams-town Der älteste Stadtteil Melbournes ist der pittoreske Hafen von **Williamstown.** Seine stimmungsvollen Pubs, Bars und Restaurants liegen an der Wasserfront und sind dank der liebevoll renovierten Häuserzeilen und dem exzellenten Blick auf die Skyline einen Ausflug wert. Das Visitor Centre verteilt Info-Broschüren mit den Sehenswürdigkeiten (Ecke Nelson Place/ Syme St, tägl. 9–19 Uhr, Tel. 03-93973791, www.williamstowninfo.com.au).

Anfahrt: Mit dem Zug der Williamstown-Line ab Spencer St Station. Die schönere Variante ist per Schiff auf dem Yarra River (Williamstown Bay & River Cruises, Tel. 03-96829555, Mo–Sa von 10.30–18 Uhr, So bis 17.30 Uhr, ab Southgate, Bucht Nr. 1; unterhalb der Fußgängerbrücke).

5

Service Melbourne

Information **Victoria Visitor Information Centre** (Federation Square, Tel. 98177700, tägl. 9–17 Uhr). **Info-Kioske** befinden sich am City Square (Ecke Swanston Walk/Collins St) und in der Bourke St Mall.

Tipp: Wer plant, viele Sehenswürdigkeiten und Attraktionen zu besuchen, sollte sich die **Melbourne & Beyond Smartvisit Card** besorgen. Sie erlaubt den Eintritt in mehr als 35 Touristenattraktionen wie Museen, Tierparks usw. in Melbourne und Umgebung. Die Karte ist für zwei, drei und sieben Tage sowie mit und ohne öffentlichen Transport erhältlich (ab A$ 145, www.see melbournecard.com).

Im Internet Tourismus: www.visitmelbourne.com
Stadt: www.melbourne.vic.gov.au

Notfall **Notruf** (Polizei, Feuerwehr, Rettungswagen): Tel. 000

Polizeistationen: 228-232 Flinders Lane und 637 Flinders St (bei der Spencer St)

Krankenhaus: Royal Melbourne Hospital, Gratan St, Parkville, Tel. 03-93427000

Verkehr

Flughafen Der **Tullamarine Airport** (www.melbourne-airport.com.au) liegt 25 km nordwestlich des Stadtzentrums. Der **SkyBus** (Tel. 03-96001711, www.skybus .com.au) fährt schnell vom Flughafen in die Innenstadt zur Southern Cross Station (Spencer St). Von dort geht es per Shuttlebus zu den Stadthotels (tägl. 24 h, tagsüber alle 15 Min., nachts alle 30 bis 60 Min. Eine Strecke A$ 16, H/R A$ 26). Ein **Taxi** in die Innenstadt kostet ca. A$ 40–45, in der Rushhour deutlich mehr (dann besser den Bus nehmen!).

Überland-bussse und Züge Überlandbusse (V-Line, Firefly, Greyhound) fahren ab bzw. kommen an am **Southern Cross Coach Terminal.** Fernzüge starten vom **Hauptbahnhof Southern Cross Station.** Fahrpläne und Buchungen im Booking Office (Southern Cross Station) oder im City Booking Office (589 Collins St). Regionale Züge fahren ab/bis **Flinders Street Station**.

Öffentliche Verkehrs-mittel In der Stadt sind die günstigsten und meist auch schnellsten Verkehrsmittel die **Straßenbahnen, Busse** und **Züge** der **MET.** Rund um den CBD verkehrt die **kostenlose City Circle Tram** (weinrot-goldene Wagen).

Busse, Bahnen und Trams fahren Mo–Sa von 5–24 Uhr. Am Wochenende verkehrt der **Night-Rider-Bus** stündlich von 0.30–4.30 Uhr vom City Square (Swanston St).

Züge in die Vororte verkehren ab der **Flinders Street Station.** Eine U-Bahn verbindet die Stationen Spencer St, Flinders St, Parliament, Museum und Flagstaff.

Zur Nutzung der öffentlichen Verkehrsmittel benötigt man die Myki „Smart-Card", die mit einem Geldbetrag aufgeladen wird. Überall dort, wo das „myki"-Logo vorhanden ist (Bahnstationen, Kioske) sind die Karten erhältlich. Beim ein- und aussteigen in Busse, Bahn oder Straßenbahnen werden die entsprechenden Kosten abgebucht. (2h Ticket in Zone 1: A$ 3,28, Tagesticket in Zone 1: A$ 6,56). Empfehlenswert ist das **Myki Visitor Pack** für A$ 14, es enthält ein Tagesticket, diverse Ermäßigungen für Sehenswürdigkeiten und eine Info-Karte.

Information: PTV Hub, Southern Cross Station, www.ptv.vic.giv.au.

Mietwagen **Avis Car Rental,** 20–24 Franklin St, Tel. 03-96636366 oder 1-800-225533; Flughafen Tel. 03-93381800.

Budget Cars, 8 Franklin St, Tel. 03-92034844; Flughafen Tel. 03-92416366.

Hertz Cars, 97 Franklin St, Tel. 03-96636244; Flughafen 03-93384044.

Thrifty Cars, 390 Elizabeth St, Tel. 1-300-367227; Flughafen Tel. 03-92416100.

Unterkunft

***** **Crown Towers**, 8 Whiteman St, Southbank, Tel. 03-92926868; First-Class-Hotel über dem Casino-Komplex.

**** **Hotel Lindrum,** 26 Flinders St, Tel. 03-96681111; gepflegtes Boutique-Hotel in zentraler Lage.

**** **Mantra on Russell,** 222 Russell St, Tel. 03-99152500; modernes 4-Sterne-Haus mit großen Zimmern und Apartments mit Küche, inmitten der City.

*** **Travelodge Soutbank,** Ecke Southgate Ave/Riverside Quay, Southbank, Tel. 03-89969600; neues Hotel mit gutem Service am Südufer des Yarra Rivers.

*** **Ibis Little Bourke Street,** 600 Little Bourke St, Tel. 03-96720000; zentral gelegenes Haus mit eher kleinen Zimmern.

* **Melbourne Central YHA,** 562 Flinders St; Tel. 03-96212523; saubere Jugendherberge zentral gelegen.

Melbourne Holiday Park, 265 Elizabeth St, Coburg East, Tel. 03-93543533; stadtnächster Campingplatz 9 km außerhalb der City mit Pool und Cabins. Bus- und Straßenbahnverbindung in die Innenstadt – Reservierung empfehlenswert.

Essen und Trinken

Melbournes multiethnische Gesellschaft sorgt für kulinarische Vielfalt. Mit mehr als 3000 Restaurants ist so gut wie jede Küche der Welt in der Stadt vertreten.

Chinesisch isst man in Chinatown (teuer in der Little Bourke St, Tatersalls und Hefernan Lanes: günstiger), **griechisch** in Richmond (Bridge Rd), **italienisch** in der Lygon Street, **spanisch** und **portugiesisch** in Fitzroy (Johnston St) und bunt gemischt in der Brunswick Street.

Elegante Restaurants und Cafés sind im Southgate Centre entlang des Yarra Rivers angesiedelt. Entlang der Newquay Promenade (Docklands) speist man mit Hafenblick. Trendige und schicke Einkehrmöglichkeiten (Fisch und Meeresfrüchte) sind in St Kilda je nach Lage mit einem herrlichen Blick auf das Meer verbunden.

Tipp: Nette Cafés und Kneipen (auch Frühstück und Mittagessen) in der Innenstadt sind in den Gassen

Centre Way, Block Arcade und Degraves St. Auch in der Hardware Lane zwischen Little Bourke- und Lonsdale Street kann man gut einkehren.

Ein besonderes Erlebnis ist die Fahrt mit der umgebauten Straßenbahn **Colonial Tramcar Restaurant,** in der auf einer abendlichen Stadtrundfahrt ein Dinner serviert wird (Tel. 03-96964000 Reservierung notwendig, www.tramrestaurant.com.au).

Restaurants und Bars

Felt at Hotel Lindrum (26 Flinders St, Tel. 03-96681111), moderne australische Küche in gepflegtem Ambiente (Hauptgerichte ab A$ 30).

Grossi Florentino (80 Bourke St, Tel. 03-96621811), edle italienisch-französische Gerichte (Hauptgerichte ab A$ 35).

Flower Drum (17 Market Lane, Tel. 03-96623655) zählt zu den besten Chinarestaurants der Stadt. Reservierung notwendig (Hauptgerichte ab A$ 30).

Beachcomber At St Kilda Sea Baths (10–12 Jacka Boulevard, St. Kilda), direkt am Wasser, moderne australische Küche und Seafood zu akzeptablen Preisen.

Berth Restaurant (45 New Quay Promenade, Docklands, Tel. 03-96700199), direkt über dem Wasser gebautes Lokal, das bereits zum Frühstück öffnet.

Pellegrini's (66 Bourke St), Espresso-Bar und Pasta-Restaurant (Hauptgerichte ab A$ 12).

Young & Jackson's Hotel (1 Swanston St, gegenüber Flinders St Station), traditionsreiches Lokal mit günstigen Mahlzeiten und Pub-Atmosphäre am Abend.

Charles Dickens Tavern (290 Collins St), altenglischer Pub.

Croft Institute (21–25 Croft Alley), angesagter Nachtclub.

Unterhaltung

Der aktuelle **Veranstaltungskalender** findet sich in der Freitagsausgabe der Tageszeitung „The Age", in der Donnerstagsausgabe der „Herald Sun" sowie unter www.thatsmelbourne.com.au.

Eintrittskarten sind online bei **Ticketmaster** erhältlich (www.ticketek.com.au). Vergünstigte Karten am Tag der Veranstaltung werden im Büro von **Half Tix** veräußert (Melbourne Town Hall, Swanston St, keine telefonische Reservierung, nur Barzahlung).

Musik, Theater und Tanz

Am Südufer des Yarra Rivers liegt das Kulturviertel **Arts Precinct** an der St Kilda Road. Das **Victorian Arts Centre** (100 St Kilda Rd, www.artscentre.net.au) besteht aus vier Theatern und einer Konzerthalle. Im **Princess Theatre** (165 Spring St/ gegenüber dem Parlament, Tel. 03-96633300) werden v.a. Musicals geboten.

Casino

Das **Crown Resort & Casino** am Südufer des Yarra Rivers (Southbank) ist das größte Casino Australiens und rund um die Uhr geöffnet.

Live-Musik

Kneipen und Bars mit Live-Musik sind in allen Stadtvierteln zu finden. Hochburgen sind North Melbourne, Carlton, Fitzroy und St Kilda.

Festivals

Februar: Mitte des Monats feiern die Chinesen ihr Neujahrsfest – ein Highlight in Chinatown.

März: Das Momba-Festival ist Australiens größtes Outdoor-Ereignis, mit kostenlosen Veranstaltungen in den Alexandra Gardens am Yarra River (www.moombawaterfest.com.au).

Juli: International Film Festival (www.miff.com.au).

Okt/Nov: Zum *Melbourne International Festival* reisen Künstler aus aller Welt an. Das *Fringe Festival* präsentiert Alternatives, Programm auf www.melbourne fringe.com.au.

Dezember: Das größte „Carols by Candlelights" findet am 24. Dezember in der Sydney Myers Music Bowl statt. Während australische Stars Weihnachtslieder singen, machen es sich die Besucher mit einem Picknickkorb im Gras bequem.

Einkaufen

Souvenirs **Aboriginalkunst** ist zwar erhältlich, doch die Auswahl ist nicht besonders groß. Die Preise sind im Vergleich zu Alice Springs oder Darwin eher hoch. Eine gute Adresse ist die Gallery of Dreamings (73–75 Bourke St, beim Parliament House).

Märkte Auf dem lebhaften **Queen Victoria Market** (s. Stadtbesichtigung) werden an Wochentagen frische Lebensmittel, Souvenirs, Kleidung und allerlei Ramsch an fast 1000 Ständen verkauft. Am Wochenende gibt es zusätzlich noch einen Weinmarkt mit Weinproben, Nov–März auch am Mittwochabend von 17.30–22 Uhr. Auf dem **Sunday Market** am Arts Centre (100 St Kilda Rd, So 10–17 Uhr) werden Handwerkskunst, Souvenirs, Keramik und Spielzeug feilgeboten.

Touren

Stadtrund- Eine bequeme Angelegenheit sind **Stadtrundfahrten** mit dem kostenlosen
fahrten **Melbourne City Tourist Shuttle.** Die Busse stoppen an elf Sehenswürdigkeiten. Im „Hop on-Hop off"-Modus steigt man ein und aus so oft man will. Die Busse verkehren täglich von 9.30–16.30 Uhr zwischen Arts Precinct, Federation Square, Exhibition St, Melbourne Museum, Lygon St, University, Queen Victoria Market, William St, Southbank, Sports and Entertainment Precinct, The Shrine und Botanischem Garten. Infos unter www.thatsmelbourne.com.au.

Touren **AAT Kings,** Tel. 03-96633377, vielfältiges Tourenangebot, buchbar über
in die Reiseveranstalter oder in Hotels.
Umgebung
Bunyip Tours (Tel. 1-300-286947, www.bunyiptours.com) hat empfehlenswerte Tages- und Mehrtagestouren nach Phillip Island, zur Great Ocean Road und in den Wilsons Promontory NP.

Magic Tours (Tel. 03-53420527, www.magictours.com.au), deutschsprachige Kleingruppen- und Privattouren zwischen Melbourne und Adelaide.

Go West Tours (Tel. 1-300-736551, www.gowest.com.au), Tagestouren nach Phillip Island und entlang der Great Ocean Road.

Umgebungsziele von Melbourne

Phillip Island

Die 135 Autokilometer südöstlich von Melbourne gelegene Insel ist für seine allabendlich stattfindende „Pinguin-Parade" bekannt. Außer den possierlichen Zwergpinguinen sind auch raue Strände und Seebärenkolonien sehenswert.

Vom Festland kommend ist das Visitor Centre (s. „Infos") die erste Station für Besucher. Nördlich davon liegt die kleine Insel **Churchill Island,** die mit historischen Gebäuden, Wanderwegen und einer vielfältigen Vogelwelt aufwartet. Nach Süden zweigt eine Straße zum **Cape Woolamai** ab. Der Strand zwischen den schwarzen Granitklippen ist bei Surfern beliebt.

Zentral an der Phillip Island Tourist Road liegt das **Koala Conservation Centre.** Hier sitzen die trägen Tiere im natürlichen Buschland auf den Eukalyptusbäumen und lassen sich von den Besuchern kaum stören (tägl. ab 10 Uhr, Schließzeiten variieren).

Die Inselhauptstadt **Cowes** an der Nordküste bietet viele Unterkünfte, Restaurants und in der Hafengegend eine urige Kneipenszene.

Vor der Westspitze der Insel liegen die Felsen **The Nobbies.** Auf den Steinen tummeln sich zur Brutzeit (Okt–Dez) bis zu 13.000 australische Seebären *(Australian Fur Seals)*. Diese können vom Boot aus hervorragend beobachtet werden (Wildlife Coast Cruise tägl. 14 Uhr ab Cowes, www.wildlifecoastcruises.com.au, Tel. 03-59523501, A$ 70). Im **Seal Rock Sea Life Centre** (tägl. 10 Uhr bis Sonnenuntergang, Eintritt frei) wird die Szenerie auf einer Großbildleinwand übertragen.

In der **Summerland Bay** (Südküste) befindet sich das Gelände der bekannten **Penguin Parade.** Das Besucherzentrum (tägl. ab 10 Uhr) vermittelt viele Hintergrundinformationen. Das allabendliche Spektakel zum Sonnenuntergang ist ein rechter Massenbetrieb. Dennoch ist es schön anzusehen, wie die kleinen Zwergpinguine zu ihren

Parade der
Pinguine

Nestern über den Strand spazieren. Fotografieren und filmen ist verboten!

Auch das gibt's auf Phillip Island: Auf der Motorradrennstrecke **Phillip Island Circuit** an der Südküste der Insel werden seit 1928 nationale und internationale Rennen ausgetragen.

Infos   **Phillip Island Visitor Centre** (895 Phillip Island Tourist Rd, Newhaven, Tel. 03-1300-366422, www.phillipisland.net.au, tägl. 9–17 Uhr)

Phillip Island Nature Park (Tel. 03-59512800, www.penguins.org.au) führt die Touren (Penguin Parade) durch.

Tipp: Alle drei Attraktionen (Pinguine, Koalas, Churchill Island) sind im **3-Parks-Pass** zusammengefasst, der im Visitor Centre oder am Eingang der jeweiligen Einrichtungen erhältlich ist.

Anfahrt   Der V-Line-Bus verkehrt zwar jeden Nachmittag von Melbourne (Southern Cross Station) nach Cowes, doch gibt es auf der Insel keine öffentlichen Verkehrsmittel, um zu den Sehenswürdigkeiten zu gelangen! Daher ist es einfacher, sich einer **Tagestour** ab/bis Melbourne anzuschließen (s. Service Melbourne/Touren) oder mit dem Mietwagen anzureisen.

Selbstfahrer erreichen Phillip Island von Melbourne über den Monash Freeway (M1) und South Gippsland Hwy/Bass Hwy nach Newhaven.

Yarra Valley

Das bekannteste Weinbaugebiet Victorias liegt 60 km nordöstlich der Metropole. Rund um die Ortschaften **Lilydale, Seville, Healesville** und **Yarra Glen** haben sich über 40 Winzer niedergelassen. Namhafte Produzenten der Gegend sind Domaine Chandon, Rochford's, Eyton und De Bortoli. Die Betriebe stehen Besuchern für Weinproben und -käufe offen und bieten außerdem vorzügliche Restaurants.

Empfehlenswert ist der Besuch des **Healesville Sanctuary** (Badger Creek Rd, tägl. 9–17 Uhr, www.zoo.org.au, A$ 26, Kind A$ 13). Der natürlich angelegte Tierpark beheimatet eine große Sammlung australischer Tiere wie Wombats, Dingos, Koalas und Greifvögel.

Unterkünfte, insbesondere gemütliche Gästehäuser und B&Bs, sind über die gesamte Region verstreut. Auskünfte erteilen die Visitor Centres in Melbourne und Healesville.

Infos   **Yarra Valley Visitor Centre** (The Old Court House, 42 Harker St, Healesville, Tel. 03-59622600, tägl. 9–17 Uhr, www.visityarravalley.com.au). Wissenswertes zum Wein und den einzelnen Betrieben auf der Seite www.wineyarra valley.com.

Anfahrt   Die **Nahverkehrszüge** fahren von Melbourne bis Lilydale (Lilydale Line). Von dort verkehrt ein Bus nach Healesville.

Mit dem Auto: über den Eastern Freeway bis zur Springvale Road, dann auf dem Maroondah Highway über Lilydale nach Healesville.

Touren in kleinen Gruppen von Melbourne bietet **Yarra Valley Winery Tours** an (Tel. 03-59623870, www.yarravalleywinerytours.com.au).

Blick aus dem
Helikopter auf
die Great
Ocean Road

Great Ocean Road

Die Küstenstraße zwischen Torquay und Warrnambool wird **Great Ocean Road** genannt und zählt zu den schönsten Küstenstraßen der Welt. Sie beginnt knapp zwei Autostunden südwestlich von Melbourne in Torquay. Bizarr geformte Steilklippen mit markanten Felsformationen, sagenumwobene Schiffswracks und dichte Regenwälder umgeben die kurvenreiche Strecke. Ruhige Kolonialstädtchen und beschauliche Ferienorte säumen den Weg, außerdem gibt es viele Unterkünfte und Informationsstellen (www.greatoceanroad .org). Geführte Touren werden in Melbourne und Adelaide angeboten (s. Service Adelaide bzw. Melbourne/Touren).

Torquay

In Australiens Surf-Hauptstadt **Torquay** treffen sich Surfer aus der ganzen Welt. Wie Seehunde liegen sie mit ihren Brettern auf dem Wasser und warten auf die große Welle. In den Straßen reihen sich Surfshops mit bekannten Markennamen wie *Rip Curl* und *Quiksilver* aneinander. Zum Shoppen lädt am Highway das Einkaufszentrum Surf City Plaza ein. Wer selbst mal auf einem Brett liegen *(body boarding)* oder stehen möchte, kann in der Westcoast Surf School (Tel. 03-52612241) oder bei *Go Ride A Wave* (Tel. 03-52632111) Trainingsstunden buchen und eine Ausrüstung mieten.

Alles Wissenswerte zum Thema „Wellenreiten" findet sich im **Surfworld Museum & Visitor Centre** (Beach Rd, Surf City Plaza, tägl. 9–17 Uhr, Tel. 03-52614219, www.surfworld.org.au).

Sieben Kilometer südwestlich der Stadt liegt der unter Surfern bekannte **Bells Beach.** Jährlich wird hier an Ostern der Rip Curl Surf-Weltcup ausgetragen.

Unterkunft *** **Surf City Motel**, 35 Esplanade, Tel. 03-52613492; zentral gelegenes Mittelklasse-Motel.

* **Bells Beach Backpackers**, 51 Surfcoast Hwy, Tel. 1-800-819883; Hostel mit Fahrrad- und Surfboardvermietung.

Torquay Foreshore CP, 35 Bell St, Tel. 03-52612496; gepflegter Platz mit Cabins nahe am Strand.

Anglesea

Der Ferienort **Anglesea** ist aufgrund der schwachen Brandung und seiner schönen Strände besonders bei Familien beliebt. Bekanntheit erlangte er vor allem wegen seiner großen Känguru-Population, die beispielsweise auf dem Golfplatz in der Noble Street den Rasen kurz hält. Ansonsten erinnert das Städtchen mit weißen Holzhäusern und gepflegten Gärten an das viktorianische England.

Bei **Split Point** (südlich von Aireys Inlet) steht der 1891 erbaute Leuchtturm. In einer kleinen Ausstellung wird an Schiffskatastrophen vor der stürmischen Küste erinnert (Besichtigungstouren tägl. 11–14 Uhr, www.splitpointlighthouse.com.au, A$ 12).

Lorne

Lorne ist ein beliebter Urlaubsort. In den Sommerferien kommen hunderte Gäste aus Melbourne und füllen die Feriendomizile mit Leben. Die herrlichen Strände entlang der **Loutit Bay** sind zum Baden und Surfen gleichermaßen prädestiniert. Nur wenige Meter oberhalb der Ortschaft eröffnet sich von **Teddy's Lookout** ein grandioser Blick auf die Mündung des George Rivers und die kurvenreiche Great Ocean Road. 10 km nordwestlich von Lorne liegt mit **Erskin Waterfall** einer der schönsten Wasserfälle der Gegend.

Infos **Lorne Visitor Centre,** 15 Mountjoy Pde (direkt an der Great Ocean Rd), Tel. 03-52891152, tägl. 9–17 Uhr, www.visitsurfcoast.com.

5

Unterkunft   ****** Comfort Inn Lorneview Apartments,** 3 Bay St, Tel. 03-52891199; Hotel gehobenen Standards.

*** Lorne Coachman Inn, 1 Deans Marsh Rd, Tel. 03-52892244; Mittelklasse-Hotel.

* Great Ocean Road Backpackers, 10 Erskine Ave, Tel. 03-52981809.

Lorne Foreshore Camping Reserve, Erskine River Section, Great Ocean Rd, Tel. 1-300736533; naturnaher Campingplatz am Meer.

Weiterfahrt nach Apollo Bay

Auf dem Weg nach Apollo Bay reichen die Berge der **Otway Ranges** bis an die Küste heran. Fast 3000 aus dem Ersten Weltkrieg heimgekehrte Soldaten schlugen im Rahmen eines Arbeitsbeschaffungsprogramms die erste Straße durch die dichten Eukalyptuswälder und die Steilküste. Der erste Abschnitt von Lorne nach Apollo Bay wurde 1919 begonnen und drei Jahre später eröffnet. Zehn weitere Jahre brauchte es, bis der letzte Abschnitt der Great Ocean Road bis Torquay fertig gestellt war.

Apollo Bay

Die ehemalige Walfangstation **Apollo Bay** ist heute ein lebhaftes Ferien- und Fischerstädtchen. Wer Fisch und Meeresfrüchte mag, sollte den fangfrischen Fisch in einem der „Seafood-Restaurants" genießen. Bei der Apollo Bay Fishermen's Cooperative (Breakwater Rd) können Sie frischen Fisch kaufen.

Infos   **Great Ocean Road Visitor Centre,** 100 Great Ocean Rd, Tel. 03-52376529, tägl. 9–17 Uhr, www.visitotways.com; Auskünfte zur gesamten Great Ocean Road, den Nationalparks und Wandertipps.

Unterkunft   ***** Skenes Creek Lodge,** 61 Great Ocean Rd, Tel. 03-52376918; Lodge mit schöner Gartenanlage auf der Anhöhe, mit Blick auf die Küste.

* Surfside Backpackers, Ecke Great Ocean Rd/Gampier St, Tel. 03-52377263; kleines Backpacker-Hostel nahe am Strand.

Marengo Headland Holiday Park, Marengo Crescent, Tel. 03-52376162; Caravan Park mit Cabins, 2,5 km südwestlich von Apollo Bay am Meer.

Otway National Park

Im **Otway National Park** stehen die letzten Urwälder des südlichen Australiens. Mannshohe Farne, riesige Eukalypten, steile Wasserfälle und eine reiche Tierwelt zeichnen den 130 qkm großen Park aus. Die Anlage hat mehrere Wanderwege und Campingplätze.

Den südlichsten Punkt der Great Ocean Road, markiert **Cape Otway** und der 1848 erbaute Leuchtturm (nettes Café, Übernachtung und Besichtigungen sind möglich, Tel. 03-52379240). Empfehlenswert ist die einfache Rundwanderung von Parker Hill über Point

Franklin (3 km). Eine weitere, kurze und lohnende Wanderung führt auf den **Escarpment Lookout,** der über die Hordern Vale Road und einen 4 km Fußweg ab Aire River East Campground erreichbar ist.

Tief im Regenwald, nördlich der Great Ocean Road (Abzweig in Lavers Hill), befindet sich der **Otway Fly** (tägl. 9–17 Uhr, Tickets bis 16 Uhr, www.otwayfly.com.au, A$ 24). Die an dem spiralförmigen Turm befestigten Baumwipfel-Stege sind 600 m lang und hängen 25 m hoch in der Luft. Keine Angst, wenn es wackelt. Der Konstrukteur verspricht, es könnten sogar Elefanten über die Stege marschieren!

Der Küstenabschnitt um die Ortschaft **Port Campbell** ist mit den Gesteinssäulen der **12 Apostel** der beeindruckendste Teil der Great Ocean Road und für die meisten Besucher der Hauptgrund ihrer Anreise. Die spektakuläre Steilküste, aufgrund vieler Schiffshavarien auch *Shipwreck Coast* genannt, ist als **Port Campbell National Park** geschützt.

Die steilen **Gibson Steps** führen hinunter zum gleichnamigen Strand. Von hier aus lassen sich wunderbare Fotomotive einfangen und schöne Spaziergänge unternehmen. Übrigens ist dieser sowie andere Strände entlang der Steilküste aufgrund der starken Strömungen nicht zum Baden geeignet!

Die berühmten und vielfotografierten **Twelve Apostles** sind gigantische Gesteinsnadeln, die bis zu 65 m aus dem Ozean stechen und von Wind und Wasser umpeitscht werden. Drei der Kolosse stürzten inzwischen ein. Das Licht der untergehenden Sonne modelliert sie besonders schön. In einem Besucherzentrum am Parkplatz gibt es weitere Informationen zum Nationalpark.

In der Felsformation **Loch Ard Gorge** kenterte 1878 das britische Segelschiff „Loch Ard". Vom Parkplatz führen drei jeweils 1,5 km

5

Die berühmte Felsformation der 12 Apostel

lange Wanderwege in die Umgebung und bieten tolle Ausblicke auf die wilde Felsenküste.

Westlich von Port Campbell steht der Rest der **London Bridge.** Die Felsbrücke, die ursprünglich mit dem Festland verbunden war, stürzte 1990 unvermittelt ein. Glück hatten damals die Touristen, die sich auf dem verbleibenden Rest befanden und später per Helikopter unversehrt geborgen wurden.

Port Campbell

Port Campbell ist eine beschauliche Hafenstadt mit Krabbenfischern und einem schönen Badestrand in der Two Mile Bay. Der Ort ist eine gute Übernachtungsstätte in der Nähe des Nationalparks.

Infos   In der **Tourist Information** (26 Morris St, Tel. 03-55986089, tägl. 9–17 Uhr, www.visit12apostles.com.au) sind Auskünfte und Routenskizzen zu den Nationalparks und den Highlights entlang der Strecke erhältlich.

Hubschrauberrundflüge sind ideal, um die faszinierende Küstenlandschaft in kurzer Zeit zu genießen (12 Apostles Helicopters, 9400 Great Ocean Rd, Port Campbell, Tel. 03-55986161, www.12ah.com).

Unterkunft   *** **Great Ocean Road Motor Inn,** 12 Great Ocean Rd, Tel. 03-55986222; gutes Hotel im Zentrum.

* **Port Campbell Hostel,** 18 Tregea St, Tel. 03-55896305; neues Hostel, das auch Transfers in die Umgebung anbietet.

Port Campbell Caravan Park, Morris St, Tel. 03-55986492; Campingplatz mit Cabins.

Great Ocean Walk

Entlang der grandiosen Küste verläuft der 91 km lange Weitwanderweg **„Great Ocean Walk".** Von der Glenample Homestead nahe der 12 Apostles geht es immer entlang der Küste bis nach Apollo Bay. Übernachten kann man auf den acht Campingplätzen, die entlang der Strecke angelegt wurden oder in nahegelegenen Hotels oder B&Bs. Da der Weg mehrmals per Auto erreichbar ist, können auch einzelne Etappen oder ausgeschilderte Rundwege begangen werden. Geführte Touren bieten die beiden Spezialwanderveranstalter *Auswalk* (www.auswalk.com.au) und *Bothfeet* (www.bothfeet.com.au). Ausführliche Routenvorschläge und Übernachtungsmöglichkeiten sind auf der Internetseite www.greatoceanwalk.com.au oder in den Nationalparkbüros zu finden.

Wilsons Promontory National Park

Als weit in die Bass Strait ragender Südzipfel des australischen Kontinents stellt sich die Halbinsel **Wilsons Promontory** auf der Landkarte dar. Die als Nationalpark ausgewiesene Region, kurz auch

Mt. Bishop,
Wilsons
Promontory
NP

„Wilsons Prom" oder „The Prom" genannt, bietet dem Besucher eine enorme Vielfalt: kilometerlange Sandstrände, schroffe Granitfelsen und kühlgemäßigte Regenwälder. In **Tidal River** und auf zahlreichen markierten Wanderwegen begegnet man einer reichen Tierwelt. Planen Sie mindestens einen ganzen Tag für den Aufenthalt im Park ein, so dass auch Zeit zum Wandern bleibt.

Wandertipps im Wilsons Prom

South Norman/Little Oberon Bay (4,1 km, ab/bis Tidal River)
Durch lichten Eukalyptuswald zum Strand und von dort entlang der Küste zurück. Guter Blick über die Bucht. Ideal für Familien mit Kindern.

Squeaky Beach – Picnic Bay (3,8 km)
Vom Parkplatz Squeaky Beach über spärlich bewachsenes Land in die malerische Picknick Bay. Die Tour kann auch in Tidal River begonnen werden (Squeaky Beach Nature Walk) und bis in die Whiskey Bay verlängert werden.

Mount Oberon Nature Walk (6,8 km)
Der Weg auf der breiten Naturstraße beginnt am Telegraph Sattle Parkplatz. Der etwas eintönige Aufstieg auf den 558 m hohen Mount Oberon lohnt nur bei klarer Sicht – dann hat man einen fantastischen Blick über Park und Küste.

Infos Ausgangspunkt für alle Aktivitäten im Park ist das **National Park Headquater** in Tidal River. Dort müssen auch Unterkünfte (Cabins, Campingplatz) und Wanderpermits gebucht werden. Das Informationszentrum mit Post, Tankstelle, Café und Shop (tägl. 9-17 Uhr, Tel. 1-800-630704 oder 03-56552233, www.parkweb.vic.gov.au) hat zahlreiche Faltblätter und Landkarten und erteilt Auskünfte über die Tier- und Pflanzenwelt im Park.

5

Hinweis: Während der Weihnachts- und Ferienzeit (Dez/Jan) und in den Osterferien sowie an langen Wochenenden und Feiertagen ist es unbedingt notwendig, die Unterkünfte frühzeitig zu buchen. Ausweichmöglichkeiten sind außerhalb des Parks zu finden (s. „Unterkünfte").

Unterkunft

Im Park

**** Wilderness Retreats (Buchung über NP Headquater s.o.); exklusive feststehende Safarizelte mitten im Park.

** Tidal River Cabins und Campingplatz, (Buchung über NP Headquater s.o.); riesiger Campingplatz und 15 gemütlich-rustikale Holzhütten.

Außerhalb des Parks

*** Foster Comfort Inn, South Gippsland Hwy, Foster, Tel. 1-800-036140; Mittelklassehotel am Stadtrand von Foster (25 Autominuten vom NP entfernt).

*** Limosa Rise, 40 Dalgleish Rd, Yanakie, Tel. 03-56871135; schöne Bungalows für Selbstversorger, 5 Autominuten vom Park entfernt.

* Prom Coast Backpackers, 40 Station Rd, Foster Tel. 03-56822171; kleines Hostel. Der Betreiber bietet Fahrten in den NP an.

Anreise

Von Melbourne fährt dreimal täglich ein **Bus** von V-Line (www.vline.com.au) nach Foster, der nächstgelegenen Ortschaft am Nationalpark. Von dort verkehrt aber leider nur am Wochenende und in den Ferien ein Bus in den Park. Für **Selbstfahrer** sind es von Melbourne 230 km über den South Easter Freeway und die M420 nach Foster und weiter in den National Park. Geführte Touren werden ab Melbourne (s. Melbourne/Service „Touren") angeboten.

Goldfields und Ballarat

Als man im Jahr 1851 das erste Gold in Victoria fand, strömten tausende Glücksrittern in der Hoffnung auf schnellen Reichtum ins Land. Das rapide Wachstum führte noch im selben Jahr zur Gründung der Stadt Ballarat. Heute ist die Stadt eine schmucke Kleinstadt mit sehenswerten viktorianischen Gebäuden und vielen Parks. „Livehaftig" können Besucher das historische Ballarat von vor 160 Jahren im Freilichtmuseum **Sovereign Hill** erleben (3 km südlich der City). Mit **Schaustellern** wird das gesamte Leben der Goldgräberstadt realistisch nachgestellt und beim Goldwaschen kann jedermann sein Glück versuchen (tägl. 10–17 Uhr, Tel. 03-53311944, www.sovereignhill. com.au, Eintritt A\$ 42,50). Abends folgt die sehenswerte Vorführung „Blood on the Southern Cross".

Infos

Ballarat Visitor Information Centre, 39 Sturt St, Tel. 1-800-648450, www.ballarat.com, tägl. 9–17 Uhr.

Unterkunft

*** Comfort Inn Main Lead, 312 Main Rd, Tel. 03-53317533; Mittelklassehotel zwischen der City und Sovereign Hill.

* Sovereign Hill Lodge YHA, Magpie St, Tel. 03-53333409; kleine Jugendherberge auf dem Gelände des Freiluftmuseums.

Ballarat Goldfields Holiday Park CP, 108 Clayton St, Tel. 1-800-632237; schöner Big4-Campingplatz mit Pools und Bungalows

Kutschenfahrt
im Freilicht-
museum
Sovereign Hill

Anfahrt   Der Zug von Melbourne nach Ballarat verkehrt täglich (www.vline
.com.au). Vom Bahnhof Ballarat zum Freiluftmuseum gibt es einen
Shuttlebus. Mit dem Mietwagen ist es von Melbourne eine andert-
halb Stundenfahrt über den Western Highway.

High Country – Australische Alpen

Die **Australischen Alpen** bilden die südlichen Ausläufer der über
5000 km langen Great Dividing Range. Sie erstrecken sich über die
Bundesstaaten Victoria und New South Wales, und dort befinden
sich auch die höchsten Berge Australiens. Ein großer Teil ist als
Nationalparks geschützt. Die einzigartige Landschaft mit dunklen
Urwäldern, baumlosen Ebenen, blumenreichen Wiesen, sprudeln-
den Gebirgsbächen und von Gletschern geschaffenen Seen lohnt
den Abstecher weg von der Küste. Das Netz der Wanderwege ist
dicht und im Winter fällt meist genügend Schnee, um Ski und
Schlitten zu fahren. Mitten durch die alpine Szenerie führt die
Panoramaroute **Great Alpine Road** von Wangaratta (nordöstlich
von Melbourne) bis zur Küste nach Bairnsdale.

Alpine National Park

In Victorias größtem Nationalpark liegen die höchsten Gipfel des
Bundesstaates. Anstrengende Tageswanderungen führen auf den
1986 m hohen **Mt Bogong** sowie auf den **Mt Feathertop** mit 1922 m
Höhe. Deutlich kürzer, aber dennoch mit grandioser Aussicht, ist die
Wanderung von Hotham Heights Alpine Village auf den **Mt Loch** (8
km h/r). Die Skiresorts **Falls Creek** und **Mt Hotham** liegen inmitten
der Berge, zählen aber nicht zum Nationalpark. Dort sind Unterkünfte

und Aktivtouren buchbar und von Juni bis September sind Skilifte und Loipen in Betrieb.

Mount Buffalo National Park

Das freistehende Massiv des **Mount Buffalo National Park** fasziniert durch seine spektakulären Granitformationen. Wanderer und Kletterer erfreuen sich der Gipfel und Felsskulpturen, von den imposanten Felskanten stürzen sich wagemutige Paraglider und Drachenflieger in die Tiefe. Die nahegelegene Ortschaft **Bright** bietet mit ihren Unterkünften und Restaurants Reisenden alle Annehmlichkeiten.

Typische
Wolken
im Mount
Buffalo NP

Wandertipp   **The Horn Track** (1,5 km h/r) beginnt an der Horn Picnic Area am Südende des Parks. Der gemäßigte Anstieg zum höchsten Punkt des Nationalparks wird mit einem 360°-Panoramablick belohnt.

Informationen zum High Country

Nationalparks: www.parkweb.vic.gov.au

Visitor Centre Falls Creek, Tel. 03 5758 1202, www.fallscreek.com.au.

Mount Hotham Resort, Tel. 03-57593550 www.mthotham.com.au.

Bright Visitor Centre, 119 Gavan St, Bright, Tel. 1-300-551117, www.brightescapes.com.au.

Australian Capital Territory

Überblick Die kleinste Staatseinheit Australiens ist das **Australian Capital Territory (ACT)**. Es entstand zu Beginn des 20. Jahrhunderts auf der Fläche des Bundesstaats New South Wales. Zuvor hatte das Parlament die Gründung einer neuen Hauptstadt beschlossen. Im Norden und rund um die Hauptstadt **Canberra** prägen weite Ebenen und Weideland mit sanften Hügeln das Landschaftsbild. Im Süden ist es mit dem **Namadgi National Park** und den **Brindabella Ranges** deutlich bergiger. Im ACT leben 320.000 Menschen, die meisten davon in Canberra. 600 m über dem Meer herrschen im Sommer tagsüber warme Temperaturen, nachts kühlt es merklich ab. Die Wintertage in Canberra sind bisweilen eisig kalt.

Die Hauptsehenswürdigkeit ist zweifellos Canberra selbst mit ihren Museen und dem Parlamentsgebäude.

Im Internet www.canberratourism.com.au

Canberra

Überblick Im Gegensatz zu vielen anderen Metropolen erwarten den Besucher in Canberra weder prachtvolle Skylines noch großstädtisches Verkehrschaos. Vielmehr entdeckt man eine weitläufige, grüne und in weiten Teilen absolut ruhige Stadt, angelegt am Ufer eines künstlichen Sees. Tatsächlich erinnert Canberra mehr an einen riesigen Stadtpark, so entspannt stellt sich die Lage dar. Die am Reißbrett entstandene Kapitale birgt viele Sehenswürdigkeiten, die fast alle mit der Geschichte Australiens in Verbindung stehen.

Geschichte In den 1820er Jahren ließen sich die ersten europäischen Siedler in den Tälern und Ebenen nördlich der Snowy Mountains nieder, ganz in der Nähe der heutigen Stadt. Im Jahre 1824 steckte der Schafzüchter Joshua Moore ein Stück Land ab und nannte es „Canberry". In der lokalen Aboriginalsprache bedeutet „kamberra" soviel wie „Treffpunkt". Im Zuge der Gründung des **Commonwealth of Australia** wurde im Jahr 1901 eine geeignete Hauptstadt gesucht. Weil Sydney und Melbourne als gleichrangig betrachtet wurden, einigte man sich auf den Kompromiss, irgendwo „im Busch" die neue Hauptstadt zu gründen. 1908 verständigte man sich auf die unbekannte Landgemeinde Canberra im „backcountry" von New South Wales. Heiß im Sommer, eiskalt im Winter und dazu hunderte Kilometer enfernt von allem – welch eigenartiger Ort für eine Hauptstadt! Den 1911 ausgeschriebenen Architekturwettbewerb für die Gestaltung der neuen Metropole gewann der aus Chicago stammende Landschaftsarchitekt **Walter Burley Griffin** mit den Plänen einer weitläufigen Gartenstadt. 1927 wurde das provisorische Parlamentsgebäude eröffnet. Den wirklichen, auch internationalen Durchbruch schaffte Canberra erst 1988 mit der 200-Jahrfeier Australiens und der gleichzeitigen Eröffnung des neuen Parlamentsgebäudes durch Queen Elizabeth II.

Stadtbesichtigung Canberra

Der künstlich angelegte **Lake Burley Griffin** teilt die Stadt in zwei Hälften. Die eigentliche Innenstadt (CBD) mit Geschäften, Theatern und Restaurants befindet sich nördlich des Sees, rund um den zentralen Platz **City Hill**. Die südlichen Stadtteile sind über die Commonwealth Bridge erreichbar. Auf dem **Capital Hill,** von dem Ausfallstraßen in alle Himmelsrichtungen verlaufen, thront das Parlamentsgebäude.

Südliche Stadtteile
Das **New Parliament House** (tägl. 9–17 Uhr geöffnet) ist die herausragende Sehenswürdigkeit der Stadt, erkennbar durch die markanten, 81 m hohen Fahnenmasten. Außen wie innen besticht das Gebäude mit einer faszinierenden Architektur. Die lichtdurchfluteten Räume schmücken größtenteils Werke australischer Künstler. Das Foyer, die Great Hall sowie die Tribünen der beiden Parlamentskammern sind für Besichtigungen offen.

Unterhalb des Capital Hill befindet sich das einfache, im neoklassizistischen Stil erbaute **Old Parliament House** (King George Tce). Es war von 1927 bis 1988 Sitz des australischen Parlaments. Für Besucher zugänglich beherbergt es heute wechselnde Ausstellungen zur Geschichte des Landes (tägl. 9–17 Uhr, www.oldparliament house.gov.au).

Am südlichen Seeufer steht die eindrucksvolle **National Library of Australia** (Parkes Place, www.nla.gov.au). Umgeben von den Skulpturen internationaler Künstler beherbergt die Bücherei mehr als fünf Millionen Bücher, unter anderem das Reisetagebuch von James Cook.

1 Sehenswertes		**✈** Botschaften
1 Telstra Tower	11 Captain Cook Memorial Jet	1 Papua New Guinea
2 New Parliament House	12 National Capital Exhibition	2 Indonesien
3 Old Parliament House	13 Blundells Cottage	3 USA
4 National Library of Australia	14 Austalian War Memorial	4 Deutschland
5 Questacon	15 Mt Ainslie	5 Thailand
6 Commonwealth Place	16 Casino	6 Schweiz
7 High Court of Australia	17 Screen Sound Australia	7 Österreich
8 National Gallery of Australia	18 National Museum of Australia	
9 Royal Australian Mint	19 National Zoo & Aquarium	
10 Commonwealth Bridge	20 Australian Institute of Sport (AIS)	

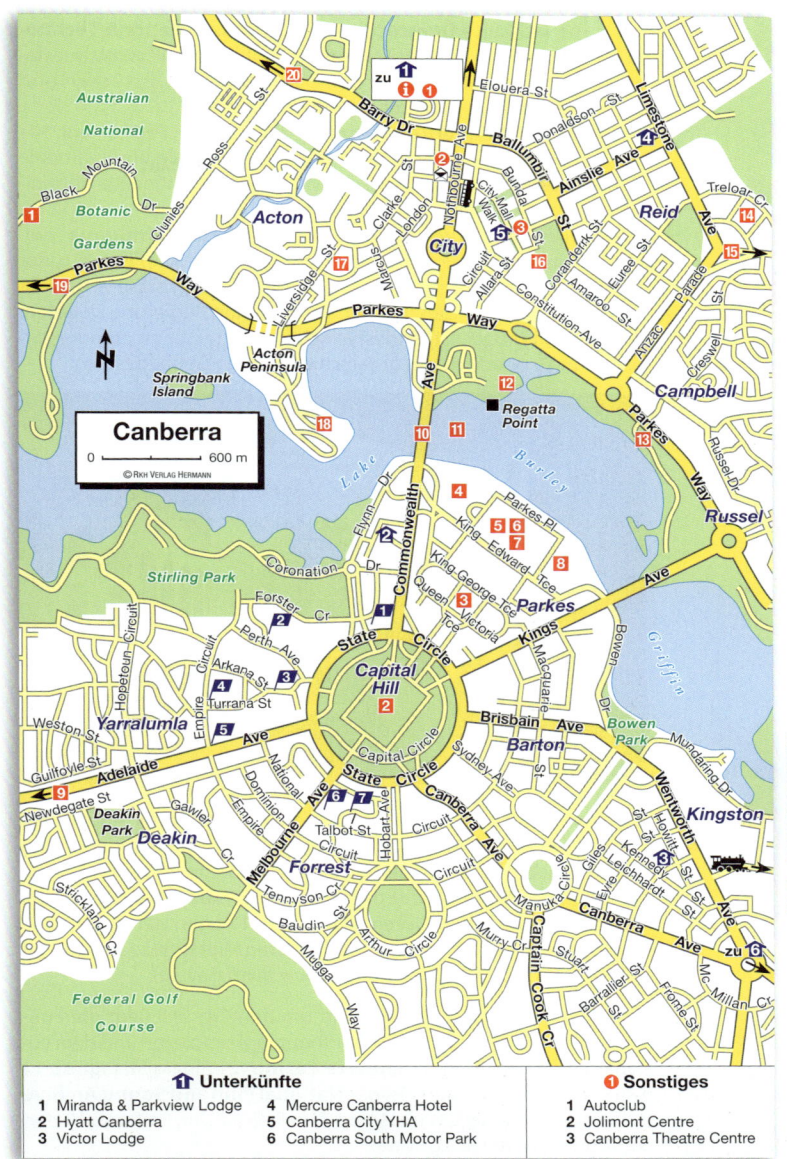

⬆ Unterkünfte

1 Miranda & Parkview Lodge
2 Hyatt Canberra
3 Victor Lodge
4 Mercure Canberra Hotel
5 Canberra City YHA
6 Canberra South Motor Park

❶ Sonstiges

1 Autoclub
2 Jolimont Centre
3 Canberra Theatre Centre

Das benachbarte **Questacon – The National Science & Techno-logy Centre** (King Edward Tce, Parkes, tägl. 9–17 Uhr, www.questa-con.edu.au, A$ 20) regt mit über 200 Ausstellungsstücken und Experimenten zum Mitmachen und Staunen an.

Die **National Gallery of Australia** (Parkes Place, Parkes, tägl. 10–17 Uhr, www.nga.gov.au) präsentiert internationale und nationale Künstler, darunter zeitgenössische Malerei und traditionelle Aboriginalkunst.

Eine Rundfahrt durch das **Diplomaten-Viertel Yarralumla** (zwischen Forster Cres, Empire Circuit und Adelaide Ave) ist ein guter Abschluss des „politischen" Besichtigungsprogramms. Die Vertretungen der Länder wurden von der australischen Regierung gebeten, ihre Sitze in möglichst landestypischer Architektur zu erbauen. So entstand ein Stadtteil mit unterschiedlichsten Gebäudestilen.

War Memorial

Nördliche Stadtteile   Von der **Commonwealth Brücke** bietet sich ein guter Anblick auf die riesige Wasserfontäne **Captain Cook Memorial Jet** (nur bei günstigen Winden, 10–12 Uhr u. 14–16 Uhr). Die breite und endlos scheinende **Anzac Parade** führt direkt zum **Australian War Memorial,** das den australischen Opfern aus sieben Kriegen der letzten 100 Jahre gewidmet wurde und zu den größten Militärmuseen weltweit zählt (tägl. 10–17 Uhr, Eintritt frei, www.awm.gov.au).

Rund um den City Hill   Im eigentliche Stadtzentrum rund um den City Hill liegt die Fußgängerzone **City Walk** mit großen Shoppingkomplexen und dem europäisch eingerichteten **Canberra Casino** (21 Binara St, tägl. ab 12 Uhr). Für Filminteressierte ist das **National Film and Sound Archive** sehenswert (McCoy Circuit, Acton, Mo–Fr 9–17 Uhr, Sa/So ab 10 Uhr, Eintritt frei, www.nfsa.gov.au).

Acton Halbinsel

Auf der Acton Halbinsel wurde im Jahr 2001 das grandiose **National Museum of Australia** eröffnet (Lawson Crescent, Acton Peninsula, www.nma.gov.au, tägl. 9–17 Uhr, Eintritt frei). Der 155 Millionen Dollar teure Bau beeindruckt mit einer betont schlichten, asymetrischen Architektur. Im Inneren werden die Geschichte des Landes sowie das Leben und die Kultur ihrer Bewohner in allen erdenklichen Formen und mit modernster Informationstechnik gezeigt.

Service Canberra

Infos

Canberra Visitor's Centre, 330 Northbourne Ave, Dickson, Tel. 1-300-554114, www.visitcanberra.com.au, Mo–Fr 9–17 Uhr, Sa/So bis 16 Uhr.

Notfall

Notruf (Polizei, Feuerwehr, Rettungswagen) Tel. 000.

Polizei: 16–18 London Circuit, Tel. 02-62567777 oder 131444.

Krankenhaus: Canberra Hospital, Yamba Drv, Garran, Tel. 02-62442222.

Verkehr

Flughafen

Canberras nationaler **Flughafen** befindet sich 7 km östlich der Innenstadt und wird von allen australischen Großstädten in Direktflügen angeflogen (www.canberraairport.com.au). Der **Airport Express** fährt wochentags von der City (großen Hotels) zum Flughafen und zurück (Tel. 1-300-368897, A$ 10). Ein Taxi kostet etwa A$ 40.

Busse und Bahnen

Überlandbusse fahren ab und bis **Jolimont Centre** (67 Northbourne Ave, City). Der **Bahnhof** liegt südöstlich der City in Kingston (Wentworth Ave). Dreimal täglich fährt der **XPT-Schnellzug** nach Sydney. Von Melbourne gibt es eine Bahn- und Buskombination. Fahrpläne sind unter Tel. 132232, www.countrylink.info erhältlich.

Wasserumschlungen: National Museum of Australia

Öffentliche Verkehrs- mittel	**Busse** verbinden das Zentrum mit allen anderen Stadtteilen (abends und an Wochenenden höchstens stündlich). Der lokale **Busterminal** mit Auskunft befindet sich an der Ecke East Row/Alinga St (Tel. 131710, www.action.act .gov.au). Fahrkarten werden in den Bussen, in Zeitungskiosken und im Visitor Centre verkauft. Das Tagesticket kostet A$ 7,60.
Mietwagen	**Avis Cars,** 17 Lonsdale St, Braddon, Tel. 02-62496088 und Flughafen Tel. 02-62491601; **Budget Cars,** Shell-Tankstelle Ecke Mort/Girraween St, Braddon, Tel. 02-62572200 und Flughafen Tel. 02-62571305; **Hertz Cars,** 32 Mort St, Tel. 02-62574877 und Flughafen Tel. 02-62496211; **Thrifty Cars,** 29 Lonsdale St, Braddon, Tel. 02-62477422 und Flughafen Tel. 1-300-367227.
Stadtrund- fahrten	Der **Explorer Bus** von Canberra Day Tours (Tel. 0418455099, www.canberra-daytours.com.au, A$ 30) fährt viermal täglich eine Runde zu allen Sehenswürdigkeiten der Stadt mit beliebigem Ein- und Aussteigen. Start ist am Visitor Centre.
	Auch mit dem **Fahrrad** lässt sich die flache Stadt gut erkunden (Mr Spoke's Bike Hire, Barrine Drv, Acton, Tel. 02-62571188, www.mrspokes.com.au).

Essen und Trinken

Um den Botschaften gerecht zu werden, gibt es in Canberra Küchen aus aller Herren Länder. Fast 300 Restaurants, Cafés und Bars sind über die ganze Stadt verteilt. Eine umfangreiche Listung bietet www.outincanberra.com.au.

Axis Restaurant (Acton Peninsula, Tel. 02-62085176), edles Lokal direkt am Seeufer mit internationaler Küche, Frühstück, Mittag- und Abendessen (Hauptgerichte ab A$ 30).

The Deck at Regatta Point (Barrine Drv, Parkes, Tel. 02-62307234) bei gutem Wetter ein schöner Platz zum Mittagessen auf der großen Terrasse am See.

Fine Dining mit gutem Ausblick

Alto Tower Restaurant (Telstra-Tower, Black Mountain, 3 km westlich der City, Tel. 02-62475518), Drehrestaurant mit ausgezeichnetem Ausblick auf die Stadt (Hauptgerichte ab A$ 30, Reservierung empfehlenswert).

The Australian Bar & Restaurant (181 City Walk, City), rustikales Restaurant mit Outback-Küche.

Canberra Dinner Cruises (ab Acton Ferry Terminal, Tel. 62953244), romantisches Abendessen während eines Bootsausfluges auf dem Lake Burley Griffin. Buchung im Visitor Centre.

Tipp: Canberra ist von 160 Weingütern umgeben, die zum Teil auch Verkostungen durchführen. Mehr Infos unter www.canberrawines.com.au.

Unterkunft

**** Hyatt Canberra, Commonwealth Ave, Yarralumla, Tel. 02-62701234; First-Class-Hotel, im Botschaftsviertel.

*** Mercure Canberra, Ecke Ainslie St/Limestone Ave, Braddon, Tel. 02-62430000; komfortables Mittelklasse-Hotel mit Restaurant und Bar.

*** Miranda & Parkview Lodge, 534 Northbourne Ave, Downer, Tel. 02-62498038; Bed&Breakfast-Haus im Motelstil, 4 km nördlich.

** Victor Lodge, 29 Dawes St, Kingston, Tel. 02-62957777; familiäres Gästehaus mit Transferservice und Fahrradvermietung.

* Canberra City YHA, 7 Akuna St, Civic, Tel. 02-62489155; großes Hostel in zentraler Lage.

Canberra South Motor Park, Ecke Monaro Hwy/ Canberra Ave, Fyshwick, Tel. 02-62806176; Campingplatz mit Motelzimmern und Cabins, ca. 5 km südlich des Parlaments.

Snowy Mountains

Als Snowy Mountains wird der Teil der Australischen Alpen bezeichnet, der sich im Bundesstaat New South Wales befindet. Der höchste Berg des australischen Festlandes, der **Mt Kosciuszko** (2228 m), liegt inmitten des Hauptgebirgszugs (Main Range), nahe der Grenze zu Victoria. Der größte Teil der „Snowies" ist als **Kosciuszko National Park** ausgewiesen.

Die weiten, größtenteils baumfreien Hochebenen verwöhnen das Auge im Frühling mit einer farbenprächtigen Wildblumenvegetation. In den Sommermonaten zählt die Bergwelt zu den schönsten Wandergebieten Australiens. Die kargen Hügel erlauben fantastische Ausblicke auf die durch Gletscher geformte Landschaft. Unglaublich klingt für unsereins, dass die schneebedeckten Flächen der Australischen Alpen in Victoria und New South Wales größer sind als die Schweiz. Natürlich gibt es hier auch Skigebiete, die meisten Pisten und Lifte befinden sich in der Nähe des Mt Kosciuszko.

Im Internet   www.snowymountains.com.au

Kosciuszko National Park

Der größte Nationalpark von NSW erstreckt sich über eine Länge von 200 km, von der Ortschaft Tumut im Norden bis zur Grenze Victorias im Süden. Er umfasst eine Fläche von 6500 qkm. Wichtigste Stadt ist **Jindabyne** mit einem informativen Besucherzentrum, Einkaufsmöglichkeiten und zahlreichen Unterkünften. Das Skidorf **Thredbo** (www.thredbo.com.au) an der Gebirgstrasse **Alpine Way** ist das „Aktivzentrum" des Parks. Der **Mt Kosciuszko** und die größten Skigebiete befinden sich im Süden des Nationalparks. **Charlotte Pass** ist die höchste Feriensiedlung Australiens und nur 8 km vom Gipfel des Mt Kosciuszko entfernt.

Wandern im National-park

In den Informationsstellen in Jindabyne und Thredbo sind genaue Wanderkarten und aktuelle Tourentipps erhältlich. Für Mehrtagestouren stehen einfache Campingplätze sowie Berghütten zur Verfügung. Beachten Sie die Höhenlage und rüsten Sie sich mit wind- und wetterfester Kleidung sowie festem Schuhwerk gegen schnelle Wetterumschwünge. Auch im Sommer kann es zu heftigen Gewittern kommen!

Wandertipp

Besteigung des Mt Kosciuszko von Thredbo: Bei guter Sicht ist der Blick vom höchsten Berg des Kontinents fantastisch. Von Thredbo aus ist der Aufstieg beinahe ein Kinderspiel (6,5 km einfache Strecke, ab Bergstation). Per Sessellift ist die Höhe von 1930 m schnell erreicht. Von dort führt ein zum Schutz der alpinen Vegetation gitterbewehrter Weg über die Hochebene bis Rawson Pass. Das letzte Stück (1,5 km) zum Gipfel ist geschottert. Auf dem gleichen Weg geht es dann wieder zurück.

Information   **Snowy Region Visitor Centre Jindabyne,** Kosciuszko Rd, Tel. 02-64505600, www.npws.nsw.gov.au, tägl. 8.30–17 Uhr; großes Besucherzentrum mit Shop, Café und Kino beim Einkaufszentrum.

Unterkunft   ****** Novotel Lake Crackenback Resort,** Alpine Way (auf dem Weg Jindabyne-Thredbo), Tel. 02-64562960; großzügiges Apartment-Hotel mit allem Komfort und gutem Restaurant, direkt am kleinen Lake Crackenback gelegen.

*** Thredbo Alpine Hotel, Fri Drv, Thredbo, Tel. 02-64594200; die erste Adresse im Skiort mit Sauna, Pool und guter Aussicht.

* Thredbo YHA, 8 Jack Adams Pathway, Thredbo, Tel. 02-64576376; gepflegte Jugendherberge, von Juni–Okt muss über YHA Travel Centre in Sydney reserviert werden (Tel. 02-92611111, www.yha.com.au).

Snowline CP, Jindabyne, Ecke Kosciuszko Rd/Alpine Way, Tel. 1-800-248148; Big-4-Campingplatz direkt am Seeufer (2 km vom Nationalpark).

Anreise   Während der Wintermonate fahren Greyhound Busse (www.greyhound.com.au) täglich von Sydney und Canberra nach Thredbo. Im Sommer gibt es keinen regelmäßigen Service. Von Sydney und Melbourne sind es jeweils 500 km bis nach Thredbo, von Canberra 180 km.

6

Tasmanien

Überblick   Die Insel Tasmanien ist das Kontrastprogramm zum kontinentalen Australien. Statt roter Erde, Sonnenschein und Strandleben dominieren hier meist ein kühleres Klima, wilde Bergregionen, unberührte Wildnis und fruchtbare, bewirtschaftete Böden. Die Bewohner Tasmaniens bezeichnen sich als „Tassies" und nicht etwa als „Aussies". Die wiederum verspotten das Inselvolk bisweilen als langsam und rückständig. Tatsächlich leben die Tasmanier mit sich und der Natur im Einklang, fern jeglicher Hektik und Betriebsamkeit. Tasmanien ist ein Reiseziel für Naturfreunde und Outdoor-Enthusiasten. Interessant ist die historische Vergangenheit der Insel als Sträflingskolonie.

Banks Strait
Stanley
Rocky Cape NP
Bass Strait
Smithton
West Point
Wynyard
Burnie
Bridport
Gladstone
Mt William NP
Devonport
Scottsdale
St Helens
Deloraine
Launceston
A10
Cradle Valley
▲ Cradle Mountain
Walls of Jerusalem NP
Rosebery
Cradle Mountain - Lake St Clair NP
Zeehan
Douglas Apsley NP
Bicheno
Freycinet NP
Queenstown
Bronte Park
Coles Bay
Strahan
Derwent Bridge
Freycinet Peninsula
Macquarie Harbour
Franklin
Southern
Gordon Wild Rivers NP
Mount Field NP
Maria Island NP
Strathgordon
A3
Richmond
Hobart
Ocean
Tasmanian Wilderness World Heritage Area
Kingston
Tasman NP
Southwest NP
Hartz Mnts NP
Port Arthur
Bruny Island
Tasman Sea

N

Tasmanien
0 ——————— 50 km
© RKH VERLAG HERMANN

Der Inselstaat liegt 240 km vom südöstlichen Zipfel des australischen Kontinents entfernt und ist vom Festland durch die *Bass Strait* getrennt. Mit einer Fläche von 68.331 qkm ist Tasmanien der kleinste Bundesstaat Australiens. Gerade einmal 507.000 Menschen leben hier, davon allein über 200.000 in der Hauptstadt Hobart. Ökonomisch dominieren Landwirtschaft, Bergbau und Tourismus.

Das Eiland bietet auf relative kleiner Fläche Abwechslung pur: bergige Landschaften mit Seen und Wasserfällen, herrliche Strände und Küstenabschnitte, ausgedehnte Weideflächen und im Südwesten riesige Wildnisgebiete mit unerschlossenen, kaltgemäßigten Regenwäldern.

Mit Durchschnittstemperaturen von 21 °C im Sommer und 12 °C im Winter ist das Klima gemäßigt. An der Westküste treten die höchsten jährlichen Niederschläge Australiens auf. Erstaunlicherweise ist Hobart die zweittrockenste australische Hauptstadt. Die vorherrschenden Westwinde sind durch die Orkane der „Roaring Forties" beinflusst und sorgen für unvergleichlich saubere Luft und eine stetige, frische Brise.

Highlights Touristische und landschaftliche Highlights sind die zentralen Bergregionen mit den Cradle Mountains, die Westküste rund um das Städtchen Strahan und die Ostküste mit dem Freycinet National Park. Die Städte Hobart und Launceston warten mit geschichtsträchtigen Gebäuden, Museen und gemütlichen Einkehrmöglichkeiten auf. In Port Arthur ist der Besuch der berühmten Sträflingssiedlung ein Muss. Hinzu kommt eine einzigartige Tier- und Pflanzenwelt, die sich durch die Isolation der Insel weitgehend endemisch entwickeln konnte.

Im Internet **Fremdenverkehrsbüro:** www.discovertasmania.com
Nationalparkbehörde: www.parks.tas.gov.au

Im Hafen
von Hobart

National- Fast alle Nationalparks auf Tasmanien kosten Eintritt. Günstig ist daher der
parkpass Erwerb des Holiday-Passes für alle Parks (A$ 33 pro Auto, 2 Monate Gültigkeit),
der an den Parkeingängen, in den Visitor Centres der Städte oder online bei
der NP-Verwaltung erhältlich ist.

Anreise Es bestehen regelmäßige Flugverbindungen von Melbourne, Sydney, Brisbane
und Adelaide nach Tasmanien (Hobart, Launceston und Devenport). Qantas
(www.qantas.com, Tel. 131313), Virgin Blue (www.virginblue.com.au, Tel.
136789) oder Jetstar (www.jetstar.com.au, Tel. 131538). Von **Melbourne** verkehren täglich die **Autofähren** „Spirit of Tasmania I und II" nach Devonport
(Fahrzeit pro Strecke 15 h, Tel. 1-800-634906, www.spiritoftasmania.com.au).

Öffentliche **Tasmanian Redline Coaches** (TRC, Tel. 1-800-030033, www.tasredline
Verkehrs- .com.au) verbindet die wichtigsten Orte miteinander.
mittel auf
der Insel Die Busse von **Tassielink** (Tel. 1-300300520, www.tassielink.com.au) sind ideal
für Wanderer, denn sie fahren auch abgelegene Regionen und Nationalparks
an.

Touren **Premier Travel Tasmania** (www.premiertraveltasmania.com, Tel. 03-
62271388) veranstaltet deutschsprachige Kleingruppentouren unterschied-
licher Länge und privat geführte Touren von hoher Qualität.

Adventure Tours (www.adventuretours.com.au, Tel. 08-81328230) ist für
Backpacker eine gute Wahl, um die Insel zu erkunden.

Cradlehuts (www.cradlehuts.com.au, Tel. 03-63922211) veranstaltet eine 6-
Tage-Wandertour in den Cradle Mountains (Overland Track) und den 4- Tage-
„Bay of Fires Walk".

Hobart

Im Süden der Insel liegt die Hauptstadt **Hobart.** 1803 als Sträflingskolonie gegründet und 1842 zur Hauptstadt erklärt, breitet sie sich
im Mündungsbereich des Derwent Rivers aus. Über den breiten Fluss
führt die **Tasman Bridge,** sie verbindet die westlichen Vororte mit
der Innenstadt. Der geschützte und tiefe Naturhafen, der in frühen
Jahren von Walfängern genutzt wurde, ist für Frachtschiffe wie
Weltumsegler eine wichtige Anlaufstation. Hobart ist das Ziel der
jährlichen Segelregatta Sydney – Hobart am 26. Dezember (www.
rolexsydneyhobart.com).

Das Zentrum der Stadt liegt rund um die Bucht **Sullivans Cove.**
Am lebhaften **Salamanca Place** wurden alte Lagerhäuser zu Galerien
und Kunstmärkten umgebaut. Restaurants und Cafés säumen den
Platz und samstags findet ein bunter Kunsthandwerk- und Lebens-
mittelmarkt statt (8–15 Uhr). Unbedingt besuchen sollte man das
spektakulär in den Fels gebaute **Museum of Old and New Art** (655
Main Rd, Berridale, www.mona.net.au, Mi–So 10–18 Uhr, A$ 20) ei-
nige Kilometer außerhalb der Stadt am Derwent River. Hier wird neben altägyptischen Relikten vor allem moderne Kunst präsentiert.

Einen wunderbaren Blick auf die Stadt und ihre Umgebung bietet sich, 22 km westlich, vom 1270 m hohen **Mt Wellington.**

Hobart

0 ⊢———⊣ 200 m

|||||| = Fußgängerzone

©RKH VERLAG HERMANN

⚐ Unterkünfte
1 Hotel Grand Chancellor
2 Rydges Hobart
3 Adelphi Court YHA
4 Battery Point Manor

1 State Library &
Allport Museum
2 City Hall
3 Town Hall
4 Village Cinema Centre
5 Ferry Terminal
6 Aquatic Centre

Salamanca
Market

Information	**Tasmanian Travel & Information Centre**, Ecke Davey/ Elizabeth Sts, Tel. 03-62308233, Mo–Fr 8.30–17 Uhr, Sa/So 9–16 Uhr.
Notfall	**Notfall:** 000
	Polizei: 31–34 Liverpool St, Tel. 131444
	Krankenhaus: Royal Hobart Hospital, 48 Liverpool St, Tel. 03-62228308
Essen und Trinken	**Fish Frenzy** (Elizabeth St Pier), beste Fish&Chips Lokalität in Hobart mit Blick auf den Hafen.
	Mures Upper Deck (Victoria Dock), Fischlokal am Wasser. Hauptgerichte ab A$ 25.
	Ball & Chain Grill (87 Salamanca Place), in rustikal-gemütlicher Atmosphäre kann man hier leckere Fleisch- und Fischgerichte vom Grill genießen. Hauptgerichte ab A$ 25.
	Jam Packed (27 Hunter St, Old Wharf, Frühstück und Mittagessen), nettes Café in historischem Gebäude.
Stadtrund-fahrten	**Red Decker** (Tel. 03-62369116, www.reddecker.com.au) fährt seine Gäste in einem alten Londoner Doppeldeckerbus durch die Stadt. Beliebiges Ein- und Aussteigen an 20 Sehenswürdigkeiten. Start ist am Visitor Centre, A$ 26. Gegen Aufpreis mit Ausflug zum Mt Wellington.
	Grayline Coaches (Tel. 03-63243336, www.experiencetas.com.au) bietet Halbtages- und Tagestouren durch Hobart und Umgebung sowie auf die Tasman Peninsula an.
Verkehr	Vom Flughafen in die Stadt (Transit Centre) pendelt der **Airport Shuttle Bus** (Tel. 04-19382240, Reservierung notwendig). Ein **Taxi** in die Innenstadt kostet etwa A$ 35.
	Metro Buses bedienen die Innenstadt und Stadtteile von Hobart. Fahrpläne unter www.metrotas.com.au oder Tel. 132201.

Mietwagen   **Avis** (www.avis.com.au), **Thrifty** (www.thrifty.com.au), **Budget** (www.bud-get.com.au), **Europcar** (www.europcar.com.au) und **Hertz** (www.hertz.com.au) haben Niederlassungen am Flughafen und in der Innenstadt.

Unterkunft   ****** Hotel Grand Chancellor,** 1 Davey St, Tel. 03-62354535; komfortables Hotel direkt am Hafen.

**** Rydges Hobart, Ecke Argyle/Lewis Sts, Tel. 03-62311588; Mittelklasse-hotel im Kolonialstil, 2 km nördlich vom Zentrum.

** Battery Point Manor, 13-15 Cromwell St, Battery Point, Tel. 03-62240888; gepflegtes B&B mit Blick auf das Meer.

* Adelphi Court YHA, 17 Stoke St, New Town, Tel. 03-62284829; gut ausge-stattete Jugendherberge.

Barilla Holiday Park CP, 75 Richmond Rd, Cambridge, Tel. 03-62485453; Campingplatz, 14 km östlich der Stadt.

Port Arthur

Über den Port Arthur Highway gelangt man auf kurvenreicher Strecke zur ehemaligen Sträflingskolonie **Port Arthur** auf der Tasman Pen-insula. Auf dem Gelände der Gefängnisanlage mit Zuchthaus, Werk-stätten, Isolationskerker, Krankenhaus und Kirche wurden zwischen 1830 und 1877 bis zu 12.000 Gefangene gehalten. Abends findet auf dem Gelände die schaurig-unterhaltsame „Ghost Tour" statt. Die Tas-man Halbinsel ist auch vom Wasser aus sehenswert. Neben rauer Küstenlandschaft sind Albatrosse, Delfine, Robben und saisonal auch Wale (Mai–Juli u. Sept–Dez) zu sehen (Tasman Island Cruises, www.tasmancruises.com.au, Tel. 03-62502200, Touren auch ab Hobart).

Information   Das **Visitor Centre des Port Arthur Historic Site** ist tägl. von 8.30 Uhr bis Ende der Nachttour geöffnet (www.portarthur.org.au, Eintritt A$ 30).

Anreise   **Tassielink** (s. Öffentliche Verkehrsmittel) fährt täglich von Hobart nach Port Arthur und zurück. Touren werden von **Grayline** (s. Hobart Touren) und von

Port Arthur

7

Navigator (www.navigators.net.au, Brooke St Pier Hobart, Tel. 03-62231914, Schiff und Bus) angeboten. Mit dem **Auto** sollte man für die Fahrtdauer ab Hobart über die A3 (Sorell) und A9 nach Port Arthur etwa 90 Min. kalkulieren.

Coles Bay und Freycinet National Park

An der Ostküste zählt der **Freycinet National Park** zu den wahren Naturschönheiten der Insel. Mit paradiesischen Stränden rostroten Felsen, traumhaften Buchten, wie der berühmten **Wineglass Bay**, sowie ausgezeichneten Wandermöglichkeiten vergehen im Park schnell zwei Tage. In der kleinen Feriensiedlung **Coles Bay** am Parkeingang können Besucher sich versorgen.

Wandertipp   Die Wanderung zum schneeweißen Strand der Wineglas Bay führt vom gleichnamigen Parkplatz stetig bergauf zum Aussichtspunkt. Dort eröffnet sich ein sensationeller Blick auf die umliegenden Berge und die traumhafte Bucht. Der Abstieg zur Wineglas Bay führt durch lichte Wälder. Die Tour dauert 2,5–3 h hin und zurück. Vergessen Sie nicht Fotoapparat, Badesachen und genügend Wasservorräte! Der Park bietet noch weitere Wandertouren – vom 20minütigen Spaziergang bis zur Mehrtagestour ist alles möglich.

Information   **Visitor Centre National Park** (Tel. 03-62567000, www.parks.tas.gov.au, Nov–April tägl. 8–17 Uhr; Mai–Okt 9–16 Uhr).

Anreise   Von Bicheno fährt zweimal täglich ein Bus nach Coles Bay und in den Nationalpark.

Übernachtung   **** **Freycinet Lodge** (Tel. 03-62570101, www.freycinetlodge.com.au), luxuriöse Lodge im Nationalpark.

Im Nationalpark ist ein großer **Campingplatz** (Reservierung über das o.g. Visitor Centre). Sollte dieser ausgebucht sein, fahren Sie am besten zu den „Friendly Beaches", einem NP-Campground ca. 25 km vor Coles Bay. Weitere Unterkünfte unter www.freycinetcolesbay.com.

Wineglas Bay, Freycinet NP

Cradle Mountain – Lake St Clair National Park

Cradle Mountain zählt zu den beliebtesten Attraktionen der Insel. Eine beeindruckende Vegetation, kaum berührte Bergwildnis und ruhige Gletscherseen sind die Kennzeichen der *Tasmanian Wilderness World Heritage Area*. **Cradle Valley** heißt das Zentrum im Nordteil des Parks. Von hier fahren von November bis März kostenlos Shuttlebusse zu den Ausgangspunkten der Wanderungen und zum Besucherzentrum. Auf gut markierten Wanderwegen erreicht man die einzigartige Bergwelt Tasmaniens. Neben verschiedenen Tagestouren lockt der 80 km lange **Overland Track** engagierte Fernwanderer. Auf der Wandertour kann der höchste Berg der Insel, **Mt Ossa** (1617 m), bestiegen werden. Der tiefblaue **Lake St Clair**, Australiens tiefster natürlicher Süßwassersee, liegt am Südende des Nationalparks.

Lake Dove

Wandertipp ab Cradle Valley **Lake Dove Circuit:** Der 5,7 km lange Rundweg führt vom gleichnamigen Parkplatz *(Shuttle Bus Stop)* rund um den Bergsee. Der Blick auf den See und die aufragenden Berge ist auf der gesamten Wanderung ein Genuss. Der Weg ist gut markiert, in manchen Teilen steinig, aber überwiegend flach.

Information **Parks and Wildlife Service Cradle Mountain Visitor Centre** (Cradle Mountain Rd, Tel. 03-64921133) und **Lake St Clair Visitor Centre** (am Südende des Parks, über Derwent Bridge erreichbar, Tel. 03-62891172) informieren über Wandertouren, Campingmöglichkeiten sowie über Flora und Fauna des Parks (beide tägl. 8–17 Uhr geöffnet, www.parks.tas.gov.au). Für den Overland Track ist ein Permit erforderlich.

Unabhängig von der Jahreszeit ist das Wetter in Cradle Mountains wechselhaft. Ein scheinbar sonniger Tag kann schnell zum kalten und nebligen Regentag werden – deshalb Kleidung und Schuhwerk entsprechend anpassen.

7

Touren   **Cradlehuts** (Tel. 03-63922211 www.cradlehuts.com.au) veranstaltet geführte Overland-Track-Touren mit Hüttenübernachtungen. Frühzeitig buchen!

Cradle Mountain Helicopters (Tel. 03-64921132, www.adventureflights .com.au, ab A$ 210 p.P.) offeriert 30minütige Rundflüge über den Park ab Cradle Valley.

Über-
nachtung   ****** Cradle Mountain Lodge** (Tel. 03-64922100, Cradle Mountain, www.crad-lemountainlodge.com.au), beste Unterkunft direkt im Park, mit Wellness-einrichtungen und Restaurant. Frühzeitige Buchung empfehlenswert.

*** Cradle Mountain Highlanders (3876 Cradle Mountain Rd, Cradle Mountain, Tel. 03-64921116, www.cradlehighlander.com.au), rustikale Blockhäuser für Selbstversorger nur wenige Gehminuten vom Visitor Centre entfernt.

* Cradle Mountain Discovery Holiday Park (3832 Cradle Mountain Rd, Cradle Mountain, Tel. 03-64921395, www.big4.com.au), großer Campingplatz mit Cabins und Mehrbett-Hütten direkt am Parkeingang.

* bis *** Lake St Clair Lodge (Lake St Clair Rd, Tel. 03-6289 1137, www.lakest clairresort.com.au); sie liegt direkt am See und bietet jegliche Übernach-tungsvariante, von Campingplätzen bis hin zu neuen Studios.

Anreise   Der südliche Teil des NP (Lake St Clair) liegt 2,5 Autostunden westlich von Hobart. Der nördliche Teil (Cradle Valley) ist von Launceston in zwei bis drei Stunden Autofahrt erreichbar.

Die Busse von **Tassielink** (www.tassielink.com.au) fahren beide Seiten des NP an.

Strahan

40 km südwestlich der Berg-werksstadt **Queenstown** liegt am Naturhafen **Macquarie Harbour** die kleine Stadt **Strahan** – die einzige an der sonst „wilden Westküste". Von hier starten Boots- oder Flug-touren Richtung Wildnisge-biete des Gorden Rivers. Eine geruhsame Aktivität für Eisen-bahnfreunde ist die Fahrt mit dem alten Dampfzug durch den uralten Regenwald zwi-schen Strahan und Queens-town (s. Touren).

Hotel in Strahan

Information   **West Coast Visitor Information Centre,** The Esplanade, Tel. 03-64726800, www.westernwilderness.com.au, tägl. 10–18 Uhr.

Touren

West Coast Wilderness Railway (www.westernwildernessrailway.com.au, buchbar über das Visitor Centre, A$ 170), die Tour führt von Strahan nach Queenstown, eine Strecke wird mit der Bahn, die andere mit dem Bus zurückgelegt.

Gordon River Cruises (Tel. 1-800-628288, www.puretasmania.com.au, ab A$ 100) bietet Schiffsfahrten in die einsamen Landschaften des Gorden Rivers an.

Strahan Seaplanes and Helicopters (Tel. 03-64717718, www.adventure flights.com.au) fliegt über die Urwaldlandschaft und die Küste.

**Über-
nachtung**

*** Strahan Village (Tel. 1-800-628286, www.puretasmania.com.au); Hotelanlage mit kleinen Steinhäusern an der Esplanade und Hotelzimmern am Berghang.

* Discovery Holiday Parks Strahan (Ecke Andrew/Innes Sts, Tel. 03-64736200, www.big4.com.au); Campingplatz mit Cabins direkt am Wasser, ca. 15 Min. Fußweg zum Visitor Centre.

Aussicht
während der
Eisenbahnfahrt
Queenstow –
Strahan

Launceston

Launceston, die zweitgrößte Stadt der Insel, wurde 1804 am Tamar River gegründet. Aus dieser Zeit stammen zahlreiche historische Gebäude, wie beispielsweise das Lagerhaus **Macquarie House** am Civic Square oder der **Old Umbrella Shop** (60 George St). Lohnend ist der Besuch des **Queen Victoria Museum and Art Gallery,** Museum und Kunstgalerie sind in unterschiedlichen Gebäuden. Das 1891 erbaute Museum im Royal Park vermittelt die Geschichte der lokalen Aboriginal People sowie Wissenswertes zur Flora und Fauna Tasmaniens. Die Kunstgalerie mit Flugzeug-, Eisenbahn- und Sport-ausstellung liegt im Inveresk Precinct am Nordufer des North Esk River. Etwa 15 Gehminuten außerhalb der City, liegt die malerische **Cataract Gorge.** Eine halbstündige Wanderung führt zur tiefen

7

Felsschlucht. Bei gutem Wetter ist ein Bad in einem der „Felspools"
eine erfrischende Abwechslung.

Information **Launceston Travel & Information Centre** (12–16 John St, Tel. 1-800-651827, Mo–Fr 9–17 Uhr, Sa/So 9–15 Uhr).

Cataract
Gorge

Essen und **Stillwater Restaurant** (Paterson St, Richie's Mill, Tel. 03-63314153, www.still-
Trinken water.net.au), in der ehemaligen Kornmühle am Tamar River. Tagsüber ein
zwangloses Café, abends ein feines Restaurant mit tasmanischen Spezialiäten
im gehobenen Preissegment. Hauptgerichte ab A$ 40.

Black Cow Bistro (Ecke George/Patersons Sts, Tel. 03-63319333, www.black-
cowbistro.com.au, tägl. ab 17 Uhr), leckere Fleischgerichte mit besten Zutaten
werden in gemütlichem Ambiente serviert. Hauptgerichte ab A$ 30.

Tipp für Bierliebhaber: Die Brauerei Boags bietet wochentags Touren und
Verkostungen an (39 William St, Tel. 03-63326300 www.boags.com.au).

Unterkunft ****** Colonial Launceston,** 31 Elizabeth St, Tel. 03-63316588, www.colonial-
launceston.com.au; komfortables Hotel im alten Schulhaus, mit gutem
Restaurant.

* Launceston Backpackers, 103 Canning St, Tel. 03-63342327, www.launce
stonbackpackers.com.au; freundliches Hostel ca. 10 Minuten vom Zentrum
entfernt.

Westaustralien

Überblick **Western Australia** (WA) ist der größte Bundesstaat Australiens. Mit über 2,5 Mio. qkm nimmt er über ein Drittel des Fünften Kontinents ein und bietet die wohl einsamsten Landstriche. Weltstädtisches Flair findet man nur in der Hauptstadt Perth, ansonsten sind die meist küstennahen Ansiedlungen überschaubar. Gerade einmal 2,3 Mio. Einwohner leben in Western Australia, die meisten davon im Südwesten, allein 1,6 Mio. in der quirligen Hauptstadt **Perth.**

Geschichte Im Jahr 1616 landete der holländische Seefahrer **Dirk Hartog** in der Shark Bay. Weitere holländische und britische Schiffe folgten, jedoch erschien das Land von „Wilden" bewohnt und ohne wirtschaftlichen Reiz. Erst 200 Jahre später begann die Besiedlung rund um den Swan River. Vielerorts werden wertvolle Bodenschätze gefördert. Das beschert dem Bundesstaat einen enormen wirtschaftlichen Reichtum, aber auch ein hohes Preisniveau.

Highlights Zu den Höhepunkten Westaustraliens zählen die Millionenstadt Perth, die fantastischen Strände des Südwestens (von vielen als die schönsten in ganz Australien anerkannt!), die Delfine von Monkey Mia, das spektakuläre Ningaloo Reef, die tiefen Schluchten des Karijini National Park und die abwechslungsreiche Kimberley Region im Norden.

Im Internet **Fremdenverkehrsbüro:** www.westernaustralia.com
Nationalparkbehörde: www.dec.wa.gov.au

Westaustralien

0 _____ 250 km

—·—·— Regionengrenze

© RKH VERLAG HERMANN

Timor Sea

Joseph Bonaparte Gulf

Wyndham

Kununurra

Indian

Derby

GIBB

KIMBERLEY

RIVER

RD

HWY

Purnululu NP

GREAT

Broome

Fitzroy Crossing

NORTHERN

1

Halls Creek

Ocean

NORTHERN

HWY

Tanami Desert

GREAT

Sandfire Roadhouse

Great Sandy Desert

TANAMI

RD

Port Hedland

Dampier

HWY

Karratha

Marble Bar

PILBARA

ROAD

Exmouth

COASTAL

Millstream Chichester NP

Pilbara

WEST

1

Tom Price

Karijini NP

STOCK

Gibson Desert

Coral Bay

NORTH

Newman

Little Sandy Desert

Minilya Roadhouse

NORTHERN

HWY

CANNING

Carnarvon

GASCOYNE

MID WEST

Warburton

GUNBARREL

HWY

Shark Bay

WEST

Monkey Mia

Overlander Roadhouse

Meekatharra

Wiluna

RD

Denham

NORTH

GREAT

GOLDFIELDS

CENTRAL

Kalbarri

1

Kalbarri NP

GREAT

Geraldton

HWY

Leonora

HWY

Great Victoria Desert

Cervantes

BRAND HWY

HEARTLANDS

GOLDFIELDS

Nambung NP

EASTERN

HWY

Kalgoorlie

Lancelin

94

Coolgardie

Nullarbor Plain

Fremantle

Perth

GREAT

Hyden (Wave Rock)

Eucla

Mandurah

20

PEEL

Norseman

1

EYRE

HWY

Bunbury

40

Great Australia Bight

Cape Naturaliste

SOUTH WEST

SOUTH WESTERN HWY

Ravensthorpe

ESPERANCE

1

Margaret River

30

Fitzgerald River NP

Esperance

Cape Le Grand NP

Cape Leeuwin

10

Denmark

Stirling Range NP

Porongurup NP

Albany

GREAT SOUTHERN

Southern Ocean

Perth

Swan Bells

Überblick

Perth ist die abgeschiedenste Großstadt Australiens – die nächstgelegene Metropole ist Adelaide, 2800 km entfernt. Das großflächige Perth, drittgrößte Stadt des Landes, muss den Vergleich mit den anderen Großstädten keinesfalls scheuen. Im Gegenteil: Im Zuge des westaustralischen Bergbau-Booms entwickelt sich die Stadt schneller als jede andere des Kontinents. Die moderne Skyline überragt vielfach koloniale Architektur. Parkanlagen säumen den breiten **Swan River** inmitten der City. Ideale Einkaufsmöglichkeiten, viele Restaurants und Kneipen, eine herausragende Kulturszene, kilometerlange Strände am Indischen Ozean und das angenehme mediterrane Klima machen Perth zu einer reizvollen Stadt. Planen Sie für Perth mindestens einen ganzen Tag ein, für die Umgebung einen weiteren.

Geschichte

1826 setzte sich der britische *Captain Stirling* vehement für britische Präsenz im Westen Australiens ein. So nahm Kapitän *Charles Fremantle* im Mai 1829 das Land, als „Neu-Holland" bekannt, formal in Besitz. Zunächst wurden zwei Siedlungen gegründet: die erste, an der Mündung des Swan River, wurde *Fremantle* genannt. Die zweite, weiter flussaufwärts, sollte das Verwaltungszentrum werden und wurde nach der schottischen Stadt Perth benannt. Bereits im Juni 1829 gingen erste Siedler an Land. Aufgrund ihrer mangelnden Erfahrung in Ackerbau und Viehzucht war der Neuanfang beschwerlich. Um die Entwicklung voranzutreiben, wurden Sträflinge als Arbeitskräfte aus England geholt. Von da an ging es aufwärts: 1856 wurde Perth offiziell gegründet. Ein erster Bevölkerungs- und Wirtschaftsboom folgte in den 1890er Jahren mit den Goldfunden in den Kimberleys und in Kalgoorlie. Perth wurde das Zentrum des lukrativen Goldhandels. Noch heute sind es die reichen Mineralienfunde und der Abbau von Eisenerz, Uran, Bauxit, Nickel, Erdgas, Öl, Diamanten und Mineralsanden, die Perth seine wirtschaftliche Dynamik sichern. Die Metropole ist heute die am schnellsten wachsende Stadt Australiens.

8

PERTH

Unterkünfte

1 Sheraton Perth
2 Miss Maud
3 Seashells Resort
  Scarborough Beach
4 Pension of Perth
5 Perth Int. Tourist Park
6 Sullivans Hotel
7 Perth City YHA

0 — 500 m

Fußgängerzone

© Reis Verlag Hermann

1	Sehenswertes

1 Kings Park	**12** Gouvernement House
2 Barracks Arch	**13** The Perth Mint
3 The Cloister	**14** Stirling Gardens
4 His Majesty's Theatre	**15** Supreme Court
5 Old Perth Boys School	**16** Old Court House
6 London Court	**17** Supreme Court Gardens
7 Forrest Place	**18** Swan Bells
8 Town Hall	**19** Barrack St Jetty
9 St. George Cathedral	**20** WA Museum
10 The Old Deanery	**21** WA Art Gallery
11 St. Andrews Unting Church	**22** Perth Inst. of Cont. Art

1	weitere Adressen

1 Post GPO
2 WA Visitor Centre
3 Wellington Bus Station
4 Perth Central Train Station (Bahnhof)
5 Royal Perth Hospital (Krankenhaus)
6 Concert Hall
7 Automobilclub (RAC)

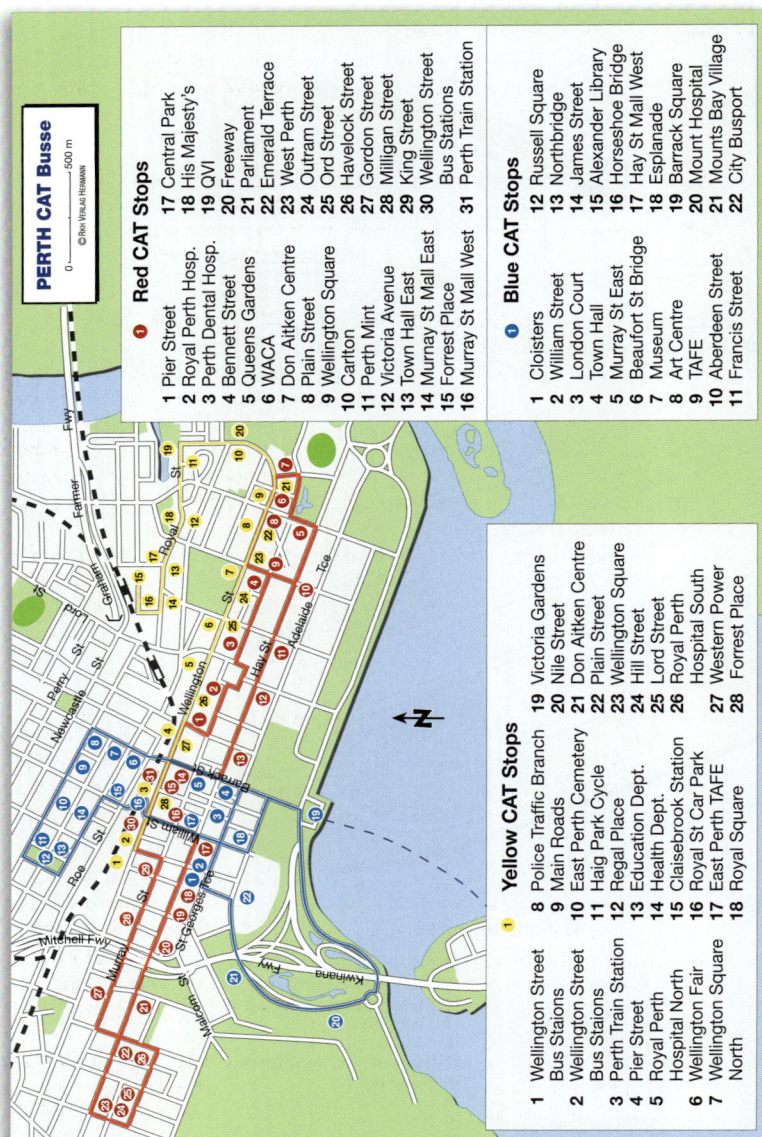

PERTH CAT Busse

0 _____ 500 m

© Reise Verlag Heimann

🔴 Red CAT Stops

1 Pier Street
2 Royal Perth Hosp.
3 Perth Dental Hosp.
4 Bennett Street
5 Queens Gardens
6 WACA
7 Don Aitken Centre
8 Plain Street
9 Wellington Square
10 Carlton
11 Perth Mint
12 Victoria Avenue
13 Town Hall East
14 Murray St Mall East
15 Forrest Place
16 Murray St Mall West
17 Central Park
18 His Majesty's
19 QVI
20 Freeway
21 Parliament
22 Emerald Terrace
23 West Perth
24 Outram Street
25 Ord Street
26 Havelock Street
27 Gordon Street
28 Milligan Street
29 King Street
30 Wellington Street Bus Stations
31 Perth Train Station

🔵 Blue CAT Stops

1 Cloisters
2 William Street
3 London Court
4 Town Hall
5 Murray St East
6 Beaufort St Bridge
7 Museum
8 Art Centre
9 TAFE
10 Aberdeen Street
11 Francis Street
12 Russell Square
13 Northbridge
14 James Street
15 Alexander Library
16 Horseshoe Bridge
17 Hay St Mall West
18 Esplanade
19 Barrack Square
20 Mount Hospital
21 Mounts Bay Village
22 City Busport

🟡 Yellow CAT Stops

1 Wellington Street Bus Stations
2 Wellington Street Bus Stations
3 Perth Train Station
4 Pier Street
5 Royal Perth Hospital North
6 Wellington Fair
7 Wellington Square North
8 Police Traffic Branch
9 Main Roads
10 East Perth Cemetery
11 Haig Park Cycle
12 Regal Place
13 Education Dept.
14 Health Dept.
15 Claisebrook Station
16 Royal St Car Park
17 East Perth TAFE
18 Royal Square
19 Victoria Gardens
20 Nile Street
21 Don Aitken Centre
22 Plain Street
23 Wellington Square
24 Hill Street
25 Lord Street
26 Royal Perth Hospital South
27 Western Power
28 Forrest Place

Stadtbesichtigung

Die Innenstadt von Perth ist dank der rechtwinklig angelegten Straßen sehr übersichtlich. Fast alle Sehenswürdigkeiten lassen sich gut zu Fuß erkunden. Außerdem fahren Gratis-Busse (CAT, s. Service/Verkehr).

Kings Park   Beginnen Sie den Stadtrundgang im 5 qkm großen **Kings Park and Botanic Garden**. Der Aussichtsturm **DNA-Tower** liefert einen guten Überblick über Park und Stadt. Weitere Infos zum Park und den Wanderwegen gibt es im Besucherzentrum (Fraser Ave, tägl. 9.30–16 Uhr, www.bgpa.wa.gov.au).

St George Terrace   Die **St George Terrace** durchquert von West nach Ost die Stadt, bemerkenswert sind ihre zahlreichen historischen Gebäude. Von Westen kommend fällt **The Cloister** (gegenüber Mill St) ins Auge, eine 1858 von Bischof Hale erbaute Knabenschule. Schräg dahinter liegt das prachtvolle **His Majesty's Theatre** (1904), Sitz des westaustralischen Balletts und der Oper. Im kolonialen Gebäude der **Old Perth Boys School,** die 1853 erbaut und zwischenzeitlich aufwendig restauriert wurde, ist ein gemütliches Café und die Denkmalschutzbehörde.

Eine Besonderheit ist **London Court,** eine altertümliche Einkaufspassage im Tudor-Stil von 1937. Mit den Nachbildungen der Uhr von Rouen/Frankreich (am Eingang an der St Georges Tce) und des Big Ben (am Eingang Hay St Mall), erinnert sie an das „alte Europa". Souvenirshops und Lokale haben sich in den kleinen Fachwerkhäusern einquartiert.

Die Anglikanische Kirche **St Georges Cathedral** von 1888 ist ein reizvoller Gegensatz zu den modernen Glasfassaden der Hochhäuser.

Umsäumt von großen Bäumen ist das **Gouvernment House.** 1864 eingeweiht, wurde es in Anlehnung an den Tower of London mit gotischen Bögen und Türmchen gestaltet. Besichtigungen sind leider nicht möglich.

Shopping-meile   Die belebten Fußgängerzonen **Hay Street** und **Murray Street Mall** sowie der **Forrest Place,** der größte und wichtigste Platz der Innenstadt, laden zum Bummeln und Verweilen ein. Hier treffen sich Straßenmusiker, Bürger und Touristen ebenso wie zahlreiche Geschäftsleute. Das monumentale **General Post Office** begrenzt den Platz nach Westen. Es gibt ein breites Angebot an Restaurants, Food Malls und Cafés.

An der Ecke Hay Street Mall/Barrack Street fällt die **Town Hall** durch ihren gemischten Baustil auf. Das Rathaus wurde, wie viele andere öffentliche Gebäude, von Sträflingen errichtet (1867–1870).

8

Barrack Street

Folgt man der Barrack Street in Richtung Swan River, so liegen linker Hand die schönen **Stirling Gardens**. Die Grünflächen des einstigen botanischen Gartens grenzen an das mit Säulen bestückte Gerichtsgebäude **Supreme Court**. Dahinter sieht man das winzige Sandsteinhaus **Old Courthouse,** das älteste erhaltene öffentliche Gebäude der Stadt aus dem Jahr 1836. Nach einer wechselhaften Nutzung als Schule, Kirche und Konzerthalle dient es heute als kleines Gerichtsmuseum (Mo, Di, Fr 10–14.30 Uhr, Eintritt frei).

Den markanten, zur Millenium-Feier errichteten „Glockenturm" **Swan Bells,** sieht man von weitem. Im raffiniert konzipierten Turm sind mehrere Glocken und Uhren ausgestellt. Von oben bietet sich ein fantastischer Ausblick auf die Stadt und den Fluss (tägl. 10–16.30 Uhr, Mai–Sept bis 16 Uhr, www.swanbells.com.au, A$ 14). Am Fuße des Turms laden die Bars und Restaurants der **Barrack Street Jetty** mit Blick auf den breiten Flusslauf zu einer Rast ein. Von hier starten die Fähren und Ausflugsboote nach Fremantle, Rottnest Island und zum Zoo.

Im Innenhof der Perth Mint

The Perth Mint

Fast ein Pflichtbesuch im reichen Westen: **The Perth Mint** (Hay Street/Ecke Hill Street). Die 1899 eröffnete Münzprägeanstalt ist heute ein Museum, das viele Details zum Thema Goldsuche und -verarbeitung liefert. Im Shop werden außerdem ausgefallene Münzen, Nuggets und Schmuck verkauft (tägl. 9–17 Uhr, www.perthmint.com.au, A$ 15).

Kulturelles Zentrum im Norden

Man könnte gut und gerne einen ganzen Tag im **Western Australian Museum** verbringen (Perth Cultural Centre, James St, tägl. 9.30–17 Uhr, www.museum.wa.gov.au, Eintritt frei). Der große Gebäudekomplex des Museums nördlich vom Stadtzentrum zeigt Exponate aus den Bereichen Flora und Fauna, Aboriginalkultur des Katta

Djinoong Stammes sowie die beeindruckende Ausstellung zur Erdentstehung „Diamonds to Dinosaurs".

Auf der anderen Seite der James Street Mall liegt die **Western Australia Art Gallery** (Mi–Mo 10–17 Uhr, Eintritt frei, www.art gallery.wa.gov.au), eine ausgezeichnete Kunstsammlung mit vielen Aboriginal-Kunstwerken, alter und moderner Kunst sowie wechselnden Ausstellungen.

Sehenswertes außerhalb der Innenstadt

Perth Zoo

Am Südufer des Swan River liegt der **Perth Zoo** (20 Labouchere Rd, South Perth, tägl. 9–17 Uhr, www.perthzoo.wa.gov.au), eine über 100 Jahre alte Anlage, die mit großen Gehegen und einheimischen wie exotischen Tierarten den Besucher begeistert.

Anfahrt: Per Fähre von der Barrack St Jetty zur Mends St Jetty, dann ein kurzer Fußmarsch. Per Auto auf dem Kwinana Fwy (Nr. 2) nach Süden.

Cottesloe Beach

Relativ stadtnah ist der beliebte **Cottesloe Beach.** Alt und Jung, Arm und Reich treffen sich hier zu allen Tageszeiten. Den Strand säumen Cafés, Restaurants und Shops. Wassersportgeräte aller Art können gemietet werden.

Anfahrt: Per Zug vom Bahnhof Perth mit der Fremantle Line bis Bahnhof Cottesloe, dann ca. 10 Gehminuten oder per Bus Nr. 102 ab Wellington St Bus Station.

Scarborough Beach

Einen herrlichen, kilometerlangen Strand bietet der Vorort **Scarborough,** etwa 18 km nordwestlich des Stadtzentrums. Hinter Hochhäusern und Apartmentblocks lockt ein feinsandiger Strand zum Spazierengehen, Sonnen, Baden und Surfen. Mit seinen Bilderbuchwellen eignet sich der Strand bestens zum Surfen.

Cottesloe Beach

8

Anfahrt: Per **Bus** Nr. 400 ab Busterminal Wellington St (ca. 40 Min.) oder per **Zug** bis Glendalough und dann mit Bus Nr. 400 oder 408 zum Strand. Mit dem **Auto:** Mitchell Fwy nach Norden, Ausfahrt Green Rd/Scarborough Beach Rd bis zum Strand.

Adressen & Service Perth

Information **Western Australia Tourist Centre:** 55 William St/Ecke Pay St, Tel. 08-94831111, Mo–Fr 9–17.30 Uhr, Sa 9.30–16.30 Uhr, So 11–16.30 Uhr, www.westernaustralia.com und www.wavisitorcentre.com. Ein Info-Kiosk ist in der Murray St Mall.

Nationalparkbehörde: Department of Conservation and Land Management (CALM, 17 Dick Perry Ave, Technology Park, Kensington, Tel. 08-93340333, Mo–Fr 8–17 Uhr, www.dec.wa.gov.au).

Notfall **Notruf** (Polizei, Feuerwehr, Rettungsdienst) 000

Polizei: Curtin House, 60 Beaufort St, Tel. 08-92233718

Krankenhaus: Royal Perth Hospital, Wellington St, Tel.08-92242244

Verkehr

Flughafen Der internationale Flughafen liegt 16 km, das nationale Terminal 11 km nordöstlich der Innenstadt (www.perthairport.net.au).

Von und zu beiden Terminals fährt der **Airport-City Shuttle Bus** (Tel. 1-300-666806, www.perthairportconnect.com.au, A$ 20). Er stoppt an Unterkünften in der Innenstadt, Northbridge, East Perth, West Perth, Mill Point Road und am Great Eastern Highway.

Mit dem **Taxi** benötigen Sie je nach Verkehrsaufkommen etwa 40 Min. bis in die City. Die Fahrt vom internationalen Terminal kostet etwa A$ 35 und vom nationalen Flughafen ca. A$ 30, nach Scarborough und Fremantle mind. A$ 55.

Bahn und Überlandbusse **Überregionale Züge,** wie der Indian Pacific aus Sydney bzw. Adelaide, und Busse von **TransWa** (www.transwa.wa.gov.au) und **Greyhound** (www.greyhound.com.au) verkehren ab **East Perth Rail and Bus Terminal** (West Pde, East Perth).

Öffentliche Verkehrsmittel Das öffentliche Verkehrsnetz ist gut ausgebaut und innerhalb der **Free Transit Zone** in der Stadt können Busse und Bahnen kostenlos genutzt werden. Außerdem verkehren drei Gratis-Buslinien (**CAT** – Central Area Transit), die mehr oder weniger alle Sehenswürdigkeiten und Einkaufsstraßen in der Innenstadt und in Northbridge in kurzen Abständen verbinden. **Busse in die Vororte** fahren an der Wellington Street Bus Station und am Transperth Esplande Busport ab. **Züge** in die Stadtteile und Vororte fahren alle ab Perth Central Train Station.

Der **Fahrkartenpreis** richtet sich nach der Zonenanzahl. Einzelfahrscheine (eine Zone A$ 2,50) und Tagestickets (DayRider A$ 9) sind in den Bussen, Fähren oder an Ticketautomaten erhältlich. Weitere Infos: www.transperth.wa.gov.au.

Mietwagen **Avis Car Rental,** 46 Hill St, Tel. 08-93257677, Flughafen Tel. 08-92771177

Budget, 960 Hay St, Tel. 08-94803111, und auf dem Flughafen

Hertz Cars, 39 Milligan St, Tel. 08-93217777, Flughafen Tel. 08-94794788

Thrifty Car Rentals, 198 Adelaide Tce, Tel. 08-94647444,
Flughafen Tel. 08-94647715

Unterkunft

***** **Sheraton Perth,** 207 Adelaide Tce, Tel. 08-92247777; First-Class Hotel,
nur 10 Gehminuten zum Zentrum.

**** **Miss Maud Swedish Hotel,** 97 Murray St, Tel. 08-93253900; gemütliches Stadthotel im skandinavischen Stil, Übernachtung inkl. Frühstück.

**** **Seashells Resort Scarborough Beach,** Tel. 08-93416644, Scarborough
Beach; ausgezeichnetes Apartment-Hotel mit Strandzugang und Blick auf
den Indischen Ozean.

*** **Sullivans Hotel,** 166 Mounts Bay Rd, Tel. 08-93218022; gepflegtes Hotel
westlich der City mit Pool, direkt an der blauen CAT-Buslinie gelegen.

*** **Pension of Perth,** 3 Throssel St, Tel. 08-92289049, www.pensionperth
.com.au; freundliche Frühstückspension in historischem Haus südlich der
Innenstadt.

* **bis** ** **Perth City YHA,** 300 Wellington St, Tel. 08-92873333; neue große
Jugendherberge im Zentrum. Es gibt auch Doppel- und Familienzimmer mit
Bad.

Perth International Tourist Park CP, 186 Hale Rd, Forrestfield, Tel. 1-800-
626677; ordentlicher Campingplatz mit Cabins in Flughafennähe,
Busverbindung in die City.

Essen und Trinken

Von australischer Küche über asiatische Spezialitäten bis hin zu europäischen
Gerichten finden Sie zahlreiche Einkehrmöglichkeiten für jedes Budget.
Spezialitäten in Perth sind insbesondere Fisch und Meeresfrüchte wie Barramundi, Garnelen *(prawns)*, Hummer *(lobster)* und Flusskrebse *(marron* oder *freshwater crayfish)*. Hervorragend auch die Qualität des westaustralischen Weins,
vornehmlich aus der Umgebung von Margaret River und dem Swan Valley.

Hungrige treibt es am Abend in den Stadtteil **Northbridge.** Dort konzentriert
sich in der James und Lake Street die Restaurantszene mit über 40 Gastronomiebetrieben und Kneipen. Von Dienstag bis Samstag regelmäßig Live-Musik.

Halo Café, gutes Restaurant in herrlicher Lage direkt am Swan River mit moderner australischer Küche (Barrack St Jetty, Tel. 08-93254575, www.halo
restaurant.com.au, Mo–Sa Mittag- und Abendessen, abends ist eine Reservierung sinnvoll, Hauptgerichte ab A$ 32).

44 King Street, charmantes Restaurant/Café mit bester internationaler Küche
und toller Atmosphäre (44 King St, Tel. 08-93214476, ganztägig geöffnet,
Hauptgerichte ab A$ 25).

Subiaco Hotel, gepflegtes Lokal in historischem Gebäude mit lokaler Küche,
einer guten Weinkarte und Fassbier. Stimmungsvolle Bar am Abend (465 Hay
St, Subiaco, Tel. 08-93813069, Hauptgerichte ab A$ 25).

8

The Conservatory, coole Bar auf dem Dach mit BBQ und Tapas, toller Ausblick auf die Stadt (356 Murray St, Tel. 08-94811960, montags Ruhetag).

Old Swan Brewery, originelles Café-Restaurant in der 1857 gegründeten Brauerei, direkt am Swan River auf Höhe des Botanischen Gartens, bereits zum Frühstück geöffnet (173 Mounts Bay Road, Tel. 08-92118999, Hauptgerichte ab A$ 30).

Grosvenor Hotel, einladender Biergarten mit amerikanischer Küche, zentral gelegen, bereits zur Mittagszeit sehr belebt (339 Hay St, Tel. 08-93253799, Hauptgerichte ab A$ 25).

Moon & Sixpence, beliebter englischer Pub in der City mit Bier vom Fass (300 Murray St).

Brass Monkey, stimmungsvoller Pub mit Live-Unterhaltung und lokal gebrautem Bier (Ecke William/James St, Northbridge).

Unterhaltung

Veranstaltungstermine unter www.bocsticketing.com.au und www.whatson.com.au.

Karten für Veranstaltungen (Konzerte, Theater, Tanz, Sport) sind bei BOCS erhältlich (Tel. 08-9484 1133 oder 1-800-193 300; www.bocsticketing.com.au; Verkaufsstellen: His Majesty's Theatre, 825 Hay St; Perth Concert Hall, 5 St Georges Tce und Playhouse Theatre, 3 Pier St).

Musik, Tanz, Theater finden in der Perth Concert Hall (5 St Georges Tce) statt. Tanz, Ballett und Theater werden im Playhouse Theater (3 Pier St) sowie im His Majesty's Theater (Ecke Hay/King Sts) geboten.

Das **Crown Casino** (Great Eastern Hwy, Burswood, von der Innenstadt Ausfahrt südöstlich nach der Causeway Bridge, Tel. 08-93627646) ist ein Vergnügungskomplex mit Casino, Hotel, Restaurants, Golfplatz und großem Park.

Festivals

Jan/Feb: Perth International Arts Festival mit Musik, Tanz, Theater und Film an diversen Austragungsstätten (www.perthfestival.com.au).

Sept: Perth Royal Show, landwirtschaftliche Veranstaltung mit Rodeo und Vergnügungsangeboten (Claremont Showgrounds, www.perthroyalshow.com.au). Auch für Touristen durchaus einen Besuch wert! **Wildflower Festival** im Kings Park. Blütenpracht, Tanz- und Musikdarbietungen begeistern Besucher (www.bgpa.wa.gov.au).

Einkaufen

Für Modefreunde ist der Stadtteil **Subiaco** mit westaustralischer Designerkleidung erwähnenswert. **Kunstgegenstände** werden in den Galerien in der King Street veräußert, hervorragende **Aboriginalkunst** ist zum Beispiel in der Creative Native Aboriginal Art Gallery (32 King St) erhältlich.

Touren

Stadtrundfahrten

Die einfachste und günstigste Möglichkeit, die Stadt und ihre Sehenswürdigkeiten zu erkunden, ist eine Fahrt mit einem der kostenlosen **CAT-Bussen** (s. Verkehr).

Citysightseeing bietet Stadtrundfahrten mit einem offenen Doppeldeckerbus und Tonbandkommentaren (Tel. 08-92038882, www.city-sightseeing.com,

A$ 28). Die Fahrgäste können an den Sehenswürdigkeiten beliebig aus- und wieder zusteigen. Abfahrten vier Mal täglich an der Barrack St Jetty bzw. Wellington St Bus Station.

Reizvoll sind Schifffahrten auf dem Swan River mit **Captain Cook Cruises**. Von der Barrack St Jetty fahren die Boote den Swan River bis Fremantle flussabwärts (Abfahrten tägl. 8.45, 9.45, 11.30, 14 u. 15.30 Uhr, Tel. 08-93253341, www.captaincookcruises.com.au, A$ 41). Highlight ist die „City of Lights Dinner Cruise", eine abendliche Bootstour mit Abendessen (Do–Sa 19.30–22.30 Uhr, A$ 110).

Rundflüge	**Heli West** bietet am Wochenende Hubschrauberrundflüge über die Stadt. Start vom Crown Casino (Tel. 08-94997700, www.heliwest.com.au, ab A$ 75).
Touren in die Region	Touren in das Swan Valley und nach Rottnest Island: s. Umgebungsziele von Perth
Touren durch West- australien	**wa nt tours** (Tel. 08-94476575, www.want-tours.au.com), empfehlenswerte Kleingruppentouren mit deutschsprachiger Reiseleitung.
	AAT Kings (www.aatkings.com.au), Bustouren zu den Sehenswürdigkeiten im Westen, auch Kurztouren rund um Perth.
	WesternXposure (Tel. 08-94148423, www.westernxposure.com.au), umfangreiches Programm mit Touren durch viele Regionen von WA.
	Easyrider Backpacker Tours (Tel. 1-300-308477, www.easyridertours.com.au) bietet Fahrten mit älteren Bussen entlang der Westküste bis Broome und durch den Südwesten an. Ideal für Backpacker.

Blick vom King's
Park über den
Swan River

Umgebungsziele von Perth

Fremantle

Die Umgebung von Perth besteht in erster Linie aus modernen
Stadtvierteln und Satellitenstädten – typische Kennzeichen der
Bevölkerungsexplosion im Großraum Perth. Einen Kontrast dazu bildet die noch immer sehr charmante Hafenstadt **Fremantle.** Die in
den 1890er Jahren von Sträflingen erbauten Docks und Hafen-
gebäude wurden mühevoll restauriert, als die Stadt 1987 Austra-
gungsort der legendären Segelregatta „America's Cup" wurde.

Sehens-
wertes
Das architektonisch auffällige **WA Maritime Museum** stellt die
Seefahrergeschichte der Westaustralier dar. Dazu gibt es noch ein
ausrangiertes U-Boot zu bestaunen (Victoria Quay, tägl. 10.30–17

1 Sehenswertes

1 Railway Station (Bahnhof)
2 E-Shed Markets
3 Fremantle Motor Museum
4 WA Maritime Museum
5 Round House + Tunnel
6 Shipwreck Galleries
7 Fremantle Prison
8 Town Hall + Tourist Info
9 Fremantle Arts Centre +
 Fremantle History Museum
10 Monument Hill

Fremantle

0 ⊢————————⊣ 500 m

━━ Free CAT Bus

© RKH VERLAG HERMANN

WA Maritime
Museum

Uhr, www.museum.wa.gov.au/maritime, A$ 10, Kombiticket Museum
und U-Boot A$ 15).

Am westlichen Ende der High Street, am **Arthur Head,** wurde
1831 das **Round House** als erstes ziviles Gefängnis der Swan River
Kolonie erbaut (tägl. 10.30–15.30 Uhr, Eintritt gegen Spende). Der
Sandsteinbau mit winzigen Zellen und einem Innenhof ist noch gut
erhalten. Unter dem einstigen Knast verläuft der **Whalers Tunnel**
(tägl. 10–15.30 Uhr), eine unterirdische Verbindung zwischen Stadt
und Strand. Sie wurde 1837 von der Walfanggesellschaft gegraben.

Im Stadtzentrum (Parry Street – William Street – Kings Square) fällt
die **Town Hall** mit ihrem reich verzierten Glockenturm ins Auge. Das
Rathaus wurde 1887 eröffnet und dient heute als Veranstaltungs-
stätte und Touristeninformation.

Das **Fremantle Arts Centre** im beeindruckenden Gebäude einer
ehemaligen Psychatrie aus dem Jahr 1860 präsentiert unterschiedlichste Kunstformen (Ecke Ord/Finnerty Sts, tägl. 10–17 Uhr, www.fac
.org.au). Im Shop sind ausgefallene Geschenke und Souvenirs erhältlich.

Im gleichen Gebäude ist das **Fremantle History Museum (**So–Fr
10.30–16.30 Uhr, Sa u. Feiertage 13–17 Uhr) mit Wissenswertem zur
Aboriginal-Geschichte und zur Kolonialisierung..Der Eintritt in beide
Einrichtungen ist kostenlos.

Von Freitag bis Sonntag ist auf dem farbenfrohen **Fremantle
Market** Kunsthandwerk aller Art erhältlich (Ecke South Tce/Hender-
son St, Fr 9–20 Uhr, Sa/So 9–18 Uhr).

Hinweis   In Fremantle verkehren Gratisbusse. Die **CAT-Busse** fahren Mo–Fr
von 7.30–18.30 Uhr, Sa/So und Feiertags von 10–18.30 Uhr im 10-
bzw. 15-Min.-Takt. (www.transperth.com.au).

Information   **Fremantle Town Hall,** Ecke Adelaide/William Sts, Mo–Fr 9–17 Uhr, Sa 10–15
Uhr, So 11.30–14.30 Uhr, Tel. 08-94317878, www.fremantlewa.com.au.

8

Historisches
Fremantle

Essen und Trinken

Im **Fishing Boat Harbour** laden Fish & Chips-Buden und Restaurants zum Essen ein. In der South Terrace, bekannt als Fremantles *Cappuccino Strip,* bestimmen Bars, Lokale und Coffee Shops das Straßenbild. Am Wochenende und am Abend wird es hier lebendig – genießen Sie die entspannte Atmosphäre.

Anfahrt

Per Bahn ab Perth Central Train Station (Wellington St) mit der Fremantle Line bis Fremantle Bahnhof. Mit den **Schiffen** von Oceanic Cruises (www.oceaniccruises.com.au) und Captain Cook Cruises (www.captaincookcruises.com.au) kann man ab Perth, Barrack Street Jetty, direkt in den Hafen von Fremantle schippern. Tickets gibt es an der Jetty.

Rottnest Island

Bereits 1696 landete der Holländer Willem de Vlamingh auf „Rotto", einer kleinen Insel vor Perth. Er nannte sie „Rotte-Nest" (holl. Rattennest) im Glauben, dass es sich bei den unzähligen kleinen **Baumkängurus** (Quokkas), die die Insel bis heute bevölkern, um große Ratten handelte. Das überschaubare, fast autofreie Eiland wartet mit malerischen Buchten und Stränden, guten Tauchgründen und warmen Wassertemperaturen auf.

Der beste Weg, die 11 km lange und 4,5 km breite Insel zu erkunden, ist zweifellos **per Fahrrad.** Alternativ dazu gibt es den **Bayseekers Bus**, der ab Thomson Bay die Insel stündlich umrundet. Ansonsten kann man sich einer zweistündigen geführten Tour durch die Insel anschließen.

Alle Ausflugsschiffe ankern in der **Thomson Bay** an der Ostküste. Der zumindest touristisch erschlossene Ort bietet Läden, Restaurants, Unterkünfte und Fahrradvermietung. Außerdem gibt es hier das **Museum** zur Geschichte der Insel (Rottnest Island Museum, hinter der Thomson Bay Settlement Shopping Mall, tägl. 11–16 Uhr).

Information

Rottnest Island Visitor Centre (am Ende der Main Jetty in Thomson Bay tägl. 7.30–17 Uhr, Tel. 08-93729730, www.rottnestisland.com). Für den Bayseeker

Bus ist ein Hop-On-Hop-Off Tagespass im Infozentrum erhältlich (All-Day Pass, A$ 13,50).

Fahrrad-   **Rottnest Bike Hire,** Thomson Bay, Tel. 08-92925105, A$ 27 Fahrrad mit
verleih   Gangschaltung pro Tag.

Anreise   **Rottnest Express** (www.rottnestexpress.com.au, Tel. 08-94320890) und
Oceanic Cruises (www.oceaniccruises.com.au, Tel. 08-93251191) fahren mehrmals täglich ab Perth, Barrack St Jetty (Dauer ca. 45 Min., H/R A$ 78) und ab Fremantle B-Shed Victoria Quay (Dauer ca. 25 Min., H/R A$ 69).

Tipp: Onlinetickets sind günstiger!

Rottnest Air Taxi (www.rottnest.de, Tel. 1-800-500006 oder 08-92925027) fliegt ab Perth Jandakot Airport auf die Insel und bietet auch Rundflüge an.

Swan Valley

Das älteste Weinanbaugebiet Westaustraliens (seit 1829) liegt nur eine halbe Autostunde östlich von Perth. Die Stadt **Guildford** am Great Eastern Highway ist das südliche Eingangstor des **Swan Valley.** Das Gebiet ist mit über 30 Weingütern, teils hervorragenden Restaurants und Cafés, Unterkünften, Kunstgalerien, Brauereien, und einer Käse- und Schokoladenfabrik ein geeigneter Ort, um einen ruhigen Tag außerhalb der Großstadt zu verbringen. Für Weinliebhaber lohnt sich die geführte **Tagestour** per Bus und Schiff durch das Tal. Häufig sind darin der Besuch eines oder mehrerer Weingüter (mit Weinproben) eingeschlossen. Selbstfahrer sollten den ausgeschilderten 32 km langen **Swan Valley Drive** (Route 203) nutzen, um die Region zu erkunden.

Bei den **Weinen** sind vor allem englische und italienische Einflüsse spürbar. Der Rebensaft wird oft als Verschnitt (Blend), z.B. Burgundy, vermarktet. Körperreiche, vollmundige Rot- und Weißweine sind charakteristisch für das Swan Valley. Zu den Spezialitäten des Tales zählt der Muscat Gordo Blanco.

Rottnest
Island

Information   **Swan Valley and Eastern Region Visitor Centre,** Historic Guildford Courthouse, Ecke Meadow/Swan Sts, Guildford, Tel. 08-93799400, tägl. 9–16 Uhr, www.swanvalley.com.au.

Touren   **Captain Cook Cruises** (s. Touren Perth) schippert den Swan River flussaufwärts und bietet Mahlzeiten mit Weinproben an Land.

Out and About Wine Tours (Tel. 08-9377 3376, www.outandabouttours .com.au) kombiniert die Highlights des Tals per Schiff und Bus ab Perth.

Nambung National Park/Pinnacles

Der 175 qkm große Küstennationalpark, 200 km nördlich von Perth, ist bekannt für die **Pinnacles Desert**. Die über ein weites Gebiet verstreuten, steil aufragenden Kalksteinnadeln sind durch das jahrtausendelange Zusammenspiel von Wind, Regen und Temperaturen entstanden. Insbesondere in der Morgen- und Abenddämmerung bieten die Felsnadeln ein farbenprächtiges Schauspiel, das nicht nur Fotografenherzen höher schlagen lässt.

Erwähnenswert ist zudem die große Artenvielfalt im Nationalpark: Westliche Graue Riesenkängurus, Emus, Echidnas, Skinks, Schlangen und Vögel können beobachtet werden – wiederum ist der Morgen oder der Abend die beste Zeit. Von August bis Oktober blüht der Park durch unzählige Wildblumenarten farbenprächtig auf.

Information   Das **Pinnacles Desert Discovery** informiert über die Entstehung der Pinnacles sowie über Flora und Fauna (tägl. 9.30–16.30 Uhr). Die nächstliegende Ortschaft zum Nationalpark ist **Cervantes** (www.visitpinnaclescountry .com.au), dort gibt es auch viele Übernachtungsmöglichkeiten.

Anreise   Von Perth werden Tagestouren zu den Pinnacles angeboten (s. Service Perth/Touren). Mit dem Fahrzeug erreicht man von Perth aus den Park am schnellsten über den Wanaroo Highway bzw. Ocean Drive (Nr. 60) nach Norden.

Pinnacles

Der Südwesten

Der Südwesten Australiens verwöhnt Besucher mit einer Landschaft voller Naturschönheiten. Grüne Wälder, farbenprächtige Wildblumenwiesen, fantastische Strände, liebliche Ortschaften und vielfältige Nationalparks machen die Reise zu einem abwechslungsreichen Erlebnis. Östlich von Perth ist der **Wave Rock** eine Touristenattraktion in der sonst kargen Gegend. Die Goldfelder rund um **Kalgoorlie** sind eine faszinierende Mischung aus weiten Landschaften, historisch interessanten Ortschaften und riesigen Bergbaustätten. An der Südküste beeindruckt besonders die Gegend um **Esperance** mit herrlichen Ausblicken auf steil aufragende Granitfelsen und paradiesischen Buchten. **Albany** und die umliegenden Nationalparks bieten einsame Natur und wunderbare Wandermöglichkeiten. In den Wäldern von **Pemberton** stehen die bis zu 80 Meter hohen Karri-Bäume. **Margaret River** ist bei Weinliebhabern und Surfern gleichermaßen bekannt und beliebt.

Wave Rock

Die 15 m hohe „Granitwelle", 6 km östlich der Kleinstadt **Hyden,** zählt zu den meistbesuchten Naturdenkmälern im Südwesten. Die kahle, 110 m lange Felsformation gleicht einer Welle, die kurz vor dem Brechen erstarrt ist. Sie ist mit ihren grauschwarzen Streifen das Ergebnis von Erosion und Witterung und Teil des sonst eher unscheinbaren Hyden Rock. In einer Untersuchung wurden die Kristalle des Granits auf sagenhafte 2,7 Milliarden Jahre geschätzt. Das auf den meisten Fotos makellose Bild der Welle wird in der Realität durch eine niedrige, von Menschenhand errichtete Steinmauer auf der oberen Kante des Felsens getrübt. Sie leitet das Regenwasser auf dem Berg in ein Sammelbecken ab. Für den Zugang zum Wave Rock wird Eintritt verlangt.

Anreise Hyden liegt 340 km östlich von Perth, Tagestouren zum Felsen werden von Perth aus angeboten (s. Service Perth/Touren).

Kalgoorlie-Boulder

Geschichte **Kalgoorlies** Geschichte nahm im Juni 1893 ihren Anfang. Damals fanden die irischen Goldsucher Paddy Hannan, Thomas Flanagan und Daniel Shea im Gebiet der heutigen Hannan Street an der Erdoberfläche Gold. Der Fund löste den größten Goldrausch in der Geschichte Australiens aus. Der 1,6 km lange Straßenabschnitt, auf dem das Gold damals gefunden wurde, wird noch heute als „The Golden Mile" bezeichnet. Die Goldförderung ist noch immer die Haupteinkunftsquelle der Region. Jährlich werden bis zu 850.000

8

Unzen Gold abgebaut. Die Stadt hat sich entsprechend auf die Bedürfnisse der Minenarbeiter eingestellt, doch gibt es einige interessante Sehenswürdigkeiten, gute Einkaufsmöglichkeiten, urige Pubs und eine breite Palette an Unterkünften.

Sehenswertes

Entlang der Hannan Street stehen einige prächtige und schön renovierte Gebäude aus den Gründerjahren. Beeindruckend ist die 1908 erbaute **Town Hall,** die wochentags von 10–15 Uhr für Besucher geöffnet ist. Davor steht die Bronzestatue des legendären **Paddy Hannan**. Sehenswert ist auch das 1901 gebaute **York Hotel** und das **Post Office** in der Hannan Street. Der **Bahnhof** (Forrest St) wurde bereits 1896 gebaut und wirbt mit dem längsten Bahnsteig Australiens, wichtig vor allem für den Indian Pacific, der auf seinem Weg von Sydney nach Perth in Kalgoorlie einen Stopp einlegt. Die **Questa Casa** ist das älteste Bordell Australiens – Führungen werden täglich um 14 Uhr angeboten (133 Hay St, Buchung im Visitor Centre). Die Geschichte der Goldfelder ist im **WA Museum Kalgoorlie-Boulder** am Ende der Hannan Street dargestellt (tägl. 10–16.30 Uhr, Führungen 11 u. 14.30 Uhr, Tel. 08-90218533, www.museum.wa.gov.au).

Miners Hall of Fame

5 km außerhalb der Stadt liegt das Freilichtmuseum **Miners Hall of Fame** (tägl. ab 9 Uhr) mit alten Bergwerkshütten, Zeltlagern und Wasserlöchern, in denen man selbst Gold waschen kann. Noch spannender ist indes die Fahrt in den 36 m tiefen Bergwerksschacht. Unten führt ein pensionierter Minenarbeiter in die Geheimnisse der Goldsuche ein.

Vom Aussichtspunkt **Super Pit Lookout** (tägl. 6–21 Uhr geöffnet) blickt man in eine der größten Goldminen, ein enorm riesiges Tagebauloch. Selbst die monströsen Minenkipplaster erscheinen

Super Pit

wie Spielzeugautos. Ein besonderes Highlight sind die regelmäßig stattfindenden Sprengungen in der Mine. Die Uhrzeiten erfährt man im Visitor Centre und auf dem Display am Aussichtspunkt.

Information

Kalgoorlie Goldfields Visitor Centre, 316 Hannan St, Tel. 08-90211966, www.kalgoorlietourism.com, Mo–Fr 8.30–17 Uhr, Sa/So 9–14 Uhr.

Anreise

Qantas fliegt täglich Perth – Kalgoorlie und zurück (Tel. 131313), **Skywest** bedient die Strecke mehrmals wöchentlich (Tel. 1-300-660088). **Mietwagen** gibt es am Flughafen bei Avis (Tel.136333), Budget (Tel. 1-300-362848), Europcar (Tel. 131390), Hertz (Tel. 133039) und Thrifty (Tel. 1-300-367227).

The Prospector, ein Schnellzug der TransWa, fährt täglich in nur 6 Stunden von Perth nach Kalgoorlie und zurück (www.transwa.wa.gov.au). Der **Indian Pacific** (Tel. 132147, www.gsr.com.au) stoppt auf seiner Reise von Perth nach Sydney.

Essen und Trinken

The Blue Monkey, 430 Hannan St, Tel. 08-90913333; moderne australische Gerichte (Hauptgerichte ab A$ 30).

Saltimbocca, 90 Egan St, Tel. 08-90228028, Mo–Sa ab 18 Uhr; bestes italienisches Essen.

Exchange Hotel, Hannan St; deftige Counter Meals, kühles Bier, gelegentlich Livemusik.

Palace Hotel, Ecke Hannan/Maritana Sts; hier lässt es sich auf dem Balkon gut speisen und die Bar lockt mit ihrem stimmungsvollen Ambiente.

Top End Thai Restaurant, 73 Hannan St Tel. 08-90214286; gute thailändische Küche.

Stadtrundfahrten

Goldrush Tours (16 Lane St, Tel. 1-800-620440, www.goldrushtours.com.au), tägl. 9.30 Uhr, Buchung im Visitor Centre.

Unterkunft

**** Yelverton Quest Kalgoorlie, 210 Egan St, Tel. 08-90228181; Apartments und Zimmer in bester Qualität.

8

*** **All Seasons Plaza,** 45 Egan St, Tel. 08-90214544; modernes Hotel im Stadtzentrum.

** **The York Hotel,** 259 Hannan St, Tel. 08-90212337; 1901 erbautes Gebäude, einfache Zimmer mit Balkon, Übernachtung inklusive Frühstück.

* **Kalgoorlie Golddust Backpackers YHA,** 192 Hay St, Tel. 08-90913737; Backpacker-Hostel mit Pool wenige Gehminuten vom Visitor Centre entfernt.

Prospector Holiday Park, Ecke Great Eastern Hwy/Ochiltree St, Tel. 1-800-800907; Platz mit viel Schatten und Pool.

Esperance

Während eines Sturms suchten 1792 zwei französische Fregatten in einer Bucht im Südwesten Schutz. Eines der Schiffe hieß „L'Espérance" (franz. Hoffnung) und gab dem späteren Hafen ihren Namen. Mit der Entdeckung des Goldes im Inland wurde 1895 schließlich die Stadt **Esperance** gegründet. Als die Bahnlinie Perth – Coolgardie in Betrieb ging, nahm die Bedeutung der Stadt deutlich ab. Heute ist Esperance eine geschäftige Hafenstadt mit florierendem Tourismus.

**Sehens-
wertes**

Die Stadt gleicht in Teilen einem **historischen Museumsdorf,** mit einigen Holzhäusern, netten Souvenirshops, Galerien und Cafés. Im **Municipal Museum** (Ecke James St/Esplanade, tägl. 13.30–16.30 Uhr) sind Fundstücke aus der Stadtgeschichte ausgestellt. Entlang des südlichen Abschnittes der Esplanade bis zum Hafen liegt der **Stadtstrand.** Im neuen **Esperance Aquarium** (37 Esplanade) sind Meerestiere aus den Gewässern des Recherche Archipelago zu bewundern. Deutlich mehr Zeit sollte man für die Umgebung der Stadt, insbesondere den **Great Ocean Drive,** einplanen. Die 40 km lange Rundfahrt entlang traumhafter Strände und Buchten ist unbestritten das Highlight der Region. Zum sicheren Baden eignet sich der schöne **Twilight Beach.**

Blick vom
Frenchmens
Peak, Cape
Le Grand NP

Eine sagenhafte Szenerie erwartet Besucher des **Cape Le Grand National Park,** 60 km östlich der Stadt. Hoch aufragende Granit-berge, paradiesisch weiße Strände und herrlich gelegene Camping-plätze verteilen sich über den Park. Ein Tag, besser auch eine Nacht, sollten mindestens eingeplant werden. Dann bleibt ausreichend Zeit, den Sonnenuntergang zu erleben und die reiche Tierwelt in der Dämmerung zu beobachten. Der NP kostet Eintritt.

Information   **Esperance Visitor Centre,** Historic Museum Village, Dempster St, Tel. 08-90712330, www.visitesperance.com, Mo/Di/Do 9–17 Uhr, Mi, Fr 8–17 Uhr, Sa 9–16 Uhr, So 9–14 Uhr.

Nationalparkbüro (CALM), 92 Dempster Rd, Tel. (08-90832100, www.calm.wa.gov.au, Mo–Fr 8.30–17 Uhr.

Anreise   **Skywest** fliegt täglich Perth – Esperance und zurück (Tel. 1-300-660, www.sky-west.com.au). Mietwagen gibt es am Flughafen bei Avis (Tel. 08-90713998) und Budget (Tel. 08-90712775). Die Busse von **TransWa** bedienen die Strecke zwischen Perth und Esperance (Tel. 1-300-662205, www.transwa.wa.gov.au).

Essen und Trinken   **Bonaparte Seafood Restaurant,** 51 The Esplanade, Tel. 08-90717727; fang-frischer Fisch und andere Meerestiere, aber auch vegetarische Gerichte ste-hen auf der Karte. Hauptgerichte ab A$ 23.

The Taylor Street Jetty Café, Taylor St Jetty, Tel. 08-90714317; Kaffee und Kuchen mit schönem Blick auf die Bucht; Hauptgerichte ab A$ 14.

Touren   **Mackenzie's Island Cruises,** 71 Esplanade, Tel. 08-90715757, www.woody-island.com.au; Bootsausflüge zwischen den Inseln des Recherche Archipelagos und Woody Island. Zwischen Juni und Oktober gute Chancen zur Wal-beobachtung.

Aussie Bight Expeditions, Tel. 08-90717778, www.aussiebight.com; Allradtouren in die Nationalparks Cape Arid und Cape Le Grand.

Esperance Helitours, Tel. 08-90761105 und 0428761106; Rundflüge über die Inselwelt und Küstenlandschaft.

8

Unterkunft   *** **Best Western Hospitality Inn,** The Esplanade, Tel. 08-9071199; gutes
Mittelklassehotel mit Blick direkt auf die Bucht und den schönen Badestrand.

*** **The Jetty Resort,** 1 The Esplanade, Tel. 08-90713333; neues Hotel mit
Zimmern und Selbstversorger Apartments am nördlichen Ende der Esplanade
bei der Tanker Jetty.

* **Blue Waters Lodge YHA,** 299 Goldfields Rd, Tel. 08-90711040; großes Hostel
20 m vom Strand und 1,5 km von der City entfernt.

Esperance Seafront Caravan Park, Goldfields Rd, Tel. 08-90711251; gepflegter Top Tourist Park am nördlichen Eingang zur Innenstadt.

Albany

1791 entdeckte der Engländer Captain Vancouver den Naturhafen
und nannte ihn Princess Royal Harbour. **Albany** war bis zur Gründung
von Fremantle der wichtigste Anlaufpunkt für Dampfschiffe, da er
über ein Kohledepot verfügte. 1835 erkannte man, dass auch der
Walfang ein einträgliches Geschäft ist. Erst 1978 wurde die Walfangstation endgültig geschlossen!

**Sehens-
wertes**
Die Stadt ist großzügig angelegt und durch den **Mount Clarence** in
zwei Teile gegliedert. Sehenswert sind im alten Zentrum entlang der
Stirling Terrace die ehemalige **Eisenbahnstation** (jetzt Visitor
Centre), das alte **Post Office** von 1870 und das ehemalige **Gerichtsgebäude mit Gefängnis** von 1851 (Old Goal). Aufschlussreich ist
ein Besuch im **Western Australia Museum Albany** (Residency Rd,
tägl. 10–17 Uhr, www.museum.wa.gov.au). Hier erfährt man viel über
die Entdeckung, die Sträflingsgeschichte und die Besiedlung des
Orts. Nebenan steht auf einer Wiese die Nachbildung des Segelschiffs
„Amity" (Besichtigung tägl. 9.30–16 Uhr). Die **St John's Angelican
Church** von 1848, älteste Kirche Westaustraliens, und die **Town Hall**
(1887) verleihen der York Street ein historisches Ambiente. Vom
Zentrum nach Osten, um die Landzunge herum, bietet sich von den
Klippen ein malerischer Blick aufs Meer. Nicht selten sieht man von
Juli bis Oktober Wale vor der Küste vorbeiziehen. Im Vorort
Middleton Beach gibt es den einzigen Sandstrand der Stadt.

**Umgebung
von Albany**
Die Halbinsel, die den Princess Royal Harbour nach Süden zum offenen Meer abgrenzt, ist mit Nationalparks, schönen Stränden und
ansehnlichen Villen gesäumt. Die gut ausgebaute **Frenchman Bay
Road** führt bis zur gleichnamigen Bucht. Der **Torndirrup National
Park,** 10 km südlich von Albany, besticht durch seine spektakuläre
Küstenszenerie mit tollen Felsformationen und Blowholes. Durch
diese wird bei entsprechendem Wellengang das Wasser fontänen-
artig nach oben gedrückt. Zum Baden lädt der **Misery Beach** ein.

Der Museumskomplex **Whaleworld** (Frenchman Bay, tägl. 9–17
Uhr, Tel. 08-98444021, www.whaleworld.org) wurde an Stelle der

ehemaligen Cheyne Beach Whaling Station gegründet. Auf dem Gelände sind ein altes Walfangboot und ein Walöltank ausgestellt. Im Museum werden Filme und Bilder über Wale gezeigt.

Information **Albany Visitor Centre,** Old Railway Station, Proudlove Pde, Tel. 1-800-644088, www.amazingalbany.com.au, tägl. 9–17 Uhr.

Anreise Skywest fliegt täglich Perth – Albany (www.skywest.com.au). Die Busse von TransWa verbinden auf mehreren Routen Perth mit Albany (www.transwa. wa.gov.au).

Essen und Trinken **Ristorante Leonardo's,** 166 Stirling Tce; italienische Speisen mit frischen Zutaten aus der Region. Hauptgerichte ab A$ 28.

CBD Central Café, Ecke York/Grey Sts; nettes Ambiente für Frühstück, Mittag- und Abendessen.

Touren **Albany Escape Tours,** Tel. 08-98441945; Halb- und Ganztagesausflüge in die Nationalparks der Umgebung und Weintouren.

Kalgan Queen, Tel. 08-98443166, www.albanyaustralia.com; Schiff mit Glasboden das täglich (9 Uhr) ab Emu Point den Kalgan River hinauf fährt.

Albany Whale Tours, Tel. 0408451068, www.albanywhaletours.com.au, tägl. 9.30 u. 13.30 Uhr; Whalewatching Touren von Mai bis Oktober.

Unterkunft *** The Terrace B&B,** 36 Marine Tce, Middleton Beach, Tel. 08-98429901; ge- pflegte Zimmer mit Frühstück und geräumige Selbstversorger-Villas, nur drei Gehminuten vom Middleton Beach entfernt.

* **Bayview YHA,** 49 Duke St, Tel. 08-98423388; freundliches Hostel in einem alten Gebäude, 400 m vom Zentrum entfernt.

Middleton Beach Holiday Park, Middleton Rd, Middleton Beach, Tel. 1-800- 644674; komfortabler Big-4-Campingplatz mit Cabins, direkt hinter den Dünen des Middleton Beach.

Natural Bridge,
Torndirrup NP

8

Pemberton und die Kari-Wälder

Das beschauliche Städtchen liegt in einer lieblichen Hügellandschaft inmitten saftig grüner Weiden. Vor allem ist es aber Ausgangspunkt für Touren in die ausgedehnten Karri-Wälder des Südwestens.

Ende des 18. Jahrhunderts begann man mit dem Aufbau der Forstwirtschaft. Allein in Pemberton wurde das Holz der umliegenden Wälder in drei Sägewerken verarbeitet. Grund für den Boom war der Bau der transaustralischen Eisenbahn „Indian Pacific". Das harte und dauerhafte Holz der Karribäume eignete sich bestens für die Schweller des Schienenstrangs.

Hauptattraktion der Stadt ist der **Gloucester Tree,** im kleinen **Gloucester National Park** (Eintrittsgebühren) am östlichen Stadtrand. Die Feuerwehr nutzte den 60 m hohen Karribaum seit 1947 viele Jahre als Aussichtspunkt, um Waldbrände rechtzeitig zu lokalisieren. Heute

Kletterpartie auf einen „Fire Tree"

klettern Touristen über die in den Baum geschlagenen 153 Eisenstangen in schwindelerregende Höhe, um einen grandiosen „Waldblick" zu erleben.

Der kleine **Warren National Park,** 10 km südwestlich von Pemberton, umfasst ein 30 qkm großes Karri-Waldgebiet. Auch hier kann man einen Baum besteigen: Der *Dave Evans Bicentennial Tree* hat seinen „Ausguck" in 75 m Höhe.

Information **Pemberton Visitors Centre,** Brockman St, Tel. 1-800-671133, www.pembertonvisitor.com.au, tägl. 9–17 Uhr.

Im **Karri Forest Discovery Centre,** im gleichen Gebäude, werden Wald- und Forstwirtschaft erläutert. Das **Pioneer Museum** zeigt historische Bilder.

Margaret River

Das moderne **Margaret River** ist perfekter Ausgangspunkt für Touren entlang der Cape to Cape Coast, die vom südlichen Cape Leeuwin bis zum nördlichen Punkt Cape Naturaliste reicht. Außerdem locken die zahlreichen Weingüter der Umgebung. Unter Surfern genießt die Stadt weltweite Beachtung. Alljährliches Highlight ist das im März stattfindende „Margaret River Pro Surfin Event", bei dem die Profiliga des Sports teilnimmt. Die Innenstadt selbst ist eine Ansammlung von Tankstellen, Banken, Souvenirgeschäften, Surfshops, Supermärkten, Fastfood-Läden und Restaurants. Nur wenige

Kilometer außerhalb sind die schönen Strände, geschmackvollen Feriendomizile und ausgezeichnete Weingüter.

Information **Margaret River Visitor Centre,** 100 Bussell Hwy, Tel. 08-97805911, www.margaretriver.com, tägl. 9–17 Uhr.

Anreise Von Perth fährt täglich ein TransWa-Bus (www.transwa.com.au) die 280 km nach Margaret River und zurück.

Essen und In der Stadt gibt es einige gute Restaurants entlang der Hauptstraße, doch
Trinken schöner ist es, in einem der Weingüter der Umgebung zu speisen.

Settlers Tavern, 114 Bussell Hwy, tägl. 12–20.30 Uhr; lebhafte Taverne im Zentrum mit großer Speisekarte. Hauptgerichte ab A$ 20.

Voyager Estate, Stevens Rd, Tel. 08-97576354, www.voyagerestate.com.au; tägl. Mittagessen, Kaffee und Kuchen. Das ausgezeichnete Restaurant liegt südwestlich der Stadt und ist über die Boodjidup Road erreichbar. Hauptgerichte ab A$ 30.

Leeuwin Estate, Stevens Rd, Tel. 08-97590000, www.leeuwinestate.com.au; edles Lokal im Weingut, südwestlich von Margaret River. Hauptgerichte ab A$ 35, vorher anrufen!

Touren **Bushtuckertours,** Tel. 08-97579084, www.bushtuckertours.com; tägliche Rundfahrten zu den Weingütern und Halbtages-Kanutouren auf dem naturbelassenen Margaret River.

Dirty Detours, Tel. 08-97576061, www.dirtydetours.com; halb- und ganztägige Mountainbiketouren durch die Wälder der Region, für Hobbyradler wie Ambitionierte gleichermaßen geeignet.

Unterkunft ****Gilgara Retreat,** 300 Cave Rd, Tel. 08-97572705; Lodge und Bungalows auf einem großen Areal mit freundlichem Betreiber. 10 Autominuten westlich der Stadt.

*** Comfort Inn Grange on Farrelly,** 18 Farrelly St, Tel. 1-800-650100; ordentliches Motel, nur drei Gehminuten von der Hauptstraße entfernt.

* **Margaret River Lodge YHA,** 220 Railway Tce, Tel. 97579532; moderne und saubere Jugendherberge mit Pool, 1,5 km außerhalb des Zentrums.

Riverview Caravan Park, 8–10 Willmott Ave, Margaret River, Tel. 08-97572270; Top Tourist Park am Fluss, mit Cabins, unweit des Zentrums.

Leuchtturm
am Cape
Leeuwin

Coral Coast

Der zentrale Westküstenstreifen zieht sich vom Städtchen Dongara (Port Denison) im Süden bis nach Exmouth im Norden – und wird fast ganzjährig von der Sonne verwöhnt. Raue Klippen, historische Siedlungen, spektakuläre Nationalparks, das einzigartige Ningaloo Korallenriff und herrliche Strände zeichnen die Region aus.

Kalbarri National Park

Die Feriensiedlung **Kalbarri** hat mit Unterkünften, Einkaufsmöglichkeiten und Restaurants die notwendige Infrastruktur für einen angenehmen Aufenthalt im nahen Nationalpark, der bereits auf der Anfahrt durchquert wird.

Der **Kalbarri National Park** zählt zu den landschaftlichen Höhepunkten der Westküste. Der Murchison River hat sich auf einer Länge von 80 km ein spektakuläres Bett durch die Gesteinsschichten gegraben. Die gestreiften Sandsteinschluchten und dazu die felsige Küstenlandschaft im Süden sind die Anziehungspunkte des großen Nationalparks. Ab Ende Juli blühen die Wildblumen.

Von Mai bis Oktober ziehen Wale dicht an der Kalbarri-Küste vorbei. Gute Chancen die Meeressäuger zu sichten hat man von **Natural Bridge, Eagle Gorge** und **Red Bluff** aus. Nicht versäumen sollte man, mit oder ohne Walsichtung, den **Red Bluff Beach.** Am Rand der riesigen Felsplatten wärmen sich farbenprächtige Krebse. Der sich anschließende Sandstrand eignet sich gut zum Baden.

Landeinwärts sind die Felsformation **Natures Window** und der Aussichtspunkt **Z Bend** lohnend. Zum hochaufragenden Felsfenster, überhalb der imposanten Schlucht, gelangt man auf einem kurzen Fußweg (ca. 400 m).

Murchison Gorge

Felsformation
Natures
Window

**Wander-
tipp**

Für motivierte Wanderer lohnt der 8 km lange Rundweg **Loop Walk Trail** (4–5 h), der beim Nature Window beginnt, der Flussschleife folgt und am Ausgangspunkt endet. Die markierte Tour ist nicht besonders schwierig, manche Passagen sind jedoch steil. Festes Schuhwerk und ausreichend Wasser sind notwendig!

Information

Nationalparkbüro (CALM Office), Ajana Kalbarri Rd, am nördlichen Ende von Kalbarri, Tel. 08-99371140, Mo–Fr 8–17 Uhr. Der Park kostet Eintritt.

Kalbarri Visitor Centre, 70 Grey St, Tel. 1-800-639468, www.kalbarriwa.info, tägl. 9–17 Uhr.

Touren

Kalbarri Adventure Tours, Tel. 08-99371677, www.kalbarritours.com.au; aktive Tagestouren mit Wanderungen und Kanufahrten entlang des Murchison River.

Kalbarri Air Charter, 52 Grey St, Tel. 08-99371130, www.kalbarriaircharter.com.au; Rundflüge über Küste und Inland.

Tipp: Während der „Wildflower Season" (Aug–Okt) werden spezielle Wildblumen-Touren angeboten. Information im Visitor Centre.

Unterkunft

**** Edge Resorts Kalbarri, Porter St, Tel. 1-800-286155; schickes Resort in zentraler Lage, auch mit Familien-Apartments.

*** Kalbarri Beach Resort, Ecke Clotworth/Grey Sts, Tel. 1-800-096002; große, gut ausgestattete Hotelanlage.

* Kalbarri Backpackers YHA, 51 Mortimer St, Tel. 08-99371430; gepflegte Jugendherberge mit vielen Tourenangeboten und Autovermietung.

Kalbarri Anchorage Caravan Park, Anchorage Lane, Tel. 08-99371181; weitläufiger, schattiger Campingplatz mit Pool und Cabins.

8

Shark Bay

Überblick   Die **Shark Bay** gleicht mit ihren beiden nach Norden auslaufenden Landzungen einem großen „W". Zwischen den Halbinseln liegen fla-

che, seegrasreiche Buchten. **Denham** ist der größte und bekannteste Ort der Region. Tatsächlich gibt es in der „Shark Bay" oft Haie *(sharks)*, da eine große Zahl von Seekühen *(dugongs)* in den Gewässern leben.

Die Shark Bay wurde 1991 zum UN-ESCO-Weltnaturerbe ernannt. Der Besuch der Halbinsel lohnt zum einen wegen der Delfine in **Monkey Mia** und zum anderen wegen der einsamen

Seekühe

Natur des **François Peron National Park.** Herrliche Strände und viel Sonnenschein garantieren unbeschwerte Urlaubtage.

Geschichte   Die lokalen Aboriginalstämme **Nhanda** und **Malgna** nannten die Gegend *Cartharrugudu,* was soviel wie „zwei Buchten" bedeutet. Die Ureinwohner lebten hier lange bevor der erste Europäer das Land betrat. Im Jahr 1616, als erster Weißer überhaupt, setzte der holländische Kapitän **Dirk Hartog** seinen Fuß auf australischen Boden, genauer gesagt auf dem heutigen Dirk Hartog Island. Als Beweis seines Daseins nagelte er einen gravierten Zinnteller an einen Baum. Erst im August 1699 folgte der erste Engländer. Der Forscher **William Dampier** verbrachte eine Woche in der Shark Bay und benannte sie so nach der Hai-Population. Später wurden Austern auf den Sandbänken entdeckt, daraufhin zogen viele Perlenfischer nach Denham. Der Fischfang wurde bald die Haupteinnahmequelle der Bewohner. Heute leben die meisten vom Tourismus, denn die Shark Bay ist berühmt für die Delfine von Monkey Mia.

Sehens-   Die Anfahrt nach Monkey Mia führt
wertes   vorbei am **Shell Beach** der am Ufer der L'Haridon Bight liegt. Bereits auf dem Weg vom Parkplatz zum Strand knacken die kleinen Muscheln unter den Füßen. Schon nach wenigen Metern eröffnet sich der Blick auf den 120 km langen, schneeweißen und nur aus Kalkschalen bestehenden Strand. Die winzigen Muscheln sind teilweise bis zu 4 m tief aufgeschichtet. Bis heute rätseln Wissen-

schaftler über das schnelle Wachstum und die massive Anhäufung an gerade diesem Ort. Früher nutzte man die kompakt gepressten Muscheln zum Hausbau: in Denham sind noch heute solche Häuser zu sehen.

Die Fahrt durch den **François Peron National Park** ist für Natur- und Allradfreunde eine Offenbarung. Das Schutzgebiet, das nach dem französischen Zoologen **Peron** benannt wurde, nimmt die gesamte Nordhälfte der Halbinsel nördlich von Denham ein. 1995 ließ die Nationalparkbehörde für das Artenschutzprogramm „Project Eden" einen Zaun errichten, der die Halbinsel vom Festland abtrennt,

8

um viele vom Aussterben bedrohte einheimische Tierarten vor eingeführten Räubern wie Füchsen und Wildkatzen zu schützen. Seltene Beuteltierarten, wie z.B. Bilbis, konnten sich erfolgreich in ihren Beständen erholen. Der Nationalpark bietet aber nicht nur seltene Tiere, sondern auch eine schöne Landschaft: Endlose Sandpisten durchziehen die dicht mit Akazien und Proteen bewachsene Gegend wie rote Bänder. Ausgetrocknete Salzseen (Birridas) und der azurblaue Ozean bilden dazu einen passenden Kontrast. Der Park ist größtenteils nur mit Geländewagen befahrbar. Geführte Touren werden in Denham und Monkey Mia angeboten (s. Informationen).

Denham

Die einstige Perlenfischerstadt hat sich zum Touristenmagnet und Stützpunkt der lokalen Fischfangflotte entwickelt. Mit zahlreichen Unterkünften, Ausflugsangeboten, Supermärkten, Restaurants, einer netten Strandpromenade und einem sicheren Badestrand ist die Gemeinde eine gute Übernachtungsalternative zum lebhaften und häufig ausgebuchten Monkey Mia. Sehenswert ist das **Shark Bay Interpretive Centre** (Knight Tce, tägl. 10–18 Uhr). Das moderne Museum bringt Besuchern die Natur, Geschichte und Wirtschaft der Shark Bay mit modernster Medientechnik näher. Einen Blick sollten man auf die **St Andrews Church** (Brockman St) werfen. Sie wurde 1954 vollständig aus Muschelblöcken des Shell Beach erbaut.

Information **Shark Bay Tourist Bureau,** 71 Knight Tce, Tel. 08-99481253, tägl. 8–18 Uhr, www.sharkbay.asn.au.

Nationalparkbehörde/CALM, Knight Tce, Tel. 08-99481208, www.dec.wa.gov.au, Mo–Fr 8–17 Uhr.

Unterkunft *** **Heritage Resort,** 75 Knight Tce, Tel. 08-99481133; bestes Hotel der Stadt, liegt direkt an der Uferstraße, mit Pool, Restaurant und schöner Terrasse.

François
Peron NP

** **Shark Bay Cottages,** 3–13 Knight Tce, Tel. 08-99481206; Selbstversorger Bungalows (2–8 Pers.) am Strand, ideal für Familien.

* **Bay Lodge,** 113 Knight Tce, Tel. 08-99481278; Jugendherberge mit Doppel- und Familienzimmern sowie kostenlosem Bustransfer nach Monkey Mia.

Denham Seaside Caravan Park, 1 Knight Tce, Tel. 1-300-133733; Platz mit Cabins, direkt am Strand, jedoch wenig Schatten.

Touren   **Shark Bay Majestic Tours,** Tel. 08-99481627; Geländewagentouren, inklusive François Peron NP und Shell Beach.

Shark Bay Air Charter, Tel. 08-99481773, www.sharkbayair.com.au; fliegt mit Kleinflugzeugen über die gesamte Shark Bay.

Monkey Mia

Monkey Mia, 26 km nordöstlich von Denham, ist eigentlich kein Ort, sondern eher ein weitläufiges Strandresort mit Hotel, Campingplatz, Backpacker-Hostel und einem Bootssteg. Weltbekannt ist es wegen seiner Delfine.

Lächelnde Delfine

Die Geschichte Monkey Mias begann in den frühen 1960er Jahren, als die Urlauberin Alice Watts Delfine fütterte, die dem Fischerboot ihres Mannes zum Ufer gefolgt waren. 1982 folgten die Wissenschaftler Richard Connor und Rachel Smolker dem Ruf der Tümmler. Fasziniert von der Zahmheit der Tiere weiteten sie ihre Untersuchungen in der Shark Bay aus. Seit vielen Jahren verkehren nun neben Touristen auch namhafte Wissenschaftler und Delfinforscher aus aller Welt in Monkey Mia. Im Besucherzentrum ist Wissenswertes zum Leben der klugen Tiere zusammengetragen, auch die Videovorführungen und Vorträge lohnen sich.

Einige in den Gewässern der Shark Bay lebenden *Bottlenose Dolphins*, haben es sich zur Angewohnheit gemacht, jeden Vormittag an den Strand von Monkey Mia zu schwimmen. Dort werden sie von den Rangern mit Fisch gefüttert (tägl. zwischen 8–13 Uhr). Doch es

8

gibt auch Tiere, die das Futter verschmähen und einfach nur aus Neugierde kommen. Zahlreiche Touristen stehen mit Kameras knietief im Wasser und warten auf die freundlichen „Flipper". Wegen möglicher Infektionsgefahren ist das Streicheln und Berühren der Tiere verboten.

Tipp: Mit ein wenig Glück können Sie auch während einer Kanu- oder Tretbootfahrt Delfine und andere Meerestiere aus nächster Nähe beobachten.

Information Bei der Einfahrt nach Monkey Mia ist ein **Eintrittsgeld** (A$ 8 Erw., A$ 16 Fam.) zu entrichten. Der Nationalparkpass ist nicht gültig.

Monkey Mia Visitor Centre, Tel. 08-99481366, tägl. 7.30–16 Uhr.

Touren **Monkey Mia Wildsights,** Tel. 1-800-241481, www.monkeymiawildsights. com.au; direkt am Strand von Monkey Mia, täglich mehrere Bootstouren und Allradtouren über die Halbinsel.

Monkey Mia Yacht Charters, Tel. 08-99481446, www.monkey-mia.net; Katamaran-Segeltörns durch die Bucht, inklusive Boomnetting (man liegt auf einem Netz zwischen den beiden Bootsrümpfen).

Wula Guda Nyinda Aboriginal Eco Adventures, Tel. 0429708847, www.wulaguda.com.au; Naturführung mit ausführlichen Auskünften über die traditionellen Gepflogenheiten der lokalen Malgana People.

Unterkunft Das **Monkey Mia Resort** (Tel. 08-99481320, www.monkeymia.com.au) bietet ****Beach Bungalows** mit Meeresblick und eigener Terrasse (Selbstversorgerhütten bis 4 Pers.) und ***Garden Bungalows** (Selbstversorgerhütten im Motelstil, bis 4 Pers.). Der Übernachtungspreis der Bungalows ist in Anbetracht des einfachen Standards überteuert. Die *Dolphin Lodge** hat saubere **Backpackerzimmer** und günstige **Familienunterkünfte** (bis 6 Pers.) mit Küchenzeile. Der **Campingplatz** gleicht eher einem großen Parkplatz und bietet nur wenige Stellplätze mit Meeresblick. Alle Unterkünfte sollten **unbedingt im Voraus reserviert** werden. Auf dem Gelände des Resorts befinden sich Schwimmbad, Restaurant, Bar, Supermarkt und Souvenirshop.

Anreise **Skywest** (www.skywest.com.au) bietet von Perth aus Direktflüge nach Denham/Shark Bay an. Der **Greyhound Bus** (www.greyhound.com.au) hält auf der Strecke Perth – Broome am Overlander Roadhouse. Von dort fährt ein Zubringerbus bis Denham und Monkey Mia.

Ningaloo Reef

Das **Ningaloo Reef** hat zwar nicht die Größe des Great Barrier Reef an der Ostküste Australiens, doch mit seiner Länge von 260 km, einer wunderbar intakten Korallenwelt und der großen Artenvielfalt muss es dem Vergleich mit dem „großen Bruder" keineswegs scheuen.

Das parallel zur North West Cape Halbinsel verlaufende Saumriff ist vom Land nur durch eine flache Lagune getrennt. Nie ist das Riff weiter als 5 km von der Küste entfernt! An manchen Stellen liegen

Walhai

sogar nur 100 m zwischen Ufer und Riff. Im Vergleich zum Great Barrier Reef hat dies den großen Vorteil, dass man schneller am Tauch- oder Schnorchelplatz ist und an einigen Stellen sogar direkt vom Strand zu den ersten Korallenstöcken schwimmen kann.

Dank der warmen Leeuwin-Strömung können die Korallen am Ningaloo Riff trotz der südlichen Breitengrade leben. Die flachen Lagunen sowie die nährstoffreichen, tieferen Gewässer hinter dem Riff bieten ideale Lebensbedingungen für die unterschiedlichsten Korallen und mehr als 500 Fischarten.

Walhaie, die das Riff von April bis Juni regelmäßig besuchen, Schildkröten, Seekühe, Delfine und Buckelwale sind Highlights, die nur das Ningaloo Reef bieten kann.

Tauch- und Schnorchelausflüge werden von den kleinen Ortschaften **Coral Bay** und **Exmouth** angeboten. Schnorchler finden an den Stränden in Coral Bay und im **Cape Range National Park** ideale Bedingungen vor.

Information Es gibt kein offizielles Visitor Centre in **Coral Bay,** Informationen zu den Touren erhalten Sie an den Rezeptionen der Unterkünfte oder unter www.coralbay.org.

Exmouth Visitor Centre, Murat Rd, Tel. 08-99491176 oder 1-800-287328, Mo– Fr 9–17 Uhr, Sa/So bis 12 Uhr, www.exmouthwa.com.au.

Milyering Visitor Centre, im Cape Range National Park, Tel. 08-99492808, tägl. 9–15.45 Uhr.

Touren **Hinweis:** Die beliebten Walhai-Ausflüge sollten in der Hauptsaison unbedingt im Voraus reserviert werden. „Whaleshark"-Touren sind aufgrund des erforderlichen Suchflugzeugs deutlich teuer (ab A$ 350) als normale Schnorchelausflüge.

Ab Coral Bay:

Ningaloo Reef Dive, Tel. 08-99425824, www.ningalooreefdive.com; tägliche Tauch- und Schnorcheltouren ans Ningaloo Reef, in der Saison zusätzlich Walhai-Touren.

Ningaloo Kayak Adventures, Robinson St, Tel. 08-99485034, www.ningalookayakadventures.com; verleiht Kajaks und Schnorchelausrüstung und bietet auch geführte Paddeltouren an.

Ab Exmouth:

Exmouth Diving Centre, Tel. 08-99491201, www.exmouthdive.com; großes Angebot an Tauch- und Schnorchelausflügen zum Riff, zur Navy Pier und nach Muiron Island.

Ningaloo Reef Dreaming, Tel. 08-99494777, www.ningaloodreaming.com; Tauchkurse, Walhai-Touren, Schnorcheltrips und „Whalewatching".

8

Tourangebot
in Coral Bay

Norwest Airworks, Tel. 08-99492888, www.norwestairwork.com.au; Rundflüge über das Riff und die Küstenlandschaft des North West Cape. Start vom Light Aircraft Strip, 13 km südlich von Exmouth.

Ningaloo Safari Tours, Tel. 08-99491550; www.ningaloosafari.com; Tagestouren im Allradfahrzeug durch den Cape Range National Park, mit Strand- und Schnorchelstopps.

Unterkunft   **In Coral Bay:**

Bayview Coral Bay, Tel. 08-93856655, www.coralbaywa.com; Bungalows, Chalets, Cabins und Campingplätze in verschiedenen Preiskategorien.

Ningaloo Reef Resort, Tel. 08-99425934, www.ningalooreefresort.com.au; ****Hotelzimmer, ***Selbstversorger-Apartments und **Motelzimmer am südlichsten Punkt der Siedlung.

In Exmouth

**** Novotel Ningaloo Resort, Madaffari Drive (ca. 3km südlich der Stadt), Tel. 08-99490000; moderne Hotelanlage, auch mit großen Apartments für Familien, schöne Pools.

*** Golden Chain Sea Breeze Resort, Naval Base (5 km nördlich der Stadt), Tel. 08-99491800; das von Deutschen geführte Hotel ist in einer ehemaligen Militärunterkunft.

Ningaloo Caravan and Holiday Resort, Murat Rd. (gegenüber Visitor Centre), Tel. 1-800-625665; Ferienanlage mit Bungalows, Cabins, Backpackerunterkünften und Campingplatz (wenig Schatten) mit Pool.

Anreise   Der **Flughafen Learmonth** (LEA) liegt 35 km südlich von Exmouth und 150 km nördlich von Coral Bay. Von und nach Perth tägliche Flugverbindung mit Skywest (www.skywest.com.au). Vom Flughafen nach Exmouth besteht ein Shuttlebus-Service. Einige Unterkünfte in Coral Bay holen ihre Gäste am Airport ab.

Greyhound-Busse (www.greyhound.com.au) fahren mehrmals wöchentlich nach Coral Bay.

Der Nordwesten

Pilbara

Die **Pilbara** ist die heißeste Region Westaustraliens. Sie beginnt am 23. Breitengrad und reicht nördlich bis Port Hedland. Im Osten endet die Pilbara erst an der Grenze zum Northern Territory.

Geologisch zählt die Region mit über zwei Milliarden Jahre alten Landschaften zu den ältesten der Erde. Deutlich sichtbar wird dies im Karijini National Park der sich entlang der Bergkette **Hamersely Range** erstreckt. Riesige Eisenerzvorkommen dominieren die Wirtschaft der Pilbara. Von der Hafenstadt Port Hedland wird australienweit die größte Menge an Eisenerz und Salz in die Welt verschifft.

Karijini National Park

Der zweitgrößte Nationalpark Westaustraliens (6274 qkm) ist unbestritten das Juwel der Pilbara. Mit rotleuchtenden, steilen Schluchten, erfrischenden Teichen, einer abwechslungsreichen Tierwelt und vielen Wanderwegen bietet er Besuchern eine enorme Vielfalt. Besonders reizvoll ist die Fahrt durch den Nationalpark in den Monaten Juli bis Oktober, wenn viele Wildblumenarten in voller Blüte stehen. Wenn die Campgrounds oder die Eco-Lodge im NP ausgebucht sind, bieten die Minenstadt **Tom Price,** 50 km westlich des Nationalparks, und das **Auski Roadhouse,** an der Ostgrenze des Parks, zusätzliche Übernachtungsmöglichkeiten.

Geschichte und Geologie In den Hamersley Ranges sind seit mehr als 20.000 Jahren drei Aboriginalsprachgruppen beheimatet. Das Gebiet wird von den traditionellen Besitzern **Karijini** genannt. Die Bezeichnung Hamersley

Pilbara

Range stammt vom Landvermesser und Naturforscher F. T. Gregory, der die Region 1861 erkundete und nach seinem Freund und Förderer Edward Hamersley benannte.

Die eisenhaltigen Gesteinsschichten, die in den Felsen in und um die Schluchten erkennbar sind, entstanden vor mehr als 2,5 Millionen Jahren. Das extreme Absinken des Meeresspiegels und eine jahrtausende lange Erosion waren Ursache für tiefe Flusstäler und steilwandige Schluchten.

Flora und Fauna

Im Park wachsen über **481 Pflanzenarten,** davon allein 53 Akaziensorten. Von Juli bis Oktober und nach Regenfällen blühen farbenprächtige Wildblumen. Besonders häufig sieht man in dieser Zeit die Northern Bluebells mit ihren blauen Blüten und die violetten Mulla-Mullas.

Von der **reichen Tierwelt** ist tagsüber bei Hitze nicht allzu viel zu sehen. Zur Tierbeobachtung besser geeignet sind die kühleren Morgenstunden oder die Abenddämmerung. Mit etwas Glück sind Rote Kängurus, Dingos, Euros und das nur in der Pilbara vorkommenden *Rothschild's Rock-Wallaby* zu sehen. In den kühleren Schluchten leben Frösche, Geckos, Warane und Vögel.

Hitze

Bei aller Naturschönheit sollte stets beachtet werden, dass es hier im Sommer extrem heiß wird! Das Thermometer steigt häufig auf über 40 ˚C. Im Winter (Mai–September) ist es indes tagsüber angenehm warm – in der Nacht kühlt es jedoch stark ab. Dennoch ist der Winter die beste Reisezeit. Bei Wanderungen sollte immer ein ausreichender Wasservorrat mitgeführt werden.

Hancock Gorge

Wander-tipps	Im westlichen Teil des Parks (Ausgangspunkt Weano Parkplatz) füh-ren gut begehbare Stufen hinab in die **Weano Gorge**. 300 m vom Ausgangspunkt entfernt liegt der von senkrechten Felsen umge-bene Badeteich **Handrail Pool** (1,5 h H/R). Die Wanderung in die **Hancock Gorge** und zum **Kermit's Pool** (2h H/R) ist deutlich anspruchsvoller, aber absolut lohnend. In die Schlucht, die auch als „Zentrum der Erde" bezeichnet wird, führt ein steiler Pfad und eine in den Fels geschlagene Leiter. Zum Kermit's Pool hin wird die Schlucht sehr schmal und der blank polierte Fels ist einzigartig. Festes Schuhwerk, genügend Wasser und Sonnen-schutz nicht vergessen!
Information	Das in der Einsamkeit stehende architektonische Kunstwerk des **Karijini Visitor Centre** (Banyjima Drv, Tel. 08-91898121, April-Okt tägl. 9–16 Uhr, Nov–März 10–14 Uhr) sollten Sie sich auf jeden Fall anschauen. Das Gebäude in Form eines Waranes passt sich der Umgebung ideal an. Im Inneren informieren Schautafeln über die Kulturgeschichte und Geologie des Parks. Zudem wer-den Souvenirs und kühle Getränke verkauft. Der Nationalpark kostet Eintritt. **Tom Price Visitor Centre,** Central Rd, www.tompricewa.com.au, Tel. 08-91881112, Mai–Okt Mo–Fr 8.30–17 Uhr, Sa/So 8.30–12.30 Uhr. Nov–April Mo–Fr 9.30–15.30 Uhr, Sa 9–12 Uhr; Auskünfte über den Nationalpark und Buchung der Minenführung.
Touren	**Lestok Tours,** Tel. 08-91892032, www.lestoktours.com.au; zweistündige Minentouren und Tagestouren in den Karijini National Park mit klimatisierten Bussen von Tom Price aus. **West Oz Active Adventure Tours,** Tel. 0438913713, www.westozactive.com.au; Wandertouren und Canyoning im Nationalpark.
Unterkunft	****Karijini Eco Retreat,** Tel. 08-9425 5591, www.karijiniecoretreat.com.au; komfortable Übernachtungsmöglichkeit in feststehenden Zelten mitten im Park. Der angeschlossene **Campingplatz** hat Toiletten, Wasser, Busch-Duschen und eine Campingküche. *** **Windawarri Lodge,** Stadium Rd, Tom Price, Tel. 08-91891110; „bestes Hotel" im Ort mit kleinen Zimmern und Restaurant – leider meist von Minenarbeitern ausgebucht und nicht immer perfekt gepflegt. **Tom Price Tourist Park,** Nameless Valley Rd, Tom Price, Tel. 08-91891515; Campingplatz mit Pool, Cabins, Villas und Backpackerunterkünften. **Auski Roadhouse,** Tel. 08-91766988, www.auskitouristvillage.com.au, öst-lich des Parks am Great Northern Hwy; klimatisierte Motelzimmer, Mehrbett-zimmer sowie Campingplatz.
Anreise	**Qantas fliegt** von Perth nach Paraburdoo (150 km südwestlich des Karijini NPs). Von dort verkehrt ein Shuttlebus nach Tom Price. Mietwagen (Avis, Budget, Hertz) sind am Flughafen buchbar. Überlandbusse fahren Tom Price bzw. den Karijini National Park nicht an. Es gibt jedoch die Möglichkeit, von Karratha oder Port Hedland mit organisierten Touren in die Region zu gelangen.

8

Broome

Broome, die Hauptstadt des tropischen Nordwestens, gilt als multiethnisches Zentrum australischer Ureinwohner, Chinesen, Japanern, Malaien, Indonesier und europäischer Perlentaucher. Die Stadt an der **Roebuck Bay** strahlt eine besondere Atmosphäre aus: Die Häuser sind im tropischen Stil Wänden und Dächern aus Wellblech erbaut. Hübsche Galerien und Perlenläden wechseln sich ab mit gemütlichen Cafés und Restaurants. Besucher und Reisende passen sich dem relaxten Tropenleben rasch an. Nicht zuletzt ist es die Lage am Indischen Ozean mit den malerischen Sonnenuntergängen, die Broome so einzigartig macht.

Das Klima variiert von brütender Hitze im Sommer bis zu angenehmen warmen Temperaturen im Winter. Die lokalen Aborigines unterscheiden im Jahresverlauf acht Klimaphasen, während der Rest der Bevölkerung nur zwei kennt: „The Wet" und „The Dry". Während der Trockenzeit von Mai bis Oktober sind die Tage 25–35 °C warm und der Himmel meist wolkenfrei. In diesen Monaten ist in Broome touristische Hochsaison. Im Gegensatz dazu herrscht von November bis April eine schier unerträgliche feuchtheiße Hitze. Tropische Regengüsse und gelegentliche Wirbelstürme sind in dieser Zeit typisch.

Geschichte   Die **Yawuru Aboriginal People** hatten über viele Jahrhunderte eine starke Verbindung zur Roebuck Bay. Der Engländer **William Dampier** war 1688 der erste Europäer, der den Küstenabschnitt aufsuchte. Er benannte die Bucht nach seinem Schiff „H.M.S. Roebuck". Bis zur Stadtgründung dauerte es allerdings bis zum 21. November 1883. Ihren Namen erhielt der Ort vom damaligen westaustralischen Gouverneur **Broome**.

Dem Fund der riesigen Perlmuttmuschel **Pintada Maxima,** die in den Gewässern der Roebuck Bay gedeiht, ist der kommerzielle Aufschwung Broomes zu verdanken. Anfang des 20. Jahrhunderts produzierte Broome 80% des weltweiten Perlmuttbedarfs. Nach der Weltwirtschaftskrise, dem Aufkommen von Kunststoffknöpfen und der Bombardierung Broomes durch Japan im März 1942, endete der Perlmuttboom. Nach dem Krieg galt es eine ganze Industrie neu zu beleben. Mit der **Perlenzucht** erlebt die Stadt einen stetigen Aufschwung. Seit den 1980er Jahren spielt der Tourismus eine immer wichtigere Rolle, die Stadt erhielt ein neues Gesicht: Straßen wurden asphaltiert, Hotelerie und Gastronomie wurden ausgebaut.

Broome

0 ———— 750 m

© RKH VERLAG HERMANN

Dampier Creek

Paspaley Plaza

Broome Rd

Frederick St

Carnarvon St · Dampier Tce

Anne St

Forest St · Herbert St · Walcott St · Robinson St

Roebuck Bay

Town Beach

0 ———— 400 m

Bilingurr

Cable Beach

Lullfiz Dr

Magabala Rd · Broome Rd

Djugun

Gubinge Rd

Dampier Creek

✈ **International Airport**

Cable Beach Rd · Cable Beach Rd E.

Gubinge Rd · Port Dr

Frederick St

Cable Beach

Gantheaume Point

Minyirr

Roebuck Bay Golf Course

Roebuck Bay

Town Beach

Anastasias Pool

Kavite Rd

Port Dr

Riddell Beach

Broome

Deep Water Port

Aqua-culture Park

Indischer Ozean

◼ Sehenswertes

1 Sun Pictures Kino
2 Streeters Jetty
3 Pearl Luggers
4 Courthouse
5 Matso's Cafe & Brauerei
6 Broome Museum
7 Japanese + Chinese Cemetery
8 Manbana
9 Gantheaume Point
10 Crocodile Farm
11 Buddha's Sanctuary

⌂ Unterkünfte & Camping

1 Bali Hai Resort
2 Mercure Inn Continental Broome
3 Cable Beach Caravan Park
4 Cable Beach Club
5 Beaches of Broome

8

Sehens-   **Chinatown,** das Viertel zwischen Napier/Dampier Terraces und Gray/
wertes in   Carnarvon Streets, war früher ein lebhafter Umschlagplatz für Perlen
Broome   mit Billardstuben, Etablissements und chinesischen Garküchen.
Inzwischen sind in die kleinen Holz- und Wellblechhäuser Cafés,

Souvenirshops, Restaurants und Gallerien eingezogen. Sonntagvormittags
findet in der Johnnie Chi Lane der lebhafte **Lane Market** statt. Das Kino **Sun
Pictures** in der Carnarvon Street (Tel. 08-
91921077, www.broomemovies.com
.au) wurde 1916 eröffnet. Bis heute sitzen Besucher in einfachen, bequemen
Liegestühlen und genießen unter dem
Sternenhimmel die Filme.

Kino

Das **Pearl Lugger Museum** besteht
aus zwei restaurierten Perlenfischerbooten. Besichtigungen im
Rahmen einer einstündigen Tour mit Informationen zur Perlen-
fischerei (31 Dampier Tce, Touren tägl. 9, 10, 13, 15 Uhr, Tel. 08-
91922059).

Ein gutes Beispiel für den früheren Baustil der Stadt ist das 1888
erbaute **Courthouse** an der Ecke Frederick/Hamersley Streets. Das
Gebäude diente einst als Gericht. Heute ist es offen für Besichtigungen. Samstagvormittags findet hier ein vielbesuchter Flohmarkt statt.
Die südlich gelegenen Häuser sind typisch für die Stadt:.große Terras-
sen, schattige Gärten – in Gebäuden wie diesen residierten früher die
Perlenbarone.

Das **Broome Museum** (67 Robinson St, Nov–Mai tägl. 10–13 Uhr,
Juni–Okt Mo–Fr 10–16 Uhr, Sa/So 10–13 Uhr, A$ 5) ist im alten
Zollhaus untergebracht und vermittelt die Stadtgeschichte und die
Entwicklung der Perlenindustrie.

Malcolm Douglas – der echte Crocodile-Dundee

Der berühmte Tierfilmer und Krokodilexperte Malcolm Douglas war viele
Jahrzehnte eine Ikone in Broome. Bekannt wurde Douglas 1976, als er einen
Dokumentarfilm über das australische Outback drehte. Seine Filme begeister-
ten jahrelang ein Millionenpublikum, auch in Deutschland hatte er zahlreiche
Fans. Malcolm Douglas und seine Abenteuer dienten als Vorlage für die spä-
teren „Crocodile-Dundee"-Filme. Im September 2010 starb er im Alter von 69
Jahren bei einem Autounfall. Douglas errichtete zwei Tierparks in Broome.

Im **Wilderness Park,** 16 km außerhalb der Stadt am Great Western Highway,
sind unzählige Echsen und australische Tiere zu sehen (Mai–Okt tägl. 10–17
Uhr, Nov–April 15.30–17.30 Uhr, www.malcolmdouglas.com.au, A$ 35).

Cable Beach Der 22 km lange, feinsandige **Cable Beach** ist der touristische Magnet der Stadt. Baden, Segeln, Surfen und Beachvolleyball sind nur ein paar der Aktivitäten, die hier ausgeübt werrden. Jeden Abend ziehen Kamelkarawanen an das nördliche Ende des Strandes, Veranstalter laden Touristen zu einem Ritt in den Sonnenuntergang ein (s. Touren). **Gantheaume Point,** der südwestliche Zipfel des Strandes, lohnt wegen seiner leuchtend roten Felsformationen und dem azurblauen Wasser.

Information **Broome Visitor Centre,** 1 Hamersley St, Tel. 1-800-883777, April–Nov Mo–Fr 8.30–16 Uhr, Sa/So 9–14 Uhr, Dez–März Mo–Fr 9–16 Uhr, Sa/So 10–14 Uhr, www.broomevisitorcentre.com.au.

Notfall **Notruf** (Polizei, Feuerwehr, Rettungsdienst) 000

Polizei: Frederick St, Tel. 08-91921212

Krankenhaus: Broome Hospital, Robinson St, Tel. 08-91929222

Verkehr Der kleine internationale **Flughafen** (www.broomeair.com.au) liegt inmitten der Stadt. Flüge nach Broome sind direkt von Perth, Alice Springs, Adelaide, Melbourne, Darwin, Karratha, Port Headland, und Exmouth möglich (Qantas, www.qantas.com.au; Skywest, www.skywest.com.au; Virgin, www.virginaustralia.com; Airnorth, www.airnorth.com.au). Flüge in die Kimberley Region sowie Rundflüge starten ebenfalls vom Airport (Golden Eagle Airlines, Tel. 08-91935495, www.goldeneagleairlines.com).

Die **Überlandbusse** von Greyhound (www.greyhound.com.au) stoppen auf ihrer Route Perth – Darwin am Visitor Centre.

Mietwagen: Avis, Flughafen und Coghlan St, Tel. 08-91935980; **Budget,** Flughafen, Tel. 08-91935355; **Hertz,** Flughafen, Tel. 08-91921428; **Thrifty,** Flughafen, Tel. 08-91937712.

In der Stadt fährt die Linie des **Town Bus Service** vom Hafen nach Chinatown, zum Visitor Centre und weiter zum Cable Beach. Der Bus **fährt täglich** von 7.10–19.10 Uhr. **Tickets** können im Bus gekauft werden. **Fahrpläne** sind im Visitor Centre, in den Unterkünften und unter www.broomebus.com.au erhältlich.

Cable Beach

Essen und Trinken

Matso's Broome Brewery, 60 Hamersley St, Tel. 08-91935811, tägl. ab 7 Uhr; schön gelegenes Lokal für Mittag- und Abendessen oder den Kaffee zwischendurch. Mit Blick auf die Bucht und tropischer Biergartenatmosphäre. Internationale Küche mit asiatischem Touch. Hauptgerichte ab A$ 25.

Charter's Restaurant im Mangrove Resort, 47 Carnarvon St, Tel. 08-91921303, tägl. Mittag- und Abendessen; schönes Open-air-Restaurant mit Blick auf die Roebuck Bay. Hauptgerichte ab A$ 28.

Sunset Bar & Café Cable Beach Club, am Ende der Cable Beach Rd West; der beste Platz für das romantische Dinner bei Sonnenuntergang, gleich oberhalb des Cable Beach. Im Angebot sind Pizza, Salate, Fleisch- und Fischgerichte. Hauptgerichte ab A$ 25.

Divers Tavern, 12 Cable Beach Rd; Garten-Bistro mit Fisch- und Fleischmenüs, abends Live-Veranstaltungen in der Bar. Hauptgerichte ab A$ 20.

Asiatische Küche findet man in den zahlreichen Lokalen der Chinatown.

Touren

Touren in Broome:

Broome Sightseeing Tours, Tel. 08-91920000, www.broomesightseeing-tours.com.au, A$ 50; 4-stündige Rundfahrten durch die Stadt und Umgebung.

Broome Hovercraft Tours, Tel. 08-91935025, www.broomehovercraft .com.au, A$ 150; Luftkissenbootfahrten durch die Bucht, auch am Abend zum Sonnenuntergang.

Willie Creek Pearl Farm Tours, Tel. 08-91936000, www.williecreekpearls. com.au, A$ 90; Halbtagesausflüge auf die 38 km nördlich von Broome gelegene Perlenfarm. Eigene Anfahrt ebenfalls möglich, aber Straßenzustand vorher im Visitor Centre erfragen.

Kamelritte am Cable Beach werden von **Red Sun Camels** (Tel. 08-91937423), **Ships of the Desert** (Tel. 0419-954022) und **Broome Camel Safaris** (Tel. 0419-916101) jeden Morgen und Abend zum Sonnenauf- bzw. untergang angeboten. Reservierungen empfehlenswert. Ein einstündiger Ausritt kostet zwischen A$ 40 und A$ 65 p.P.

Touren in die Kimberleys/Gibb River Road:

APT Kimberley Wilderness Adventures, Tel. 1-300-208712, www.kimberleywilderness.com.au; empfehlenswerte Touren durch die Kimberleys und Bungle Bungles mit Hotel- oder Campingübernachtungen in eigenen Camps.

Kimberley Wild, Tel. 08-91937778, www.kimberleywild.com; Tages- und Mehrtagestouren mit Zelt- oder Motel/Farmübernachtungen. Spezielle Touren an das Cape Leveque zu den dort ansässigen Aboriginal-Gemeinden.

Uptuyu Aboriginal Adventures, Tel. 61-400 878898, www.uptuyu.com.au; das von Aborigines geführte Unternehmen bietet Touren sowie Tag-Along-Fahrten zum Cape Leveque und in die Kimberleys an.

Rundflüge:

King Leopold Air, Tel. 08-91937155, www.kingleopoldair.com.au; Rundflüge über Broome, die Kimberleys und an das Cape Leveque.

Kreuzfahrten im Nordwesten:

Ein exklusives Vergnügen sind Kreuzfahrten entlang der menschenleeren Kimberley-Küste. Sie zählt zu den unberührtesten Flecken der Erde. Die Zahl der Anbieter ist auf wenige Schiffe und auf den Zeitraum April bis Oktober begrenzt. Eine frühzeitige Buchung ist ratsam.

Pearl Sea Coastal Cruises (Tel. 08-91936131, www.kimberleyquest.com.au), **Coral Princess Cruises** (Tel. 07-40409999, www.coralprincess.com.au) und **The Great Escape Charter Company** (Tel. 08-91935983, www.greatescape.net.au) fahren mit ihren unterschiedlich großen Schiffen entlang der Küste.

Cable Beach
Club

Unterkunft Es gibt zwar sehr viele Unterkünfte in Broome, viele sind aber oft früh ausgebucht, insbesondere am Cable Beach. Eine frühe **Reservierung** ist ratsam.

***** **Cable Beach Club,** Cable Beach Rd, Cable Beach, Tel. 1-800-199099; der „Club" hat unbestritten die beste Lage in Broome: nur die Straße trennt die große Anlage vom Strand. Die mit Wellblech und dunklem Holz gebauten Häuser sind umgeben von einem tropischen Garten und einer Poollandschaft sowie mehreren Restaurants. Die Zimmer bieten allerdings keinen Meerblick!

**** **Bali Hai Resort,** 6 Murray Rd, Cable Beach, Tel. 08-91913100; Boutique-Hotel im indonesischen Stil mit Studios, Bungalows und Wellnessangeboten, allerdings in „zweiter Reihe" zum Strand.

*** **Mercure Inn Continental Broome,** Weld St, Broome, Tel. 08-91921002; gutes Mittelklasse-Hotel in der Innenstadt mit tropischem Garten, großzügigem Pool, schönem Gartenrestaurant und einer gemütlicher Bar.

* **Beaches of Broome,** 4 Sanctuary Rd, Cable Beach, Tel. 1-300-881031; schickes Hostel in der Nähe zum Cable Beach.

Cable Beach Caravan Park, Millington Rd, Cable Beach, Tel. 08-91922066; großer, schattiger Campingplatz hinter dem Cable Beach Club, nur wenige Gehminuten zum Strand.

8

Luxuriöse Camps in der Einsamkeit

Wer ein paar Tage in unberührter Umgebung entspannen möchte, sollte sich den Luxus gönnen, in eines der edlen Buschcamps in den Kimberleys zu fliegen. Die Camps bieten feststehende, luftige Safariunterkünfte mit bequemen Betten und exzellentem Essen. Allerdings sind sie nicht mit Klimaanlagen ausgestattet. Teilweise sind jedoch Ventilatoren installiert. Da die Camps nicht sehr groß und dadurch schnell ausgebucht sind, sollte vorab reserviert werden.

Das exklusive **Kimberley CoastalCamp,** in dem die Gäste rundum verwöhnt werden, liegt nordöstlich der Mitchell Falls am Admirals Golf und ist nur aus der Luft oder vom Wasser aus erreichbar. Es werden Flugtransfers ab Broome, Kununurra oder ab MitchellPlateau angeboten. Einzigartig sind die sehr gut erhaltenen Aboriginal-Felszeichnungen in dieser Region. Dennoch besteht die Mehrzahl der Gäste aus angelnden Australiern (Infos und Buchung: www.kimberleycoastal camp.com.au).

Das teure **Faraway Bushcamp** befindet sich nordwestlich vonKalumburu und ist von Kunururra nur per Flugzeug oder vom Meer her zugänglich. Die acht Safari-Hütten mit schönem Blick auf die Bucht stehen erhöht im Buschland und bieten Einsamkeit pur.Die Mahlzeiten sind ausgezeichnet. Bootsausflüge zu den benachbarten King George Falls und Angeltouren werden angeboten. Buchungsformalitäten und Infos sind im Internet unter www.farawaybay.com.au zu finden. Weitere Camps an der Gibb River Road und Kalumburu Road, die mit einem Fahrzeug erreichbar sind, werden im Streckenverlauf beschrieben.

Faraway Bushcamp

The Kimberley

Die Einheimischen nennen das riesige Wildnisgebiet am nordwestlichen Ende des Kontinents „The Last Frontier". In der 423.000 qkm großen **Kimberley Region** leben gerade mal 30.000 Menschen, davon die meisten in den Städten Broome, Derby und Kununarra. Geologisch gesehen stellt das Gebiet ein riesiges Sandsteinplateau dar, das mit vulkanischem Gestein durchsetzt ist. Extreme Klimaschwankungen förderten eine Erosion, die in knapp zwei Milliarden Jahren die mit abgeflachten Gipfeln versehenen Tafelberge, schroffe Schluchten und fragile Felsdome erschuf.

Geschichte   Die zentralen Kimberleys sind reich an Süßwasserquellen und fruchtbarem Land. Dies ermöglichte schon den Ureinwohnern vor Jahrtausenden ein sorgloses Leben und die Entwicklung einer einzigartigen Kultur. Zeugnis davon sind vor allem die vielen Malereien unter den Felsüberhängen und in den Höhlen, die bis heute gut erhalten und noch längst nicht komplett erkundet sind. Besondere Aufmerksamkeit verdient die **Bradshaw Tradition** mit den charakteristischen Wandjina-Zeichnungen (s. Exkurs S. 277), die nur in den Kimberleys nachweisbar ist. Nach Zeiten der Vertreibung und Missionierung sind inzwischen viele Aborigines in ihre traditionellen Stammesgebiete zurückgekehrt. Dort versuchen sie ihre Tradition und Bräuche zu bewahren.

Die Kimberley Region wurde im Zuge der weißen Besiedlung Australiens verhältnismäßig spät erforscht. Lange Jahre war die Küste wegen vieler Schiffsunglücke berüchtigt und das Landesinnere weithin unbekannt. Im Jahr 1837 erforschten die Engländer George Grey und Franklin Lushington im Auftrag der britischen „Royal Geographical

Prison Tree

8

Society" die Nordwest-Ecke des Kontinents erstmals genauer. Den Namen trägt die Region nach dem Earl of Kimberley, einem englischen Kolonialsekretär.

Routen   Durch den Nordwesten führen nur zwei bedeutende Straßen. Die nicht asphaltierte **Gibb River Road** (www.gibbriverroad.net) führt „mitten durch" und verbindet die Städte **Derby** (www.derbytourism .com.au) und **Kununurra** (www.visitkununurra.com). Die ehemalige Viehroute ist eine beliebte Touristenstrecke, die Farmen entlang des Weges sind auf Besucher eingestellt. Die Gibb River Road kann in der Regel nur von Mai/Juni bis Oktober/November befahren werden. In dieser Zeit ist der Zustand der Piste gut und die Fahrt gleicht einem „Soft Adventure". Raue Abstecher zu abgelegenen Schluchten, zur entfernten Küste (Mitchell Plateau) oder in den Purnululu National Park (Bungle Bungles) fordern neben einem großen Geländefahrzeug auch Fahrgeschick. Der **Great Northern Highway** ist die asphaltierte Highway-Variante für Komfortliebende. Die Straße verläuft von Broome über die Ortschaften **Fitzroy Crossing** (www.sdwk.wa .gov.au) und **Halls Creek** (www.hallscreektourism.com.au) nach **Kununurra.**

Kimberley National Parks

Windjana Gorge National Park   Die **Windjana Schlucht** entstand als sich der Lennard River vor Millionen von Jahren auf einer Länge von 3,5 km bis zu 100 m tief durch den Kalkstein der Gebirgskette, die Teil eines ehemaligen Barriere Riffs ist, ein Bett grub. Auf den Sandbänken und im Fluss sonnen sich manchmal Süßwasserkrokodile, die zwar furchterregend ausschauen, jedoch scheu und harmlos sein sollen. In den Felsspalten

Windjana
Gorge

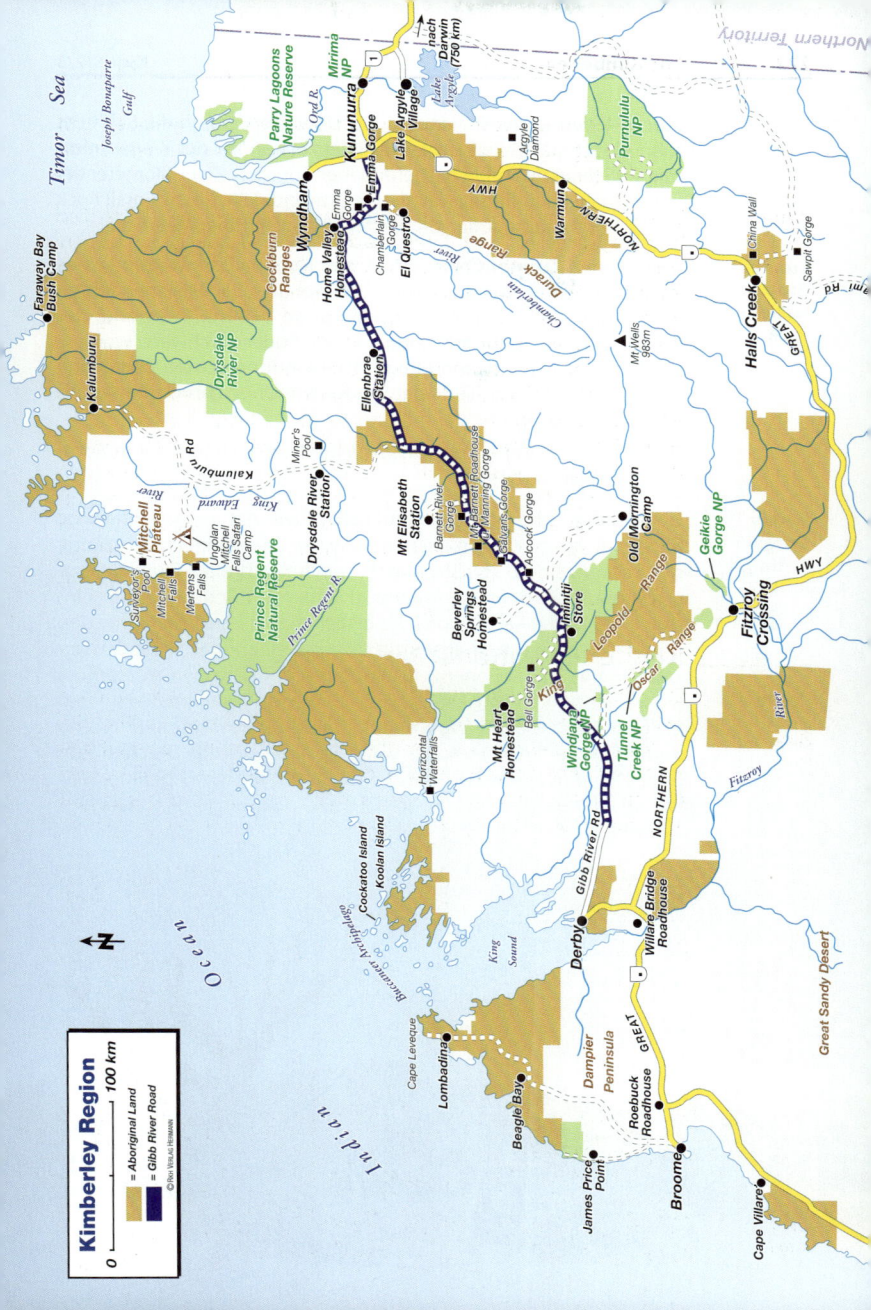

leben Fledermäuse, Schlangen und Eidechsen. Durch die Schlucht führt ein schmaler Wanderpfad. Auf dem ersten Teil des Weges informieren Schautafeln über die gefundenen Fossilien. Zwei Kilometer tief in der Schlucht befindet sich an der Ostwand das „Classic Fossil Rock Face", eine Ansammlung von Versteinerungen früher Meerestiere.

Tunnel Greek National Park

Den Namen **Tunnel Creek** erhielt der Nationalpark wegen seines 750 m langen Felstunnels, den der Bach vor über 350 Millionen Jahren durch den Kalkstein der Napier Range höhlte. Während der Trockenzeit kann der Tunnel durchwandert oder durchwatet werden, was je nach Wasserstand einige Überwindung kostet. Das grüne Paradies, das sich am Tunnelausgang dem Unerschrockenen eröffnet, ist einzigartig.

Tipp: Taschenlampe und wasserdichte Verpackung für den Fotoapparat nicht vergessen!

Geikie Gorge National Park

Ganz in der Nähe der Ortschaft Fitzroy River hat der gleichnamige Fluss eine breite Klamm entstehen lassen. Die senkrechten Wände des Beckens sind bis zu 30 m hoch. Durch den breiten Flusslauf entsteht ein für die Kimberley untypisches Schluchtenbild. Beeindruckend ist das Farbenspiel der östlichen Felswand, die durch den Fluss fast weiß gewaschen wurde. Deutlich erkennbar ist der Wasserstand während der Regenzeit. Durch den ganzjährigen Wasserfluss leben hier zahlreiche Tiere, u.a. Felskängurus, Fledermausarten und Wasservögel, wie z.B. Weißbauch-Seeadler. Erwähnenswert sind außerdem die im Wasser lebenden Salzwasserfische (Rochen und Sägefische), die sich im Zuge der Evolution an das Leben im Süßwasser angepasst haben. An den Flussufern dösen gerne Süßwasserkrokodile in der Sonne.

Unterwegs auf staubiger Piste

Drei **Wanderwege** führen in die Geikie Gorge. Weniger schweiß-treibend ist eine **Bootsfahrt** durch die Schlucht. Die Boote der Nationalparkbehörde starten zwischen April/Mai und Sept/Nov jeweils um 8 Uhr, 9.30 Uhr und 15 Uhr (Dauer 1h). Tickets sind vor der Abfahrt in der Schlucht erhältlich (nur Barzahlung möglich, A$ 30).

Mitchell River National Park

Der Nationalpark, der über eine raue Geländewagenpiste von der Gibb River Road, per Schiff (Kreuzfahrt) oder aus der LuftFlugzeug erreichbar ist, umfasst eine der spektakulärsten Landschaften der Kimberleys. Entlang des Mitchell River haben sich tiefe Schluchten und spektakuläre Kaskaden gebildet. Umgeben von Farnpalmen und kleinen Regenwaldabschnitten bilden die Wasserfälle und Pools die Hauptattraktion. Zu den **Mitchell Falls** führt vom Ende der Piste ein 3 km langer Fußweg durch unebenes, felsiges Gelände. Für den anstrengenden und schattenlosen Fußmarsch inklusive Badeaufenthalt sollte reichlich Zeit eingeplant und ein ordentlicher Trinkwasservorrat eingepackt werden. Eine angenehmere Alternative für die Erforschung der Region ist ein Rundflug: Am Parkplatz ist während der Trockenzeit ein Helikopter von Slingair/Heliworks (Tel. 08-91614512, www.slingair.com.au) stationiert, der Gäste von und zu den Wasserfällen fliegt. Von oben sehen die Wasserfälle sehr beeindruckend aus!

Purnululu National Park/Bungle Bungle Range

Der 20.900 qkm große Park ist eines der „natürlichen" Markenzeichen Westaustraliens – bekannt vor allem wegen der orange-schwarz gestreiften Sandsteindome der Bungle Bungle Range, die aus der Luft riesigen Bienenkörben gleichen. Zwischen den Bergen liegen tiefe Täler, einsame Schluchten und palmgesäumte Teiche.

Für die lokalen Aboriginal People hatte die Landschaft schon vor über 20.000 Jahren eine besondere Bedeutung. Erstaunlicherweise

Bungle Bungle

8

waren die Bungles, wie sie umgangsprachlich genannt werden bis Mitte der 1980er Jahre praktisch unbekannt und nicht erschlossen. 1987 wurde die Gegend zum Nationalpark und 2003 zum UNESCO-Weltnaturerbe erklärt.

Der Park ist nur zwischen **April und November** geöffnet (saisonale Verschiebungen sind je nach Witterung und Pistenzustand möglich). Die einzige Zufahrt besteht auf dem 53 km langen und nur für Geländewagen tauglichen **Spring Creek Track.** Geführte Touren in den Nationalpark werden von Kununurra oder Halls Creek angeboten (East Kimberley Tours, Tel. 08-91682213, www.eastkimberley-tours.com.au). Besonders attraktiv sind Rundflüge (s. Kununurra/Touren).

Für alle Parks ist ein Nationalpark-Pass nötig – alternativ kann der Eintritt auch an den Parkeingängen bezahlt werden. Mehr Informationen unter www.dec.wa.gov.au.

Kununurra

Die Stadt hat ihre Ursprünge im Jahr 1937, als **Patsy Durack** als erster eine Farm am Behn River gründete und dort verschiedene Getreidesorten anpflanzte. Die Regierung unterstützte 1941 die Gründung der Forschungsfarm Ivanhoe Station und beschloss 1958 das **Ord River Irrigation Project,** ein gigantisches Staudamm- und Bewässerungsvorhaben. Die moderne und großflächige Stadt am Ufer des Lake Kununurra wurde 1963 als Verwaltungszentrum für das Bewässerungsprojekt aus dem Boden gestampft. Der Name Kununurra stammt aus der Aboriginalsprache Miriwun und bedeutet soviel wie „Großes Wasser". Die 7000-Einwohnerstadt, 40 km westlich der Grenze zum Northern Territory, ist das östliche Eingangstor der Kimberleys und bietet mit dem riesigen Stausee **Lake Argyle,** dem **Ord River** und dem stadtnahen **Mirima National Park** (Hidden Valley) mehrere Anziehungspunkte sowie eine gute Infrastruktur nach einer längeren Outback-Tour.

Info   **Kununurra Visitor Centre,** Coolibah Drv, www.visitkununurra.com, Tel. 08-91681177. April–Okt tägl. 8–17 Uhr, Nov–März Mo–Fr 8–17 Uhr, Sa/So 9–13 Uhr.

Nationalparkbüro (CALM), Messmate Way, Tel. 08-91684200, Mo–Fr 8–17 Uhr; Infos und Karten für umliegende Nationalparks.

Unterkunft   ****** Country Club Hotel,** 47 Coolibah Drv, Tel. 08-91681024; Hotel ohne Highway-Lärm im Zentrum, mit tropischem Garten und Restaurant.

*** Kununurra Lakeside Resort & Camping, Casuarina Way (Stadtteil Lakeside), Tel. 1-800-786692; große Anlage direkt am Ufer der Lily Creek Lagoon mit Motelzimmern, Selbstversorger Cabins und schattigen Stellplätzen.

* YHA Kimberley Croc Backpackers, 112 Konkerberry Drv, Tel. 08-91682702; ordentliches Hostel mit großem Tourangebot und Pool.

Bradshaw Paintings

Seit Joseph Bradshaw im Jahr 1891 die ersten Felsmalereien im Nordwesten entdeckte, zogen viele Expertenteams durch die Kimberleys, um die Ursprünge dieser Kunst zu erforschen. Über 50.000 qkm größtenteils unzugänglicher Wildnis wurden kartografiert, vermessen und erfasst, von der Prince Regent River Region über die Gibb River Road bis in die Bungle Bungles. Die Datenmenge ist durchaus den Forschungen der alten Inka-Kultur ebenbürtig, und es sind viele Theorien über das „Wer, wann, wie, warum, wohin und woher" entstanden. Dennoch, all die theoretischen Vermutungen sind nichts wert, ohne die Ureinwohner selbst, die durch ihre Stammestradition und die überlieferten Erzählungen der Traumzeit zu jeder Felsmalerei ihre eigene Geschichte haben.

Die in den Kimberleys gefundenen Bradshaw-Malereien unterscheiden sich signifikant von den im restlichen Australien gefundenen Darstellungen. Im Wesentlichen unterscheidet man zwei verschiedene Stile: die **„Wandjinas"** und die **„Gwions"**. Wandjinas werden als Gesichter mit riesigen Augen, aber ohne Mund dargestellt. In der Aboriginal-Schöpfungsgeschichte steht dies für lebensspendenden Regen. Aufgrund der extremen Klimabedingungen – ständige feuchte Hitze und die Regenzeit – verwittern die Malereien sehr schnell. In der Vergangenheit wurden sie jedes Jahr erneuert, doch das Wissen und die Traditionen gehen mit dem Tod der alten, initiierten Männer für immer verloren. So werden die Malereien leider immer undeutlicher. In der Nähe der Wandjinas findet man häufig Begräbnisstätten, in denen noch Überreste von von menschlichen Skeletten liegen. Traditionell wurden verstorbene Aboriginal People nicht in der Erde begraben, sondern in Bäume gelegt.

Das Erstellen von Gwions ist die zweite wichtige Kunstart. Die kleinen detaillierten Felszeichnungen werden ebenso wie die Wandjinas nach ihrem Entdecker als „Bradshaws" bezeichnet. Ihr Alter wird auf mindestens 17.000 Jahre geschätzt, andere Theorien gehen sogar von über 50.000 Jahren aus. Durchaus möglich, dass die Künstler Vorfahren der australischen Ureinwohner waren. Über die Ursprünge und Bedeutungen gibt es viele Theorien, aber kein genaues Wissen. Mit einem wachsenden Tourismus wurden leider zahlreiche Fundstätten aus Unwissenheit, Unachtsamkeit oder Vandalismus zerstört. Die für Reisenden zugänglichen Malereien sind daher meist eingezäunt. Nähere Informationen findet man unter

www.bradshawfoundation.com/bradshaws.

8

Touren   **Alligator Airways,** Tel. 1-800-632533, www.alligatorairways.com.au; fliegt
täglich mit Sportflugzeugen über den Lake Argyle, über die Diamanten Mine
und in die Bungle Bungle.

Slingair, Tel. 08-91691300, www.slingair.com.au; unternimmt Rundflüge und
Flugsafaris über die Highlights der Kimberleys. Zudem gibt es Transferflüge
zum Faraway Bush Camp (s. Exkurs S. 270).

Triple J Tours, Tel. 08-91682682, www.triplejtours.net.au; veranstaltet empfehlenswerte kombinierte Bus- und Bootstouren auf dem Ord River und dem
Lake Argyle.

East Kimberley Tours, Tel. 08-91682213, www.eastkimberleytours.com.au.
Der Veranstalter hat ein ausgezeichnetes Camp (feststehende Zelte) innerhalb
des Purnululu National Park und organisiert verschiedene Allradtouren.

Diamanten in den Kimberleys

1979 begann der Diamantenabbau in Australien. Die wertvollen
Edelsteine wurden eher zufällig, auf dem Boden verstreut, entdeckt. Das Gelände südwestlich des Lake Argyle wurde daraufhin gründlich sondiert – und eine riesige Diamantenlagerstätte
gefunden. Die Mine wurde schnell aufgebaut und schon 1985 ar-
beitete sie mit voller Kapazität. In der offenen Grube wird seitdem
rund um die Uhr gearbeitet. Im Jahr werden 80 Mio. Tonnen Erde
umgewälzt, davon sind 10 Mio. Tonnen Erz. Das Erz wird zerklei-
nert und auf Diamanten untersucht. Dabei kommen jährlich etwa
30 Mio. Karat zum Vorschein, was etwa 6 bis 7 Tonnen Diamanten
entspricht. Damit ist die Argyle Diamond Mine der weltgrößte
Diamanten-Lieferant. Besonders bekannt ist die Mine für die seltenen, pinkfarbenen Diamanten. Die Mine kann nur im Rahmen
von geführten Touren besichtigt werden (s. Kununurra).

Bitte schreiben oder mailen Sie (verlag@rkh-reisefuehrer.de),
wenn sich in Australien Dinge verändert haben oder
Sie Neues wissen. Wir beantworten jede Zuschrift. Danke!

Fraser Island

Anhang

Anhang

Abkürzungen

4WD	4-Wheeldrive (Fahrzeug mit Allradantrieb)
ACT	Australian Capital Territory
Ave	Avenue
B&B	Bed & Breakfast
BYO	Bring Your Own
CBD	Central Business District
CP	Caravan Park
Con Park	Conservation Park
Drv	Drive
ggf.	gegebenenfalls
GPO	General Post Office
H/R	Hin- und Rückfahrt/-weg
Hwy	Highway
NP	Nationalpark
NSW	New South Wales
NT	Northern Territory
Pde	Parade
s.	siehe
s.S.	siehe Seite
SA	South Australia
St	Street
Sts	Streets
TAS	Tasmania
Tce	Terrace
u.v.m.	und vieles mehr
Ü	Übernachtung
VIC	Victoria
WA	Western Australia
YHA	Youth Hostel Association

Entfernungstabelle
(jeweils kürzeste Distanz in Straßenkilometern)

Adelaide	Alice Springs	Brisbane	Broken Hill	Broome	Cairns	Canberra	Cape York	Carnarvon	Darwin	Katherine	Melbourne	Mildura	Mount Isa	Perth	Rockhampton	Sydney	Townsville	Yulara
Adelaide																		
1540	**Alice Springs**																	
2103	3111	**Brisbane**																
505	1603	1598	**Broken Hill**															
5170	2630	4712	4233	**Broome**														
3545	2370	1703	3040	4020	**Cairns**													
1198	2638	1347	1120	5518	3050	**Canberra**												
4554	3379	2712	4049	5058	1009	4059	**Cape York**											
3675	4125	5397	3799	1495	5515	4377	6524	**Carnarvon**										
2947	1407	3489	3010	1865	2845	4295	3854	3360	**Darwin**									
2626	1086	3168	2689	1544	2524	3895	3533	3039	321	**Katherine**								
741	2181	1702	858	5649	3116	670	4125	4564	3836	3373	**Melbourne**							
392	1725	1656	293	5603	3070	978	4079	3999	3303	2917	166	**Mildura**						
2716	1176	1886	2385	2826	1194	2585	2203	4321	1651	1282	2716	2678	**Mount Isa**					
2770	3535	4492	2894	2248	5905	3798	6914	905	4113	3792	3472	3016	4711	**Perth**				
2447	2478	633	1942	4128	1070	1980	2079	6010	2905	2584	2046	2000	1302	6013	**Rockhampton**			
1394	2766	1019	1163	5502	2722	328	3731	5040	3967	3563	998	1023	2519	4057	1652	**Sydney**		
3205	2059	1363	2672	3709	340	2710	1349	5252	2534	2165	2776	2730	883	5594	730	2382	**Townsville**	
1573	437	3334	1636	3067	2807	2836	3816	4562	1844	1523	2214	1858	1613	3668	2915	2899	2496	**Yulara**

Nützliche Internetseiten

Hier noch weitere hilfreiche Adressen für unterwegs:

Allgemeine Reiseinformationen
Australisches Fremdenverkehrsbüro: www.australia.com
Stadtpläne/Landkarten: www.arta.com.au, www.wilmap.com.au
Australien-Info-Service: www.australien-info.de
Informationsportal für Camping und 4WD: www.exploreoz.com
Reiseplanung/Infos: www.planbooktravel.com

Unterkünfte
Bed & Breakfast: www.australianbedandbreakfast.com.au
Jugendherbergen: www.yha.com.au
Vip Backpackers: www.vipbackpackers.com
Nomads Accomodation (Backpacker): www.nomadsworld.com
Big4 Campingplätze: www.big4.com.au
Top Tourist Campingplätze: www.toptouristparks.com.au

Auskünfte
Telefonbuch www.whitepages.com.au
Branchenbuch: www.yellowpages.com.au
Städteinformationen: www.citysearch.com.au

Presse
Sydney Morning Herald www.smh.com.au
The Australian: www.news.com.au
Australian Geographic: www.australiangeographic.com.au

Sonstiges
Automobilclub Australien: www.aaatourism.com.au
Einreisebestimmungen: www.immi.gov.au
Restaurantführer: www.bestrestaurants.com.au
Überlandbusse: www.greyhound.com.au
Veranstaltungstickets: www.ticketmaster.com.au
Zollbestimmungen: www.customs.gov.au
Züge (Ghan, Overlander, Indian Pacific, Southern Spirit): www.gsr.com.au
Zugverbindungen: www.railaustralia.com.au

Literaturhinweise

Deutschsprachige Literatur

• Barkhausen, Barbara: Das Australien-Lesebuch, Berlin 2011. (Unterhaltsame Darstellung der Facetten des Landes.)

• Blotz, Herbert: Märchen der australischen Ureinwohner, Frankfurt 1992. (Gute Einführung in die Mythologie der Ureinwohner.)

• Bryson, Bill: Frühstück mit Känguruhs, München 2002. (Hervorragender Reisebericht des bekannten Autors über die Eigenheiten und das Land Australien. Ein Muss für jeden Touristen – am besten während oder nach der Reise lesen!)

• Chatwin, Bruce: Traumpfade, Frankfurt 1992. (Literarisches Werk über die mystischen Traumpfade der Ureinwohner)

• Davidson, Robyn: Spuren, Berlin 2002. (Eine Frau zieht mit Kamelen allein durch die Wüste – leidenschaftliche Erzählung.)

- Fehling, Lutz: Australien Natur-Reiseführer, München 2007. (Das handliche Buch sollte im Reisegepäck nicht fehlen. Detaillierte Beschreibung von Pflanzen und Tieren mit Bildern.)
- McKinley, Tamara: Mathildas letzter Walzer, Köln 2010. (Familienepos in der Tradition der Dornenvögel. Von der Autorin gibt es noch weitere Romane, u.a. Der Duft des Jacaranda.)
- Pilkington, Doris: Long Walk Home (engl. Rabbit Prove Fence), Reinbek 2003. (Erschütternder und mutiger Bericht über die „Stolen Generation", das staatlich verordnete Kidnapping junger Aboriginal-Kinder. Das Buch wurde erfolgreich verfilmt.)

Englischsprachige Literatur

- Beadell, Len: Too Long in the Bush, Naremburn 1999. (u.a. Erzählungen des letzten Forschers und berühmten Straßenbauers Len Beadell.)
- Cook, James: The Explorations of Captain James Cook in the Pacific, Dover 1971. (Cooks Tagebücher seiner Pazifikreisen.)
- Cronin, Leonhard: Key Guide to Australian Wildflowers, Crows Nest 2008. (Botanischer Führer durch die Wildblumenwiesen Australiens.)
- Molony, John: History of Australia, London 1989. (200 Jahre australische Geschichte kompakt zusammengefasst.)
- Watson, Don: The Story of Australia, Nelson 1984 (Illustrierte Geschichte des Landes – leicht verständliches Jugendbuch.)

Die Autorin

Seit 1988 hat Veronika Pavel auf zahlreichen Touren und während beruflicher Praktika als Sportökonomin Australien intensiv kennengelernt. Kein Jahr vergeht ohne längere Reise ins Land der Koalas und Känguruhs.

Bildnachweis

Alle von Veronika Pavel, außer:
Titelbild: Fotolia.de (14705733 / Kwest)
Titelei: The Tourism NT Image Gallery
Vorwort: Western Australia Tourism Commission
Anhang: S. 279 Flinders Range, South Australia Tourist Commission
Banzhaf, Wilhelm: S. 161
Hartmann, Kristine: S. 28, 84, 86, 224

iStockphoto.de (Bildnummer/Urheber): Seite 11 / 2. Bild von oben (4363653 / coleong), S. 12+54 oben (9210466 / keichihiki), 12+199 (16860720 / Shahaira), 26 (719693 / peoplez), 45 unten (18977432 / mollypix), 47 unten (5018341 / BenGoode), 50 (14987156 / samvaltenbergs), 55 (9096629 / shannonplummer), 55 Mitte rechts (9707866/ surpasspro), 56 oben (2499136 / qldian), 56 unten (13521329 / Jaykayl), 58 unten (11601714 / BenGoode), 63 (1353762 / stanfair), 64 (6202388/ npix), 66 unten (20791033 / traveler1116), 68 (9258388 / t_rust), 74 (15387373 / neoellis), 76/77 (14690890 / Deejpilot), 96 (1181074 / Haeernilion), 99 (3010113 / bjeayes), 109 (15007130 / David_Ahn), 127 (5816853 / warlockamnesty), 140 (65213 / jfegan), 142 (15406834 / fotofritz16), 153 (15210712 / fotofritz16), 155 (17347433 / fotofritz16), 160 (19728271 / KonArt), 167 (5397138 / photosbyash), 189 (5255170 / robcruse), 196 (19639390 / pp76), 203 (16070946 / fotofritz16), 204 (14837820 / photobyash), 219 (10612055 / Flycom321), 233 (3864059 / ruchos), 237 (6844045 / bjeayes), 240 (15801992 / samvaltenbergs), 274 (11697090 / travellinglight)

Fremdenverkehrsämter von New South Wales, Queensland, Victoria, South Australia, Western Australia, Four Wheel Drive Hire Service

Veronika Pavel

Australien
Osten und Zentrum

Die aktuelle Auflage des Buches kombiniert detailgenaue, vor Ort recherchierte praktische Informationen mit unterhaltsamen und informativen Exkursen zu Geschichte, Hintergründe und Menschen des Landes.

Entdecken Sie mit diesem Reisehandbuch Australiens Osten und das Zentrum:

- Die schönsten Routen durch New South Wales, Queensland, Northern Territory, South Australia und Victoria sowie Tipps für Tasmanien.
- Städte und Metropolen mit allen wichtigen Sehenswürdigkeiten
- Nationalparks und Naturschutzgebiete mit Wanderempfehlungen und Tipps zur Tierbeobachtung und Identifizierung.
- Das Great Barrier Reef und seine Inseln für Taucher und Badeurlauber.
- Hinweise für Aktivitäten unterwegs: Tauchen, Segeln, Wandern, Reiten, Ballonfahren, Angeln, Rundflüge und mehr.
- Alle Informationen für Planung, Vorbereitung und Durchführung der Reise. Mit ausführlichem Kapitel zum Anmieten von Pkw und Campmobilen. Infos für Bus- und Bahnfahrer, zu Unterkünften von preiswert bis luxuriös.
- Alles Wissenswerte zu Geographie und Klima, zu Kultur, Geschichte und Gegenwart.
- Interessante und unterhaltsame Exkurse zu vielen Aspekten rund um das Reiseabenteuer Australien.

- 83 Stadt-, Regional-, Routen- und Nationalparkkarten
- über 150 Fotos und Abbildungen
- 500 Hotel-, Motel-, Hostel- und Campingplatzempfehlungen
- strapazierfähige PUR-Bindung

erschienen im
REISE KNOW-HOW VERLAG
ISBN 978-3-89662-532-8
516 Seiten · € 22,50 [D]

Ständig neue aktuelle Auflagen

Veronika Pavel

Australien
Westen und Zentrum

Australien auf dem neuesten Stand: Ein Reisehandbuch konzipiert für Reisende, die den
Westen und das Zentrum des Kontinents auf
eigene Faust mit Camper oder Mietwagen
entdecken wollen.

Ausführliche Kapitel zur allen Aspekten der
Reisevorbereitung, -planung und -organisa-
tion. Mit vielen praxisbezogenen Tipps, Exkursen und Internet-Adressen.

Alles, was man über Geschichte, Kultur und
Alltagsleben in Australien wissen muss.
Populäre und weniger bekannte Sehenswürdigkeiten, Nationalparks und die schönsten Strände.

Detaillierte Routenvorschläge und ausführliche Streckenbeschreibungen mit Kilometer-
angaben und Hinweisen zur Zeiteinteilung:

- Westküste Perth – Broome – Darwin
- Top End mit Kakadu-Nationalpark
- Rotes Zentrum mit Ayers Rock und
  Umgebung
- Südaustralisches Outback
- Adelaide und Kangaroo Island
- Durch die Nullarbor Plain in den
  Südwesten

Alle Kapitel enthalten Vorschläge für lohnende Abstecher und Allrad-Touren.

- über 150 Fotos und
  Abbildungen
- 70 Karten, Umschlagkarten
- Register, Griffmarken,
  strapazierfähige PUR-
  Bindung

erschienen im
REISE KNOW-HOW VERLAG
ISBN 978-3-89662-541-0
528 Seiten · € 22,50 [D]
**Ständig neue aktuelle
Auflagen**

REISE KNOW-HOW
das komplette Programm
fürs Reisen und Entdecken

**Weit über 1000 Reiseführer, Landkarten, Sprachführer und Audio-CDs
liefern unverzichtbare Reiseinformationen und faszinierende Urlaubsideen
für die ganze Welt – *professionell, aktuell und unabhängig***

Reiseführer: komplette praktische Reisehandbücher für fast alle touristisch interessanten Länder und Gebiete **CityGuides:** umfassende, informative Führer durch die schönsten Metropolen **CityTrip:** kompakte Stadtführer für den individuellen Kurztrip **world mapping project:** moderne, aktuelle Landkarten für die ganze Welt **Edition Reise Know-How:** außergewöhnliche Geschichten, Reportagen und Abenteuerberichte **Kauderwelsch:** die umfangreichste Sprachführerreihe der Welt zum stressfreien Lernen selbst exotischster Sprachen **Kauderwelsch digital:** die Sprachführer als eBook mit Sprachausgabe **KulturSchock:** fundierte Kulturführer geben Orientierungshilfen im fremden Alltag **PANORAMA:** erstklassige Bildbände über spannende Regionen und fremde Kulturen **PRAXIS:** kompakte Ratgeber zu Sachfragen rund ums Thema Reisen **Rad & Bike:** praktische Infos für Radurlauber und packende Berichte außergewöhnlicher Touren **sound)))trip:** Musik-CDs mit aktueller Musik eines Landes oder einer Region **Wanderführer:** umfassende Begleiter durch die schönsten europäischen Wanderregionen **Wohnmobil-TourGuides:** die speziellen Bordbücher für Wohnmobilisten mit allen wichtigen Infos für unterwegs

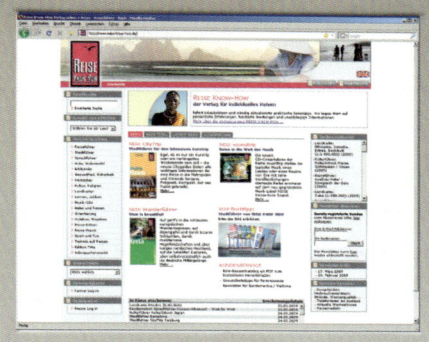

Rad- und andere Abenteuer aus aller Welt

Edition Reise Know-How

In der Edition Reise Know-How erscheinen außergewöhnliche Reiseberichte, Reportagen und Abenteuerberichte, landeskundliche Essays und Geschichten. Gemeinsam ist allen Titeln dieser Reihe: Sie unterhalten, sei es unterwegs oder zu Hause – auch als ideale Ergänzung zum jeweiligen Reiseführer.

Abenteuer Anden – Eine Reise durch das Inka-Reich
ISBN 3-89662-307-9 · € 17,50

Afrika – Mit dem Fahrrad in eine andere Welt
ISBN 978-3-89662-522-9 · € 19,90

Auf Heiligen Spuren – 1700 km zu Fuß durch Indien
ISBN 3-89662-387-7 · € 17,50

Auf und davon – Auf Motorrädern durch Europa, Asien und Afrika
ISBN 978-3-89662-521-2 · € 19,50

Die Salzkarawane – Mit den Tuareg durch die Ténéré
ISBN 3-89662-380-X · € 17,50

Durchgedreht – Sieben Jahre im Sattel
ISBN 3-89662-383-4 · € 17,50

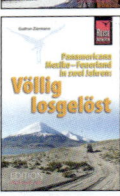

Myanmar/Burma – Reisen im Land der Pagoden
ISBN 3-89662-196-3 · € 17,50

Odyssee ins Glück – Als Rad-Nomaden um die Welt 10 Jahre, 160.000 km und 5 Kontinente
ISBN 978-3-89662-520-5 · € 19,90

Please wait to be seated – Bizzares und Erheiterndes
von Reisen in Amerika. ISBN 3-89662-198-X · € 12,50

Rad ab – 71.000 km mit dem Fahrrad um die Welt.
ISBN 3-89662-383-4 · € 17,50

Südwärts – von San Francisco nach Santiago de Chile.
ISBN 3-89662-308-7 · € 17,50

Suerte – 8 Monate auf Motorrädern durch Südamerika.
ISBN 978-3-89662-366-9 · € 17,50

Taiga Tour – 40.000 km allein mit dem Motorrad von München durch Russland nach
Korea und Japan · ISBN 3-89662-308-7 · € 17,50

USA Unlimited Mileage – Abgefahrene Episoden einer Reise durch Amerika
ISBN 3-89662-189-0 · € 14,90

Völlig losgelöst – Panamericana Mexiko–Feuerland in zwei Jahren
ISBN 978-89662-365-2 · € 14,90

Die goldene Insel – Geschichten aus Mallorca
ISBN 3-89662-308-7 · € 10,50

Eine Finca auf Mallorca oder Geckos im Gästebett
ISBN 3-89662-176-9 · € 10,50

Eine mallorquinische Reise – Mallorca 1929
ISBN 3-89662-308-7 · € 10,50

Geschichten aus dem anderen Mallorca – Robert Graves
ISBN 978-3-89662-269-3 · € 12,50

„Rad & Bike"

Fahrrad Weltführer – Das Standardwerk für Fernreiseradler,
3. Aufl., 768 Seiten. ISBN 978-3-89662-527-4 · € 25,00

BikeBuch USA/Canada – 624 S., über 170 Fotos und 45 Karten
ISBN 3-89662-389-3 · € 23,50

Fahrrad Europaführer – 5. Auflage, 768 S., über 50 Karten und
280 Fotos und Abb. · ISBN 978-3-89662-386-7 · € 25,00

Das Lateinamerika BikeBuch 696 S., 92 SW- und 32 Farbfotos,
27 Karten · ISBN 978-3-89662-388-1 · € 25,00

Peter Smolka

71.000 km mit dem Fahrrad um die Welt:

Rad ab!

Vier Jahre lang radelte der Erlanger Globetrotter Peter Smolka um den Erdball. Zunächst durchquert er den Nahen Osten und Afrika, wo er nur knapp den Angriff eines Elefanten überlebt. In Kapstadt heuert er auf einer Segelyacht an, die nach Brasilien bringt. Nach neun Monaten Südamerika sind die nächsten Stationen Neuseeland und Australien. Bereits seine Fahrt durch Saudi-Arabien hatte in der Reiseszene für Aufsehen gesorgt. In Südostasien erhält Peter Smolka nach zähen Verhandlungen auch die Genehmigung Mynamer (Ex-Birma) auf dem Landweg zu durchqueren. Vor der Rückreise nach Europa wagt er sich schließlich nach Afghanistan hinein … Spannend, detailliert, einfühlsam und humorvoll – ein Buch für jeden, der gern reist.

Hardcover mit Schutzumschlag, 360 Seiten, plus 16 Seiten Farbfototeil
Reise Know-How Verlag · ISBN 3-89662-383-4 · € 17,50

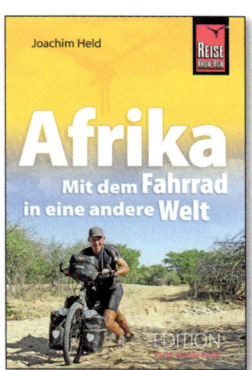

Joachim Held

Afrika

Mit dem Fahrrad in eine andere Welt

Joachim Held bricht im August 2008 nach Afrika auf. Er lässt sich treiben, durchquert die Westsahara, kämpft sich durch den Kongo und weiter bis nach Kapstadt, auf dem Rückweg erklimmt er den Kilimanjaro. Am Ende ist er zwei Jahre auf 33.000 Kilometern unterwegs, fasziniert von der Lebensfreude und Hilfsbereitschaft der Menschen, aber auch tief betroffen von ihren Lebensumständen. In Sierra Leone sieht er hungernde Kinder, in Guinea gerät er in Putschwirren und in Kamerun prophezeit man ihm eine Begegnung mit dem Tod. Einen Abend sitzt er im entlegenen Dschungel Zentralafrikas mit Dorfältesten zusammen und hört Fragen, auf die er keine Antworten hat: „Warum ist Europa so reich und Afrika so arm? Was sollen wir tun? Sag' du es uns, du kommst doch aus Europa!"

Einfühlsam berichtet Joachim Held über seine Begegnungen und Erlebnisse in Afrika. Er beschreibt Höhen und Tiefen seiner Reise, gelegentlich selbst verzweifelt, aber dann auch wieder mit Humor. Angereichert mit vielen Hintergrundinformationen, ist dies ein spannendes Buch zum Mitreisen und Nachdenken.

Hardcover mit Schutzumschlag, 392 Seiten + 32 Seiten Farbteil
Reise Know-How Verlag · ISBN 978-3-89662-522-9 · € 19,90

Dorothee Krezmar und Kurt Beutler

10 Jahre, 160.000 km und 5 Kontinente

Odyssee ins Glück

Als Rad-Nomaden um die Welt

10 Jahre lang radelten Dorothee Krezmar und Kurt Beutler kreuz und quer über den Globus. Für sie war das Fahrrad das ideale Verkehrsmittel, um sich fremden Menschen und Kulturen zu nähern. Natürlich gab es auch Tiefschläge. Sie berichten von einem Bienenüberfall, in Afrika wurden sie von bewaffneten Buschmännern abgeführt und entkamen in Argentinien nur knapp den Banditen. Trotz allem stand diese Mammut-Reise unter einem Glücksstern. Auf ihrer Odyssee lernten sie eine viel bessere Welt kennen als die von den Medien gezeichnete. Beide erzählen ihre persönliche Geschichte, die gemeinsamen Erlebnisse brachten Dorothee und Kurt immer näher zusammen und sie entdeckten für sich die Langsamkeit, schließlich stand ihre Reise unter dem Motto reduce speed.

Hardcover mit Schutzumschlag, 384 Seiten, 16 S. Farbteil,
mehr als 70 s/w-Fotos, 10 Karten
Reise Know-How Verlag · ISBN 978-3-89662-520-5 · € 19,90

Joachim Held

Abenteuer Anden

**Eine Radreise
durch das Inka-Reich**

Ein Jahr mit dem Fahrrad durch die faszinierende Welt der südamerikanischen Anden zwischen Chile und Peru – das sind 10.000 km durch Sturm, Sand und Schnee, über 5000 m hohe Gebirgspässe und staubtrockene Wüstenplateaus. Aber es sind auch 10.000 km durch das alte Inka-Reich, 10.000 packende Kilometer in die Vergangenheit.

Joachim Held entführt den Leser in den geheimnisvollen Zauber eine Kultur, in der noch immer Naturverbundenheit und uralte Mythen das Leben bestimmen. Zahllose Begegnungen verdichten sich zu einem einfühlsamen, vielschichtigen Porträt mit zahllosen historischen und kulturellen Aspekten. Eine aufrichtige Reportage, ein fesselndes Buch.

Hardcover, 320 S., über 100 Farb- u. s/w-Fotos, Abb. und Karten
REISE KNOW-HOW Verlag   ISBN 3-89662-307-9 · € 17,50

Thomas Schröder, Raphaela Wiegers

Das Lateinamerika BikeBuch

Süd- und Mittelamerika für Tourenradler und Mountainbiker

Ein unentbehrliches Buch für alle, die mit ihrem Bike oder Tourenrad die Länder zwischen Rio Grande in Mexiko und Feuerland an der Südspitze des amerikanischen Kontinents entdecken wollen. Thomas Schröder und Raphaela Wiegers haben mit 18 Co-Autoren auf fast 700 Seiten eine Fülle an Informationen rund um Radreisen auf diesem Kontinent zusammengetragen. Jedes lateinamerikanische Land wird mit möglichen Radtouren und Rad-Besonderheiten vorgestellt. Das Lateinamerika Bike-Buch wird ständig aktualisiert und ergänzt auf www.bikeamerica.de.

696 Seiten, 150 Abbildungen und Fotos,
27 Übersichtskarten zu Ländern Regionen und Routen
Reise Know-How Verlag · ISBN 978-3-89662-388-1 · € 25,00

Gudrun Ziermann

Panamericana Mexiko–Feuerland in zwei Jahren:

Völlig losgelöst

Über 100.000 Kilometer und zwei Jahre lang sind Gudrun Ziermann und Tobias Groenen mit einem expeditionstauglichen Landrover unterwegs. Ihr Weg führt durch knochentrockene Wüsten und tropische Regenwälder, über riesige Salzseen und verschneite Andenpässe, hinauf aufs Altiplano, hinein in die heiße Hölle des Chaco und immer wieder zu den kleinen Orten abseits der Hauptstraßen, wohin sich nur selten ein Fremder verirrt. Im Schritttempo fahren sie durch den nahezu weglosen Kupfercanyon in Mexiko. In Belize werden sie gebeten, einen Militärkonvoi anzuführen. In Kolumbien gelangen sie nur über Umwege zu einer Ausgrabungsstätte mitten im Guerilla-Gebiet. In Bolivien stecken sie mehrere Tage in Straßenblockaden fest. Auf einer Sandpiste durchqueren sie das Feuchtgebiet des Pantanal. Ob beim Schamanenritual in den Anden oder bei der Kaiman-Jagd im brasilianischen Dschungel - die Gastfreundschaft und Offenheit der Menschen erlaubt es Gudrun Ziermann immer wieder, hinter die Kulissen zu blicken. Das Ergebnis ist ein spannender Reisebericht mit außergewöhnlichen Einblicken in fremde Länder. Es sind die Begegnungen mit den Menschen, die einer Reise Leben einhauchen.

Hardcover mit Schutzumschlag, mehr als 100 Farb- und s/w-Fotos, 7 Karten
Reise Know-How Verlag   ISBN 978-3-89662-365-2 · € 17,50

Christian Krug

Auf heiligen Spuren

1700 Kilometer zu Fuß durch Indien

Fünf Monate wandert Christian Krug zu Fuß durch Indien. Das Meer – der Fluss – die Berge: Auf drei Etappen erlebt er alle Gegensätze, die dieses Land zu bieten hat. Von Karnataka bis Mumbai wandert er 800 Kilometer an der paradiesischen Konkanküste. Er sieht die Touristenstrände Goas und kommt zu menschenleeren Buchten in Maharashtra. Am Fluss Narmada im Herzen Indiens taucht er in das ländliche Leben ohne Strom und ohne Straßen ein, wandert bei 40 Grad mit heiligen Männern und trifft Menschen, die seit Jahrhunderten Pilger versorgen. Im Land der Götter, dem „Dev Bhoomi" im Himalaya, sind die Hauptquellflüsse der Ganga seine Weggefährten. Bei Eis, Schnee und Steinschlag erreicht er Gaumukh, das »Kuhmaul« auf 4000 Meter Höhe - Quelle von Indiens heiligstem Fluss.

Indien in dem Tempo erleben, das dem Menschen am meisten entspricht – zu Fuß: Erst da erschließt sich dieses unbegreifbare Land, das wie kein anderes die Gegensätze des 21. Jahrhunderts in sich vereint. Mit viel Hintergrundwissen und genauem Blick für das Verborgene erzählt Christian Krug von einem spannenden Weg mit faszinierenden Begegnungen und täglichen Überraschungen.

Hardcover mit Schutzumschlag, 360 Seiten,
über 100 Farb- und s/w-Fotos, 7 Karten
REISE KNOW-HOW Verlag ·ISBN 3-89662-387-7 · € 17,50

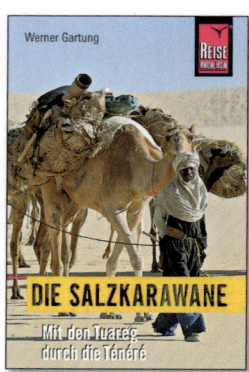

Werner Gartung

Die Salzkarawane

Mit den Tuareg durch die Ténéré

Die Salzkarawane ist ein jahrhundertealtes, erprobtes Transportmittel der Tuareg durch die Ténéré.

Werner Gartung nimmt den Leser mit auf diese Extremreise durch eine unbarmherzige Sahara-Wüste. Es ist nicht nur ein Abenteuerbericht, sondern beschreibt das Leben und die Kultur der Tuareg, die Begleiter der Karawanen-Schicksalsgemeinschaft   und gibt Einblicke in die Tiefen ihrer Seelen: Eine literarische Reisereportage erster Güte, getragen vom Respekt vor der Wüste und den Tuareg, die das »Unbewohnbare« bewohnbar machen« …

288 Seiten, Hardcover mit Schutzumschlag,
über 100 Farb- und s/w-Fotos sowie Abbildungen, Karte
REISE KNOW-HOW Verlag · ISBN 3-89662-380-X · € 17,50

Kirsten Kallinna

Suerte

8 Monate auf Motorrädern durch Südamerika

Acht Monate auf Motorrädern durch Südamerika - für Kirsten und Jörg Kallinna geht ein lang gehegter Traum in Erfüllung, als sie im Sommer 2004 zu dieser Reise aufbrechen. In Ecuador beginnt nun für beide ein völlig neues Leben, das Leben unterwegs.

Erst noch zögerlich, doch bald ganz intensiv tauchen sie ein in einen faszinierenden und unglaublich vielseitigen Kontinent, der sie in seinen Bann nimmt. Fast 30.000 Kilometer legen sie in diesen acht Monaten auf ihren Motorrädern zurück, durchqueren dabei sämtliche Klimazonen, eine Vielzahl von Landschaften und treffen die unterschiedlichsten Menschen. Sie fahren durch Wüsten und tropisches Tiefland, über fast 5000 Meter hohe Andenpässe, über riesige Salzseen und stemmen sich auf den Pisten Patagoniens gegen den Sturm. Zwischen Äquator und Feuerland erleben sie alle Höhen und Tiefen einerReise voller Gegensätze. Sie geraten an ihre Grenzen und sind doch glücklich wie nie zuvor. Suerte, das heißt Glück. Kirsten Kallinna schildert packend, humorvoll und vor allem sehr persönlich die kleinen und großen Erlebnisse und Herausforderungen eines faszinierenden Abenteuers. Ein Buch, das Lust zum Reisen macht!

Hardcover mit Schutzumschlag, 220 Seiten, über 60 Farb- u. s/w-Fotos, 5 Karten
REISE KNOW-HOW Verlag · ISBN 978-3-89662-366-9 · € 17,50

Rudi und Bettina Kretschmer

Südwärts
durch Lateinamerika

Eine Familie mit Wohnmobil auf ungewöhnlihce Route von San Francisco nach Feuerland.

Hautnah erzählt das Buch von einer fantastischen Reise in die „Neue Welt". Zwischen San Francisco und Santiago de Chile erlebt die Familie mit zwei Kindern den Dschungel Amazoniens, die unendlichen Steppen Patagoniens und die Metropolen ihrer Reiseländer. Zwei Jahre lang führen die vier ein Leben, das einzig dazu bestimmt ist, die nord- und südamerikanische Welt anzusehen und ihre Wunder zu bestaunen. Ein einfühlsamer und spannender Reisebericht mit einem überraschenden Ausgang …

Hardcover mit Schutzumschlag, 320 Seiten
40 Farb- u. 70 s/w-Fotos, 4 Karten
REISE KNOW-HOW Verlag · ISBN 3-89662-308-7 · € 17,50

Stichwortregister A–Z

Hotelpreise

Je nach Lage, Ausstattung und Saison variieren die Zimmerpreise. Entsprechend der Hotelklassifizierung im Reiseteil gelten als Richtwert folgende Übernachtungspreise:

✱ **bis A$ 30 pro Person** bzw. bis A$ 75 pro Zimmer Hostel, YHA im Mehrbettzimmer bzw. Doppelzimmer

✱ ✱ **A$ 80–140 pro Zimmer** Motelzimmer, Privatzimmer oder Cabin

✱ ✱ ✱ **A$ 145–180 pro Zimmer** in einem Mittelklasse-Hotel

✱ ✱ ✱ ✱ **A$ 185–250 pro Zimmer** in einem Deluxe-Hotel

✱ ✱ ✱ ✱ ✱ **über A$ 250 Hotelzimmer** First-Class-Hotel oder Luxus-Resort

Ein Kind von bis zu 12 Jahren übernachtet im Zimmer der Eltern kostenlos. Frühstücke sind i.d.R. nicht im Übernachtungspreis inbegriffen. Aktuellste Preise und „Specials" auf den Webseiten der Unterkünfte.

Notfall
In ganz Australien gilt für Polizei, Feuerwehr und Notarzt die gemeinsame Notfall-Rufnummer 000
Gift-Notruf-Nr. 131126

Vorwahlnummern
Von Deutschland/Österreich/Schweiz nach Australien: 0061
Auskunft national: 1234 oder 12455; Auskunft international: 1225
Alle 1-800- und 1-300-Rufnummern sind gebührenfrei *(toll free),* jedoch nur innerhalb Australiens erreichbar.

Internationale Vorwahlnummern von Australien aus:
nach Deutschland: 0011 49
in die Schweiz: 0011 41
nach Österreich: 0011 43

Sperrnummern bei Kartenverlust oder Missbrauch:
Australien:
Mastercard (BankCard): 1-800-120113;
Visa: 1-800-125440;
American Express: 1-300-132639 oder 02-92718664;
Diners Club: 1-300-360060
Deutschland: 0011-49-116116 (für Kreditkarten, Bankkarten und Mobiltelefon-SIM-Karten)

Kartenübersicht A–Z